Aus dem Englischen von   Verlag Klaus Wagenbach   Berlin
Robin Cackett

OLIVER LAWSON DICK   *Das Leben: ein Versuch*
JOHN AUBREY und sein Jahrhundert

Die vorhergehende Doppelseite
zeigt Stonehenge

Die Sternchen im Text verweisen auf Anmerkungen

Die Originalausgabe erschien 1949 unter dem Titel
The Life and Times of John Aubrey
bei Secker & Warburg in London

© 1949 Estate of Oliver Lawson Dick
© 1988 für die deutsche Ausgabe
Verlag Klaus Wagenbach   Ahornstraße 4   1000 Berlin 30
Umschlaggestaltung von Rainer Groothuis unter
Verwendung einer zeitgenössischen Ansicht von London
Satz aus der Korpus Poliphilus und Blado durch MEDIAtrend, Berlin
Reproduktionen von Peter Rink, Berlin
Gedruckt und gebunden von der Druckerei Wagner, Nördlingen
Printed in Germany. Alle Rechte vorbehalten. ISBN 3 8031 3540 0
Wir danken für die Abbildungen auf den Seiten
8 und 33 dem Preußischen Kulturbesitz,
der Seite 47 dem Archiv für Kunst und Geschichte,
für die restlichen der BBC Hulton Picture Library.

INHALT

Vorwort
9

KINDHEIT
IN EINEM UNSICHEREN GOLDENEN ZEITALTER
13

UNIVERSITÄTSJAHRE
UND EINE BILDUNGSREVOLUTION
29

»Kein Pfaffe kann es, was die Austreibung der Phantome angeht,
mit dem Schwarzpulver aufnehmen.«
REVOLUTION, BÜRGERKRIEG
UND DER NIEDERGANG DER VOLKSKULTUR
37

»Es wäre eine Dummheit, von alldem, was uns täglich vor Augen geführt wird,
keine Notiz zu nehmen.«
UNTERWEGS ALS ANTIQUAR, ARCHÄOLOGE
UND VOLKSKUNDLER
51

DIE GRÜNDUNG DER ROYAL SOCIETY
UND DIE REVOLUTION DER WISSENSCHAFTEN
71

»Die Welt ist voller Irrtümer ... was soll man da glauben?«
ANTHONY WOOD
UND DER URSPRUNG DER BIOGRAPHIE
81

»...daß die Einbildungskraft dem Glauben an heilsamer Wirkung am nächsten kommt.«
ASTROLOGIE, HEXENWAHN
UND WUNDERGLAUBE IN PROTESTANTISCHER UMGEBUNG
89

DER NEUE CLUB
101

»Außer mir kümmert sich kein Mensch um diese Dinge.«
EIN ANTHROPOLOGE IM 17. JAHRHUNDERT
107

SCHULDENKRISEN UND AUSWANDERUNGSPLÄNE
115

AUFKLÄRUNG
UND HEIMLICHER KATHOLIZISMUS IN ENGLAND
121

»Wenn ein gelehrter Mann stirbt, sagt man, stirbt eine Menge Wissen mit ihm.«
EIN DENKMAL FÜR THOMAS HOBBES
127

»Es ist eine schlechte Angewohnheit, Kindern zu widersprechen.«
EIN UNZEITGEMÄSSES SCHULPROJEKT
133

DIE SORGE UM DEN NACHRUHM
UND DAS ENDE EINER FREUNDSCHAFT
139

ERSTE UND EINZIGE VERÖFFENTLICHUNG,
AUBREYS TOD
149

*»Ich habe Ihrem Wunsch gemäß diese Lebensentwürfe so verworren niedergeschrieben,
wie sie mir in den Sinn kamen.«*
AUBREY ALS BIOGRAPH UND HISTORIKER
155

JOHN AUBREY: FÜNF BIOGRAPHIEN
Robert Boyle
161

James Harrington
162

William Harvey
166

Robert Hooke
172

Sir William Petty
175

Anmerkungen
181

Zeittafel
189

Vorwort

Nicht lange nach John Aubreys Tod warnte jemand davor, Bücher auf dieselbe Weise zu behandeln wie Aristokraten: Ihre Titel auswendig zu lernen, um sich nachher damit zu brüsten. Doch gerade John Aubrey wurde dieses Schicksal in besonderem Maße zuteil. Sein Ruf beruht fast ausschließlich auf bloßem Hörensagen und bruchstückhaften Zitaten aus seinen Werken bei anderen Autoren.

Die Gründe für die außergewöhnliche Vernachlässigung dieses genialen Mannes sind jedoch nicht schwer zu entdecken, und die Schuld liegt, so wird man zugeben müssen, bei ihm selbst. Aubreys Lebenshunger war von einer solchen Intensität, seine Neugierde so unstillbar und wechselhaft, daß es ihm durchaus nicht gelingen wollte, irgendeines seiner Werke, die er begonnen hatte, zu Ende zu führen. Zwar wurde jedes Vorhaben geschäftsmäßig und geschickt in Angriff genommen, doch schon bald war der ursprüngliche Plan unter einer Flut von Abschweifungen und Anmerkungen, von Horoskopen, Briefen und Anekdoten begraben, die sein rastloser Geist offenbar nicht mehr zu bewältigen wußte.

Wenn Aubrey sich entschlossen hatte, eine seiner Kurzbiographien zu verfassen, schlug er ein Notizbuch auf und schrieb, so schnell er nur konnte, alle Erinnerungen nieder, die ihm zu dieser Person in den Sinn kamen: ihre Freunde, ihr Aussehen, ihre Taten, ihre Bücher und ihre Aussprüche. Fakten und Daten, die ihm im Augenblick gerade nicht einfielen, wurden ausgelassen und da Aubrey ein so überaus geselliger Mensch war, hatte er gewöhnlich einen Kater, wenn er die Feder aufs Papier setzte, so daß die Anzahl solcher Auslassungen oft recht erheblich ist. In der Hitze des ersten Entwurfs eilte zudem sein Geist der Feder so weit voraus, daß er zu einer Art verwickelter Kurzschrift greifen mußte und Zeichen anstelle von Wörtern benutzte.

Dann pflegte er das soeben niedergeschriebene nochmals durchzulesen, fügte alle möglichen Geschichten ein, die ihm auch nur entfernt relevant schienen, notierte sich Alternativen zu bestimmten Wörtern und Wendungen, setzte Fragezeichen ein, numerierte Wörter, Sätze und Abschnitte, die umgestellt werden sollten, und schuf damit ein gewaltiges Durcheinander.

Was ihm später noch einfiel, wurde aufs Geratewohl irgendwo eingefügt, auf dem Blattrand, wenn dort noch Platz vorhanden war, sonst auf einer anderen Seite oder mitten in einer anderen Biographie, häufig auch in einem anderen Band und manchmal sogar in einem Brief an einen Freund. So wurde der Text dann belassen und nur selten fertigte Aubrey eine brauchbare Abschrift von seinen Notizen an, weil er, wie er selbst eingestand, viel »Geduld bräuchte, um die verwickelten Aufzeichnungen zu überarbeiten«.

Zuletzt aber verzweifelte sogar der ansonsten zuversichtliche Autor an der Aufgabe, sein Lebenswerk in handliche Form zu bringen: »In Anbetracht der Möglichkeit, daß meine Papiere – wenn ich denn nicht mehr beenden und veröffentlichen sollte, was ich einst begann – entweder vernichtet werden oder zur Auktion gelangen könnten, so daß (was gar nicht ungewöhnlich wäre) ein Anderer seinen Namen über meiner Mühsal Früchte setzt, und eingedenk, daß ich niemanden kenne, der sich jener Aufgabe noch zu meinen Lebzeiten annehmen möchte, habe ich die Notizen, die ich über viele Jahre zusammengetragen habe, ungeordnet zusammengeheftet. Ich hoffe, sie werden einmal einen begabten und gemeinsinnigen jungen Mann anregen, das zu vervollständigen und aufzupolieren, was ich roh behauen zurücklassen muß, da ich nicht die Muße besitze, meinen Stil zu verfeinern.«

Ich habe diesen klaren Auftrag angenommen, mich selbst zu dem »begabten und gemeinsinnigen jungen Mann« ernannt und Aubrey beim Wort genommen: Ich habe seine Manuskripte verwendet, als wären sie meine eigenen Notizen, und daraus das vorliegende Buch zusammengestellt; mit der wichtigen Einschränkung, daß ich in keinem Fall von den ursprünglichen Texten abgewichen bin, wiewohl ich sie völlig skrupellos neu angeordnet habe.

Aubrey hätte dieses Vorgehen von ganzem Herzen gutgeheißen, denn schließlich beließ er seine Manuskripte absichtlich in der Form von Notizen. »Ich weiß, daß einige überflüssige Wiederholungen darin sind«, schrieb er an

Anthony Wood (vergl. S. 81 ff), als er ihm übersandte, was dieser zu Recht ›die schmierige Skizze einer Biographie von Mr. [Thomas] Hobbes‹ nannte; »aber ich habe erst einmal alles festgehalten, um dann bei der Durchsicht zu entscheiden, welche Sache an welcher Stelle am besten plaziert ist«. Außerdem war er der festen Überzeugung, daß »Rohentwürfe so grob gehalten sein sollten wie die der Maler, denn wer sich schon beim ersten Versuch mit Feinheiten aufhält, wird gewiß nie Phantasie entwickeln«.

Das vorliegende Buch kommt, nach Ansicht seines Herausgebers, Aubreys ursprünglichen Absichten so nahe wie nur möglich. Während seiner Vorbereitung sind überdies so viele neue Erkenntnisse über Aubrey selbst ans Licht gekommen, daß nun eine vollständige Darstellung seines eigenen Lebens möglich geworden ist. Denn als Aubrey sich an seine eigene Biographie setzte, überkam ihn eine Bescheidenheit, die uns angesichts der Sorgfalt, mit der er noch die unwichtigsten Trivialitäten aus anderer Leute Leben bewahrte, ganz unerklärlich vorkommt. Die drei Seiten, auf denen er schließlich einige wenige nüchterne Tatsachen über sein Leben niederschrieb, werden von der Anweisung begleitet: »Nur als Makulatur beim Buchbinden zu verwenden.«

Das Geburtshaus in Easton Pierse,
Aquarell von Aubrey

KINDHEIT
IN EINEM UNSICHEREN GOLDENEN ZEITALTER

E r wurde«, schreibt Aubrey über sich selbst, »am 12. März (St. Gregors‑
tag) 1625 A. D. gegen Sonnenaufgang (aus langlebigem und gesundem
Geschlecht) in Easton Pierse, einem Weiler in der Gemeinde Kington
Saint Michael in der Hundertschaft Malmesbury in der Grafschaft Wiltshire,
dem Erbe seiner Mutter (der Tochter und Erbin von Mr. Isaac Lyte) geboren,
war sehr schwach und lief Gefahr zu sterben, so daß er noch vor der Morgenan‑
dacht getauft wurde.«

Sein Vater, Richard Aubrey, entstammte den Aubreys aus Herefordshire,
einer Familie, die auf den durch William Aubrey gelegten Fundamenten einen
stattlichen Besitz errichtet hatte. Dieser William Aubrey, »Doktor der Rechte«,
hatte am Hof von Königin Elisabeth, »die ihn liebte und ›mein kleiner Doktor‹
zu nennen pflegte« einige Bedeutung erlangt. »Er war einer der Abgesandten
zum Prozeß der Maria, Königin von Schottland, und setzte sich«, wenn wir
John Aubrey Glauben schenken dürfen, »als eifriger Parteigänger für ihr Über‑
leben ein, eine Gefälligkeit, deren sich König Jakob [Marias einziger Sohn und
Thronfolger] erinnerte als er nach England kam; denn er verlangte nach ihm und
hätte ihn wahrscheinlich zum Lordsiegelbewahrer ernannt, wäre er nicht gestor‑
ben, bevor er von dieser schönen Gelegenheit Gebrauch machen konnte. Seine
Majestät schickte nach seinen Söhnen, adelte die beiden ältesten und lud sie zu
sich an den Hof, was sie jedoch aus Bescheidenheit und vielleicht auch aus Klug‑
heit ablehnten. Sie zogen das Leben auf dem Lande vor.« Dort blieb die Familie
fortan und vergrößerte durch haushälterische Verwaltung und gezielte Heirat ihre
Besitztümer, bis sie ihre Stellung unter den reicheren Grundbesitzern im Laufe
einer einzigen Generation dermaßen ausgebaut hatte, daß Aubreys Vater dreimal
mit einer Buße belegt wurde, weil er ›den Ritterschlag anläßlich der Krönung
Karls I. versäumte‹*. Aber es gab da noch eine weniger erfreuliche Erbschaft,
die jener ehrenwerte Doktor der Rechte seinen Kindern hinterließ: »Er hatte
den ganzen Verstand der Familie an sich gerafft«, bemerkte sein Großenkel
betrübt, »so daß keiner seiner Nachfahren mehr Anspruch darauf erheben
kann«.

John Aubrey wurde in einem der goldenen Zeitalter der Geschichte geboren, während »einer langen und ungetrübten Friedenszeit« nämlich, in der »die Menschen nichts anderes im Sinn hatten als Frieden und Wohlstand«. Die englische Renaissance stand in voller Blüte und trotz all dem Elend, dem Schmutz und der Grausamkeit, die das materielle Leben umgaben (und die viele heutige Zeitgenossen in ihrer Neigung, Bequemlichkeit mit Kultur zu verwechseln, nur allzu gern überbetonen) erreichte die Lebenskunst während der ersten Regierungsjahre Karls I. in England ihren Höhepunkt.

Als Erasmus ein Jahrhundert zuvor festgehalten hatte, welcher Eigenschaften sich die einzelnen Völker besonders rühmten, waren es bei den Schotten ihr Adel und ihr logischer Verstand und bei den Franzosen ihre Bildung und Lebensart. Allein über die Engländer vermerkte er, daß sie ›insbesondere Schönheit, Musik und das Feiern von Festen für sich in Anspruch nehmen‹, und dieser recht menschlichen Tugenden brüstete sich die Nation auch noch in diesen späteren Jahren. Es war eine aristokratische Epoche, in der man am kleinen Manne nichts zu bewundern fand und deren Zeitgenossen ohne Schamesröte eingestanden, daß viele Vorzüge nicht jedem offen standen. Und weder die Einsamkeit noch die mit ihr einhergehende Unzufriedenheit hatten die mittelalterliche Geselligkeit der Menschen in England bereits zu verdrängen vermocht.

Die herrschende Aristokratie beruhte auf festen gesellschaftlich anerkannten Werten, doch die sozialen Klassen waren, obschon klar gegeneinander abgegrenzt und fraglos hingenommen, sehr durchlässig. Aubrey etwa zitierte zustimmend sowohl John Gadburys Ausspruch, »der Himmel ist die beste Empfehlung«, als auch Ben Jonsons* Diktum, »die wertvollsten Männer wurden in gemeinen Wiegen geschaukelt« und fügte seinerseits hinzu, »Dichter und Mörder haben Dirnen als Mütter«. Die Anerkennung außergewöhnlicher Fähigkeiten kannte keine Grenzen, ganz gleich wie bescheiden die Verhältnisse gewesen sein mochten, denen einer entstammte: »Der Vater von Richard Neile, dem Erzbischof von York, war ein Kerzenzieher in Westminster«. Und wer erst seit kurzem geadelt war, brauchte sich seines gemeinen Ursprungs so wenig zu schämen, daß Aubrey sich über den absurden Stolz von Lord Burghley ereifern konnte, der mit bürgerlichem Namen William Cecil* hieß: »Sein richtiger Name ist Sitsilt«, sagte er, »und er kommt aus einer alten Familie in Monmouthshire, die jetzt den Stand von Freisassen erreicht haben. Es ist mir unverständlich, wie sie so eitel sein können und einen alten britischen Namen durch einen romanischen ersetzen; diese Idee hat ihnen, glaube ich, Mr. Verstegen in den Kopf gesetzt, als er seiner Lordschaft in seinem Buch sagte, sie stammten von den alten römischen Cecilii ab.«

Die Gründe für die plötzliche geistige Blüte waren vorwiegend religiöser Natur. Die Macht der Kirche war erst seit kurzem gebrochen und noch nicht durch die Tyrannei des Staates ersetzt worden. Die Epoche war von einem Gefühl der Freiheit und der unbegrenzten Möglichkeiten durchdrungen, und für viele war es eine Lust, in ihr zu leben. Die Demontage der römischen Kirche hatte das Gewissen der Engländer von der Sündenlast befreit, die ihren Geist ehedem niedergedrückt hatte, und für einige kurze Generationen wandelte sich das Leben von einer Sache, mit der man sich wohl oder übel abfinden mußte, zu einem Geschenk, dessen man sich mit großem Eifer zu erfreuen wußte.

Die Puritaner waren noch nicht mehr als eine bloße Sekte, und ihre Vorurteile, die nur allzu bald zur geheiligten Überzeugung der mittleren Klassen werden sollten, wurden in jenen Tagen immer noch als fanatischer Wirrsinn betrachtet. Ihr fataler Glaube an die überragende Bedeutung der Arbeit hatte noch nicht das ganze Volk angesteckt, und der Begriff der Muße war noch nicht auf die Alternative zwischen Faulheit oder Sport verengt. Im Jahrhundert der Stuarts folgte das Gros der Nation noch getreulich der aristotelischen Regel, der zufolge das erste Prinzip allen Handelns die Muße ist, und dementsprechend betrachtete der Mensch des 17. Jahrhunderts die Freizeit nicht als eine Erholung, sondern als eine andere Form der Aktivität. Die Entdeckung neuer Erkenntnisse und einer Neuen Welt hatte die Vorstellungskraft dermaßen angeheizt, daß sich eine ganze Gesellschaftsschicht von erwachsenen Frauen und Männern herausbildete, von denen Milton mit Recht behaupten durfte: ›Ihr edlen und gemeinen Bürger Englands – seht hin, welcher Nation ihr entstammt: keine langweilige und einfältige Nation ist es, sondern eine von wendigem, findigem und durchdringendem Geist; scharfsinnig im Erfinden, subtil und ausdauernd im Gespräch, ist ihnen jedes Ziel erreichbar, zum dem sich das Menschenvermögen aufschwingen kann.‹ Diese Welt war es, in die John Aubrey geboren wurde.

»Ich glaube, ich habe meine Mutter sagen hören, ich hätte schon kurz nach meiner Geburt an einem Wechselfieber gelitten«, fährt Aubrey in seiner Autobiographie fort. »1629: Im Alter von drei oder vier Jahren hatte ich ein schweres Wechselfieber, an das ich mich noch erinnern kann. Ich kam nicht zu Kräften bis ich elf oder zwölf Jahre alt war. Vielmehr litt ich an Übelkeits- und Brechanfällen (Bauchweh als Schmerz in der Seite), die zwölf Stunden anhielten und während mehrerer Jahre erst vierzehntägig, dann monatlich, dann quartalsweise und schließlich einmal im Halbjahr auftraten. Mit ungefähr zwölf Jahren hörte das auf. Diese Krankheit hat meine Kraft im Keim erstickt«.

»1633: Mit acht Jahren hatte ich ein (natürliches) Geschwür an der Kranznaht meines Kopfes, das näßte bis ich 21 war. Oktober 1634: Ich hatte ein heftiges Fieber, daß mich beinahe hinweggerafft hätte. Es war die gefährlichste

Krankheit, die ich je hatte. Um 1639 (oder 1640) hatte ich die Masern, aber das war gar nichts: ich war kaum krank«.

Diese Aufzählung von Krankheiten markiert vielleicht den stärksten Unterschied zwischen Aubreys Zeit und unserer eigenen. Der Tod war allgegenwärtig und das runde Dutzend Kinder, das jeder Ehe entsprang, führte jedem immer von Neuem vor Augen, daß das Überleben eines Kindes damals so ungewöhnlich war wie heute sein Tod. »Zehn Kinder in einem Grab! welch schrecklicher Anblick!«; und die Grabsteine klagten:

> »Hätt Schönheit, Jugend oder reines Wesen
> Den Eigner je vorm Tod bewahrt,
> Süß Kind, Du wärst gewiß genesen
> Statt still zu liegen aufgebahrt,
> Und bald im Grabe zu verwesen.

> Doch sterbliche Geschöpf', zum Tod gebor'n,
> Blind der Natur ergeben sind,
> Wenn sie's befiehlt, sind wir verlor'n,
> Verlassen wann sie's will die Bühne,
> Und nichts dem Schicksal so entrinnt«.

Eine Generation, die im ständigen Bewußtsein lebte, daß der Mensch, wie Marc Aurel sagte, nichts anderes ist als ›eine Zwergenseele, die einen toten Körper in

Hinrichtung der Gun-Powder-Plot-Verschwörer, 1606

sein Grab trägt‹, mußte einen eigentümlichen Trost darin finden, daß der Rest der Natur dieses Los mit ihr teilte.

Aus diesem dauerhaften Kummer erwuchs zuletzt eine wahre Verherr-lichung des Todes. ›Welch edles Tier ist doch der Mensch, glänzend in der Asche, prunkvoll im Grab‹, stimmte Sir Thomas Browne ein, und Sir Walter Raleigh frohlockte: ›Der Tod allein ist es also, der den Menschen plötzlich zur Erkenntnis seiner selbst bringen kann. Noch den Schönsten hält er einen Spiegel vor die Augen, in dem sie ihre Häßlichkeit und Verderbtheit sehen und aner-kennen müssen.‹ Es war diese Überhöhung des Todes, derenthalben sich die Menschen an der Lasterhaftigkeit weideten, die an den flachen Gräbern und auf-geknüpften Verbrechern nur allzu sinnfällig wurde. »Es wird noch immer für un-ziemlich gehalten, wenn eine Witwe innerhalb des ersten Jahres (glaube ich) er-neut heiratet«, meint John Aubrey, »weil es so lange dauert, bis ihr Gatte verwest ist.« Und in welchem anderen Jahrhundert hätte ein Mann folgende Zeilen über sein eigenes Kind schreiben können:

»Hier liegt Christopher Michells Sohn,
der Richard Michell hieß,
Seines Vaters Liebe war so groß,
daß er dieses schreiben ließ:
Er ist nur vier Jahr und fünf Monate alt
und liegt schon hier im Grabe,
Sein Körper zu der Würmer Freud'
ist zuckerlecke Gabe».

Der Tod drohte aber nicht nur während der Kindheit. Das Gesetz, das noch nicht gelernt hatte, zwischen Verbrechen und Sünde zu unterscheiden, bestrafte beides mit äußerster Grausamkeit. Da es keine Polizei und auch keine brauchba-ren Aufdeckungsmethoden gab, ließ man zur gebührenden Abschreckung die wenigen Übeltäter, deren man habhaft wurde, öffentlich einen grauenvollen Tod erleiden. ›Das Gericht erkennt Dir zu, daß Du zum Richtplatz geschleift wirst, dort am Hals aufgehängt wirst, alsdann wirst Du lebendig heruntergeschnitten und es werden Dir Deine Gedärme aus dem Leib genommen und, während Du noch lebst, vor Deinen Augen verbrannt, und dann wird Dein Kopf abgeschnit-ten und Dein Körper geviertteilt werden und mit Kopf und Vierteln wird weiter nach dem Wunsche der Majestät des Königs verfahren werden; und Gott sei Dei-ner Seele gnädig!‹ Selbst die gebildetsten und empfindsamsten Leute wohnten diesen grausamen Spektakeln bei. Sogar der sanftmütige Aubrey berichtet: »Ich sah, wie Mr. Chr. Love an einem schönen klaren Tag auf dem Hügel des Tower geköpft wurde«, wiewohl er einige Zweifel ob der Zeremonie gehabt zu haben scheint, denn er fügt hinzu: »Ungefähr eine halbe Stunde, nachdem sein Kopf abgeschlagen war, zogen sich die Wolken schwärzer und schwärzer zusammen und während der ganzen Nacht bis zum nächsten Mittag tobten so schreckliche Donnerblitze und wütete ein solcher Sturm, als wäre die Weltmaschine am auseinanderbrechen.« Aber Aubrey täuschte sich nicht über die wahren Gründe für sein Interesse an diesen Schaustellungen hinweg. »Ah! Es ist die reinste Wollust, sie ihre Züchtigung erleiden zu sehen«, ruft einer der Charaktere in seinem Theaterstück aus. »Die Londoner Stadträte finden es höchst geil, zuzusehen, wie die armen Teufel im Gericht von Bridewell ausgepeitscht werden. Wenn es nicht nach dem Gesetze ginge, gäbe es keine Überlebenden. Denn manchen von ihnen würde es großen Spaß machen, Menschen umzubringen«.

Da es keine verläßliche Methode gab, für ein erlittenes Unrecht Wiedergutmachung zu erlangen – der Rechtsweg war beschwerlich und die Richter korrupt –, erlebte die Privatfehde in den unbeleuchteten und unpatrouillierten Straßen eine fortgesetzte Blüte. »Hauptmann Yarrington verstarb etwa im März vergangenen Jahres in London«, notierte Aubrey. »Seine Todesursache: Er wurde verprügelt und in einen Wasserbottich geworfen.« Außerdem gehörte der Degen noch immer zur Alltagsausstattung eines Gentleman, was dazu führte, daß sie betrunken »leicht dazu neigten, sehr blutiges Unheil anzurichten«. Schnell werden wir jedoch gegen die tödlichen Waffen unserer eigenen Zeit unempfindlich und vermutlich ängstigten sich die Menschen des 17. Jahrhunderts nicht mehr vor der Gefahr, erdolcht zu werden, als unsereins vor einem Autounfall. Ja, ihre Einstellung war der unseren tatsächlich erstaunlich ähnlich: »Edmund Wyld, Esq. (vgl. S. 101), hatte um 1644 A. D. das Unglück, in London einen Mann zu töten, von dem er sehr gereizt worden war«, berichtet Aubrey und er selbst geriet, trotz seiner Gutmütigkeit, dreimal in Gefahr, auf diese Weise »das Leben auszuhauchen. Memorandum: Sankt-Johannis-Nacht, 1673, in Mr. Burges' Kammer in Middle Temple lief ich Gefahr, ein Schwert in den Bauch gerammt zu kriegen. Das Jahr nachfragen, in dem ich bei Mrs. Neve zu Bett lag«, fährt er fort, »denn damals war ich in großer Gefahr, auf der Straße gegenüber der Pforte von Gray's Inn* von einem Besoffenen erschlagen zu werden – einem Gentleman, den ich noch nie zuvor gesehen hatte; aber einer seiner Begleiter bremste (Deo Gratias) seinen Hieb.« Bei der dritten Gelegenheit bestand allerdings kein Zweifel an der Identität des Schuldigen: »Anläßlich der Wahl von Sir William Salkeld zum Abgeordneten für New Sarum lief ich Gefahr, von William, dem Grafen von Pembroke, damals noch Lord Herbert, umgebracht zu werden«, berichtete Aubrey unverblümt, und seit jenem Tag schlich sich in alles, was er über die Herberts schrieb, ein sonderbar gehässiger Ton. Doch manchmal konnten solche Gewalttätigkeiten auch zu günstigen Ergebnissen führen:

Straße in der Londoner Innenstadt
nach dem großen Brand von 1666
Detail eines Gemäldes von Canaletto

»Nachdem Dr. Lamb auf offener Straße von den Londoner Lehrlingen getötet worden war, wurde die Stadt zu 10000 Pfund Bußgeld verurteilt, womit die Errichtung des Banketthauses bezahlt wurde.«

Weit beunruhigender als die gelegentlichen Gewalttaten waren die immer neuen Pestausbrüche zu Beginn des Jahrhunderts, als der Schwarze Tod sich nochmals aufbäumte, bevor er sich in der großen Epidemie von 1665 endlich selbst aufzehrte.* Freilich gab es damals keinen Grund anzunehmen, daß diese Kata-strophe die letzte Heimsuchung der Plage gewesen sei, die das Land solange gegeißelt hatte, und noch im Jahre 1680 finden wir bei Aubrey die unheilverkün-dende Notiz: »Mr. Fabian Philips sagt, der Winter, der 1625 der Pest voranging, sei genauso mild gewesen wie der heurige; *quod N.B.*«

Als die Seuche des Mittelalters sich endlich selbst durch ihre eigene Wucht verzehrt hatte (»In Petersham war die Vernichtung durch die Pest so groß, daß nur fünf Einwohner überlebten«), wurde ihre Stelle von der neuen Pest einge-nommen, die von Columbus' Mannschaft aus der Neuen Welt zurückgebracht worden war und auf Europas frischem Boden um so verheerender wütete: der Sy-philis. Die erste Epidemie war so heftig, ihr Fortschreiten so stürmisch und ihre Symptome so grauenerregend, daß sich sogar die Leprösen weigerten, neben die-sen Kranken zu leben.

Auch die Pocken wüteten mit erschreckender Regelmäßigkeit im ganzen Land. »Die Pocken sind gewöhnlich in allen großen Städten zu finden«, bemerkte Aubrey trocken, »aber in Taunton in Somersetshire und in Sherbourne in Dorsetshire hat man beobachtet, daß im einen Ort alle sieben und im anderen alle neun Jahre die Blattern kommen, und die Ärzte sind dagegen machtlos.« Der Tod drohte allerdings nicht allein durch die Krankheiten selbst, wie Aubrey anläßlich des Ablebens von George Villiers'* Mutter feststellt: »Die Gräfin von Buckinghamshire starb an der Wassersucht und an der ärztlichen Heilkunde.« Der medizinische Berufsstand besaß weder brauchbare Erkenntnisse noch bewährte Traditionen und tappte so unsicher auf seinem Weg von der Quacksalberei zur Aufklärung, daß manch einer, wie Robert Boyle (vgl. S. 161), sich zu Recht mehr vor dem Arzt fürchtete als vor der Krankheit.

Die Mehrzahl selbst der bedeutendsten Ärzte waren immer noch Amateure, wie etwa Herr »Fish, Doktor der Medizin, oder wenigstens nennt er sich so«, der in »Covent Garden, London, eine Praxis für Heilkunde und Astrologie führte und in beidem guten Erfolg hatte«. Jeder dieser praktischen Ärzte bewachte eifersüchtig die Geheimrezepte seiner Heilkuren vor den Rivalen, so daß in dieser Wissenschaft nicht der geringste Fortschritt erzielt werden konnte. Und am Ende taten sie vielleicht sogar klug daran, ihre Verfahren zu verheimlichen, andernfalls es ihnen wie William Harvey (vgl. S. 166) ergangen wäre, der Aubrey gestand, daß »seit der Veröffentlichung seines Buches über den Blutkreislauf der Zulauf zu seiner Praxis erheblich abgenommen hatte, weil das Volk glaubte, er habe einen Dachschaden«.

Generation für Generation begannen die Ärzte jeweils von vorn und verteilten, jeder mit Hilfe seiner eigenen befremdlichen Rezepturen, recht willkürlich ihre Todesurteile, bis sie per Zufall auf irgendeine Behandlungsform stießen, die für einmal mehr Nutzen als Schaden anrichtete. War jedoch gelegentlich ein solcher Erfolg zu verzeichnen, dann verbargen sie ihr Geheimnis vor jedem bis sie es wohlbehütet mit ins Grab nehmen konnten, es sei denn, es war ihnen zuvor gelungen, es mit gutem Gewinn an jemand anderen zu verkaufen, wie etwa jene ›Verwandte von Sir A. King, die‹, wie Robert Hooke (vgl. S. 172) in seinem Tagebuch festhielt, ›eine bestimmte Heilkur gegen den Aussatz oder das schuppige Brennen besaß. Sie erhielt 100 Pfund pro Jahr vom St. Bartholomew-Krankenhaus, dem sie ihre Rezeptur zu hinterlassen versprochen hatte‹.

Nur sehr wenige Männer waren in ihrer Wissenschaft so gewissenhaft wie Dr. Jacquinto, Arzt der Königin Anna, der Gemahlin von Jakob I.: »Er zog in die Sümpfe von Essex, wohin man die Schafe trieb, um sie von der Lungenfäule zu kurieren, und ließ sich dort eine Weile nieder, mit der Absicht, den Schafen nachzuspüren und zu beobachten, welche Pflanzen sie fräßen. Aus diesen Kräu-

William Harvey
erklärt Karl I. den Blutkreislauf

tern braute er dann seine Arznei gegen die Schwindsucht, die große Heilerfolge erbrachte.« Die Mehrzahl der Ärzte verließ sich in ihrer Behandlung immer noch auf die Magie und Träume, und Gebete galten für weit wertvoller als jede For-schung. Dr. Napier*, zum Beispiel, war »kein Arzt, sondern ein Geistlicher (Rector Lindfordienses), der die Heilkunde praktizierte. Wenn ein Patient oder Hilfesuchender zu ihm kam, verschwand er sogleich in seinem Kabinett um zu beten. Aus seinen Schriften scheint ersichtlich«, schreibt Aubrey, »daß er sich mit dem Engel Raphael unterhielt, der ihm sagte, welcher Patient heilbar sei und welcher nicht«; und die Beliebtheit dieser Behandlungsmethode wird dadurch bewiesen, daß »er vom häufigen Beten Schwielen auf den Knien hatte«.

Auf derlei seherisch gewonnene Rezepte war freilich nicht immer Verlaß, wie sich im Fall einer mit Aubrey befreundeten Dame deutlich zeigte, »die eine heiß-geliebte Tochter besaß, die schon lange Zeit krank gelegen und von ihren Ärzten keinen Nutzen gehabt hatte. Sie träumte, wie ihr ein verstorbener Freund riet, ih-rer Tochter einen Trunk aus zerstoßener Eibe einzuflößen, an dem sie genesen werde. Sie verabreichte ihr diesen Trunk, der die Tochter auf der Stelle tötete, was ihr beinahe den Verstand raubte. Ihr Kammermädchen sagte aus Höflichkeit und um ihren Kummer zu lindern, daß der Trunk sie gewiß nicht habe töten können; sie ließe es darauf ankommen, ebenfalls davon zu trinken. Was sie auch tat und gleichfalls daran starb. Dies spielte sich 1670 oder 1671 ab«, schließt Aubrey, »und ich kannte die Familie«. Manchmal hingegen trug eine gedanken‹ lose Dosierung ganz unverhoffte Früchte für die medizinische Wissenschaft: »Eine Frau (es war, glaube ich, in Italien) beabsichtigte ihren Mann zu vergiften (der an der Wassersucht litt), indem sie in seiner Suppe eine Kröte mitkochte; was ihn jedoch heilte. Und so wurde die entsprechende Arznei entdeckt.« Dies kann jedoch nicht völlig überraschend gekommen sein, da man die Heilkraft von Fröschen schon länger kannte, und Aubrey selbst hat an anderer Stelle ein be‹ währtes Rezept niedergelegt: »Zur Heilung der Mundfäule. Nimm einen leben‹ den Frosch«, heißt es da, »und wickle ihn in ein Tuch, damit er nicht im Mund des Kindes verschwindet. Stecke seinen Kopf in den Mund des Kindes bis er tot ist und nimm dann einen anderen Frosch.« Es dürfte nicht weiter überraschen, daß die Patienten sich nach einer derartigen Behandlung gelegentlich ein wenig seltsam aufführten. »Oliver Cromwell«, zum Beispiel, »war in Schottland so ge‹ fährlich an einer Art *Calentura*, einem fiebrigen Delirium erkrankt, daß er einen oder zwei seiner Befehlshaber erschoß, die ihn in seinem rasenden Wahn besu‹ chen wollten.«

»Um Zahnweh zu beseitigen«, notiert Aubrey andernorts, »nehme man einen neuen Nagel, kratze damit das Zahnfleisch auf und hämmere ihn dann in eine Eiche. Dies hat William Neal, Sir William Neals Sohn, einem recht robu‹ sten Herrn, geholfen, als er vor Schmerz verrückt zu werden drohte und sich schon mit der Pistole zu erschießen gedachte.« Denn in jenen schrecklichen Ta‹ gen, in denen es weder Betäubungs‹ noch Schmerzmittel gab, hatte man guten Grund, sich vor dem einfachsten medizinischen Eingriff zu fürchten. »Der Her‹ zog von Southampton (ein höchst lieblich anzusehender Jüngling) besaß zwei Schneidezähne, die sehr unansehnlich hervorwuchsen«, schrieb Aubrey über den Sohn von Karl II. mit Barbara Villiers. »Seine grausame Mutter ließ ihn auf einem Stuhl festbinden und die Zähne herausziehen, was ihn um seinen Ver‹ stand gebracht hat.« Um zu beweisen, daß derlei katastrophale Folgen keine Ein‹ zelfälle blieben, berichtet Aubrey einen weiteren Fall, von dem er persönlich Kenntnis hatte. »In Broad Chalke lebt eine Katenfamilie, deren Nachkommen zwei Daumen haben. Als die Tochter einer armen Frau in Westminster so zur Welt kam, schickte die Mutter nach einem Zimmermann, um einen der beiden Daumen mit Hammer und Meißel zu amputieren. Das Mädchen war damals ungefähr sieben Jahre alt und ein sehr hübsches Kind. Kaum war der Daumen abgeschlagen, wurde sie von einer extremen Angst angefallen und wand sich in

Krämpfen, so daß sie den Verstand verlor, ja sogar ihre Sprache. In diesem traurigen Zustand lebte sie bis sie 17 Jahre alt war.« Und die ernsteren Operationen waren so selten von Erfolg gekrönt, daß Aubrey mit besonderem Interesse von »einem Seemann aus Bristol« berichtet, der »einen Stein in der Niere hatte und (1688) das Wagnis einging, ihn herausschneiden zu lassen. Der Chirurg nahm ihn heraus und der Mann erholte sich. Mr. Cole aus Bristol sandte einen Bericht darüber an die Royal Society (vgl. S. 71 ff); ich glaube, er sandte auch den Stein.«

Vor diesem Hintergrund wird es leichter verständlich, wie Aubrey sich so sehr dazu beglückwünschen konnte, dem Tod während seiner Kindheit öfters ein Schnippchen geschlagen zu haben. Er war jedenfalls stärker vom Geschick begünstigt als seine Brüder und Schwestern, von denen keines die Kindheit überlebte, bis schließlich 1643 William geboren wurde. Zu jener Zeit war John jedoch bereits Student in Oxford.

»Als Knabe« wurde Aubrey »in Easton in eremitischer Einsamkeit erzogen«, was er ausgesprochen haßte. »Es war für mich das große Unglück meiner Kindheit«, schrieb er später, »daß ich in einer Art Park aufwuchs, weit entfernt von allen Nachbarn und ohne jedes andere Kind, um mich mit ihm zu unterhalten. So kam es, daß ich erst spät sprechen lernte. Mein Vater ließ einen Lehrer kommen, der mich zu Hause unterrichten sollte, und oft fand ich mich mit meiner eigenen Schwermut in einen Raum eingepfercht.« Aber gleichzeitig führte diese Einsamkeit dazu, daß er schon sehr früh die Grundzüge seines Charakters ausbildete: »Ich war sehr neugierig«, schreibt er über sich selbst, »mein größtes Vergnügen war es, bei den Handwerkern (z. B. Tischlern, Schreinern, Böttchern, Maurern) zu verweilen, die bei uns vorbeikamen und ihr Gewerbe wohl verstanden.« Früh zeigte sich also jene wahllose Neugierde nach den Geschäften anderer Leute, die ihn während seines ganzen Lebens verfolgen sollte, und schon damals war sie mit einem entsprechenden Unvermögen, sich auf die eigene Arbeit zu konzentrieren, gepaart. »In der Umgebung der St. Marien-Priorei, in den dortigen Zierwiesen«, erzählt er, »aber ganz besonders bei Brown's Hill, das dem Haus, in dem ich in einer unglückseligen Stunde meinen ersten Atemzug tat, gegenüber liegt, findet sich eine unendliche Vielfalt an Pflanzen; und ich wäre womöglich zum Botaniker geworden, hätte ich dazu die Muße gehabt. Aber die ist ein Kleinod, dessen ich mich nie zu bemächtigen vermochte.«

Die einsame Kindheit zwang Aubrey, die Gesellschaft der Landleute zu suchen, die in der Umgebung lebten, und bei ihnen erwarb er sich das zweite Hauptmerkmal seines Charakters – seinen Aberglauben. »Als ich ein Kind war (und zwar noch vor den Bürgerkriegen) pflegten die Weiber und alten Jungfern des Nachts wundersame Geschichten von Geistern und umgehenden Gespenstern zu erzählen, die von den Müttern an ihre Töchter weiter gegeben wurden. Sie bildeten das volkstümliche Gegengewicht, das die heilige Kirche aufrecht erhielt, denn wie die Geistlichen sagen: Wer die Geister leugnet ist ein Atheist. Als aber die Bürgerkriege kamen und mit ihnen die Gedanken, und Erkenntnisfreiheit, verschwanden die Phantome. Heute fürchten die Kinder solche Dinge nicht mehr, weil sie nichts davon zu hören bekommen. Sie werden nicht mehr in solchen Ängsten erzogen.« Doch Aubrey selbst war in seiner Isoliertheit von Fabelgeschichten regelrecht umzingelt. »Unser Landvolk redete viel über Elfen«, versichert er. »Nachts fegten sie den Herd sauber und wenn man seine Schuhe neben das Feuer stellte, so fand sich oft in einem davon eine Dreipennymünze.« Aber nicht nur die Bauersleute glaubten an solche Vorkommnisse, wie ein Bericht aus Aubreys späterem Leben zeigt: »Mrs. Markey (eine Tochter des Sergeanten Hoskyns, des Dichters) erzählte mir, daß auch ihre Mutter diesem Brauch folgte und so über die Jahre einen kleinen Silberbecher im Wert von dreißig Schilling ersparte. Elias Ashmole* behauptet, daß zu seiner Zeit in Lichfield ein Pfeifer lebte, der wußte, in welchen Häusern die Elfen hausten, und dieser Pfeifer habe sie auch oft gesehen.« Ja man erhält beinahe den Eindruck, Aubreys frühe Erziehung sei geradezu darauf angelegt gewesen, ihn in seiner Leichtgläubigkeit zu bestärken, wenn er ausdrücklich betont, daß »in alten unwissenden Zeiten, als die Frauen noch nicht lesen konnten, die Geschichte von der Mutter an die Tochter weitergegeben wurde; und seit der Zeit von Ehrwürden Beda* wurde die Geschichte des Landes durch alte Lieder überliefert. Denn von Beda an gab es bis zu W. Malmburiensis* keinen Schreiber in England und noch meine Amme kannte die Geschichte Englands von seiner Eroberung bis zu Karl I. als Ballade.« Auf diesem recht unsicheren Fundament ruhten Aubreys historische Kenntnisse, denn die spätere Ausbildung war zu jener Zeit noch gänzlich auf die klassische Antike ausgerichtet und tat nichts, den Aberglauben seiner Kindheit zu entkräften.

Ein weiterer Charakterzug, der sich lange vor seiner Schulzeit bemerkbar machte, war »eine frühzeitige und starke antiquarische Neigung. Von meiner Kindheit an war ich durch meine Anlagen einer Liebe zu den Altertümern verfallen«, berichtet er, »und mein Schicksal hat mich in ein Land gestellt, das für solche Nachforschungen höchst geeignet ist«. Auch sein Gefallen an historischen Gerüchten zeigte sich früh, denn er schildert, wie er sich »als Knabe immer wieder mit alten Männern, gleichsam leibhaftigen Geschichten, zu unterhalten liebte« und wie er besonders die Eltern seiner Mutter, Isaac und Israel Lyte, um Auskunft anging. »Immer wieder fragte ich meinen Großvater über die alten Zeiten aus, über die Chorbühne im Kirchenschiff etc., die Zeremonien in der Priorei etc.«, schreibt er, und in einem dieser Gespräche erzählte ihm sein Großvater eine Geschichte, die die ganzen Unterschiede zwischen dem 17. und dem 20. Jahrhundert auf einen Punkt bringt: »Mein Großvater Lyte erzählte mir, daß bei einem Festumzug für den neugewählten Londoner Bürgermeister einmal eine Darstellung von der Erschaffung der Welt mitgeführt wurde, unter der zu lesen stand: UND ALLES FÜR DEN MENSCHEN.«

Neben seiner Liebe für die Geschichte hatte Aubrey zugleich eine praktische Seite an sich entwickelt. »Mit acht«, erzählt er, »war ich eine Art Ingenieur und verfiel auf das Zeichnen. Ich fing mit einfachen Umrissen an, z. B. mit Skizzen von Vorhängen. Dann, als ich neun war, verwendete ich (gegen den Willen meines Vaters und Lehrers) Farben und da niemand mich unterrichtete, kopierte ich die Bilder in der Stube in mein Notizbuch.«

Als Aubrey acht Jahre geworden war, trat er »in die Lateinschule in der Kirche von Yatton Keynel ein, wo der Kurat Mr. Hart die ältesten Jungen Vergil, Ovid, Cicero etc. lehrte«, und wo die ältesten Jungen den Neuankömmlingen eine Einführungslektion in Sachen Moral verpaßten: »Ich mußte acht Jahre alt werden, um zu lernen, was Diebstahl ist«, berichtet Aubrey nicht ohne Bitterkeit, »denn ich besaß einen vortrefflichen Kreisel aus Buchsbaumholz, der mir dort gestohlen wurde.« Auch Aubreys Großvater muß als Kind dort unterrichtet worden sein, denn Aubrey hat ihn erzählen hören, daß »als er in dieser Kirche zur Schule ging, im Südfenster des hohen Chors verschiedene Wappen dargestellt waren, die einem vorbeireitenden Herold aufgefallen waren. Aber jenes Fenster«, das hatte der zukünftige Historiker und Antiquar rasch bemerkt, »ist jetzt mit Steinen zugemauert und von den Wappen ist kein Andenken übrig.« Aber der Verlust der farbigen Glasfenster verfehlte leider die gewünschte Wirkung auf die Behörden, mit den verbliebenen Relikten vergangener Zeiten in Zukunft sorgsamer umzugehen: »Damals war es üblich, die Prägung der Bücher mit Hilfe eines Schutzeinbandes aus Pergament, d. h. aus alten Manuskripten zu schonen, was zu begreifen ich noch zu jung war. Aber ich freute mich an der Eleganz der Schrift und an den farbigen Initialen. Ich erinnere mich, daß unser hiesiger Rektor (Mr. William Stump, ein Urenkel des Tuchhändlers von Malmesbury) mehrere Manuskripte aus der Abtei bei sich liegen hatte. Er war ein stattlicher Mann und dem geselligen Trunke nicht abgeneigt und wenn ein Faß seines besonderen Starkbiers braute, dann pflegte er das Spundloch (unter dem Ton) mit einem Manuskriptblatt zu verstopfen. Er sagte, daß sich nichts anderes so gut dazu eigne. Ich glaube, dieser Anblick bekümmerte mich schon damals sehr.« An dieser achtlosen Zerstörung von Altertümern sollte Aubrey Zeit seines Lebens leiden.

Im folgenden Jahr, 1634, wechselte Aubrey an eine Schule in der Nachbargemeinde, zu der er »auf einem schönen Spaziergang von einer Meile« gelangte, wenngleich, wie er später Anthony Wood gegenüber betonte, »ich damals ein prächtiges Pferdchen besaß (was hier jedoch nicht zur Sache gehört), denn ich war kein gewöhnlicher Junge und trug keinen Ranzen auf dem Rücken. *Sed hoc inter nos.* [Aber dies unter uns.]« An dieser neuen Schule, »wo sie ebenfalls die Bücher so einzubinden pflegten«, wurde Aubrey von »Mr. Robert Latimer, dem Pfarrherrn von Leigh-de-la-mere, in die lateinische Grammatik eingeführt. Mr. Latimer veranstaltete einen zwanglosen Unterricht und jedesmal, wenn wir frag-ten, ob wir gehen könnten, gab er uns ein lateinisches Wort mit auf den Weg, das wir bei unserer Rückkehr aufsagen mußten, so daß in kurzer Zeit eine ganze An-zahl Wörter zusammenkam. Zu meinem Unglück verlor ich diesen guten Erzie-her nach einem halben Jahr, indem er starb«, denn er war, wie Aubrey hinzufügt, schon sehr alt und »trug einen Dolch mit Klinge und ein Stilett, wie dies auch mein alter Großvater Lyte und Ratsherr Whitson aus Bristol taten und wie es in ihren Jugendtagen wohl allgemein Mode gewesen ist.« Vor seinem Ableben arrangierte Robert Latimer jedoch noch ein Zusammentreffen, das das Leben seines jungen Schülers auf das Nachhaltigste beeinflussen sollte. »In jenem Som-mer«, berichtet Aubrey, »meiner Erinnerung nach war es während der Jagd-saison (Juli oder August), kam Mr. Thomas Hobbes in seine Heimat, um alte Freunde zu besuchen, und unter anderem kam er auch nach Leigh-de-la-mere, um seinen alten Schullehrer Mr. Robert Latimer zu treffen, als ich gerade in der Kirche im Unterricht saß. Hier war der erste Ort und der erste Augenblick, an dem ich jemals die Ehre hatte, jenen würdigen und gelehrten Mann zu sehen, dem es gefiel, von mir Notiz zu nehmen und am nächsten Tag meine Verwand-ten zu besuchen. Seine Rede drehte sich damals vornehmlich um Ben Jonson und Mr. Ayton etc. Er war ein stattlicher Mann, lebhaft und von sehr angenehmer Er-scheinung: Sein Haar war recht schwarz und voller glänzender Locken. Er blieb eine Woche oder länger in Malmesbury und Umgebung, und es war das letzte Mal, daß er je nach Wiltshire kam.« Die Freundschaft zwischen dem fünfund-fünfzigjährigen Philosophen und einem »kleinen Jungen« von acht Jahren sollte fast vierzig Jahre währen und erst durch Hobbes' Tod gelöst werden.

Nach dem Tod von Robert Latimer, beklagt sich Aubrey, wurde er »ver-schiedenen unwissenden Hauslehrern unterstellt«, was er ausschließlich seinem Vater anlastet, »der nichts von Bildung verstand, sondern nur von Falknerei«. Nichtsdestotrotz wurde er 1638 »an die Blandford School in Dorset zu William Sutton, einem Bakkalaureus der Theologie und boshaften Griesgram geschickt«. Aber wenngleich Aubrey mit Stolz darauf hinweist, daß »Blandford die reno-mierteste Schule zur Erziehung von Gentlemen im Westen Englands war«, so setzte ihn doch seine bisherige Vereinzelung im Vergleich zu den anderen Kna-ben in einen bedauerlichen Nachteil. »Ich war wie ein Vogel, der sich, aus seinem

Käfig entfleucht, unter den freien Bürgern der Lüfte wiederfand«, beklagte er sich. »Zum ersten Mal lernte ich die Welt und die Schlechtigkeit der Jungen ken, nen. Die Jungen, die stärker waren als ich, verspotteten mich und mißhandelten mich. So sah ich mich genötigt, zu meinem sicheren Schutze Freundschaften zu schließen.« Zu seinen Peinigern scheinen auch Walter und Tom Raleigh, die Großneffen des berühmten Sir Walter*, gezählt zu haben, denn obwohl er ihnen zugesteht, daß sie »ausgezeichnet klingende Stimmen hatten und ihren Part auf der Violine leidlich zu spielen wußten«, beurteilte er sie doch insgesamt als »geist, reich, aber hochmütig und streitsüchtig«.

»Hier«, schreibt Aubrey, »gewann ich meine Gesundheit zurück und eignete mir das beste Latein und Griechisch meiner Altersgenossen an. Unser Hilfsleh, rer, Thomas Stephens, war ein sehr guter und geistreicher Mann, von dem ich viele Kenntnisse erwarb und der (durch Zufall) Cowper's Wörterbuch [Tho, mas Cowper, *Thesaurus Linguae Romanae et Britannicae*, 1565] besaß, wie ich es noch nie zuvor gesehen hatte. Ich laß damals Terenz. Als ich seine Methode be, griffen hatte, schlug ich in dem Buch alle Stellen über Terenz nach, dann über Cicero und auf diese Weise erwarb ich meine Lateinkenntnisse. Die Lektüre von Sandys Übersetzung der *Metamorphosen* des Ovid beflügelte meine Vorstellungs, kraft und verbesserte mein Verständnis der lateinischen Sprache. Dann stieß ich zufällig bei meiner Mutter auf ein Buch – es waren Lord Bacons* Essays –, das mir zum ersten Mal die Augen für die moralischen Wissenschaften (denn Tul, lius' *De officiis* war zu sauertöpfisch für meine jungen Jahre), für die Vollkom, menheit des Stils, für feine Andeutungen und Gedankenübergänge öffnete.« Man gewinnt den Eindruck, daß Aubrey trotz allem ein recht ernstes Kind ge, wesen ist, und er selbst bestätigt, daß »er sich aus Spielen nichts machte, sondern sich an Spieltagen ganz dem Zeichnen und Malen widmete« oder »den Laden und die Brennöfen des alten Harding besuchte, des einzigen Land,Glasmalers, den ich je getroffen habe«.

Sein Interesse für die Geschäfte anderer Leute hielt sich unvermindert, und die Ferien, die er regelmäßig bei dem Ratsherrn Whitson in Bristol verbrachte, stachelten seine Neugierde weiter an. Whitson war nicht nur Aubreys Taufpate und Stiefgroßvater, sondern zugleich Eigentümer der *Mayflower* [des Schiffes, das 1620 die ersten Aussiedler nach Neuengland brachte]. »Ich erinnere mich, wie oft ich bedauerte, nicht in einer Stadt wie z. B. Bristol zu leben, wo ich Zugang zu Uhrmachern, Schlossern etc. gehabt hätte«, schreibt Aubrey, denn »ich machte mir nicht viel aus dem Sprachunterricht: Auffassungsgabe ausreichend«, erklärt er dazu, »aber Erinnerungsvermögen mangelhaft. Die Schulzeit war nicht mehr als die vielversprechende Morgenröte eines aufgeweckten und philosophi, schen Kopfes. Mein Verstand war dauernd in Betrieb, aber zum Verseschmieden

eignete er sich nicht«, fügt er hinzu, und man darf vermuten, daß die bemerkenswerte Freizügigkeit, die die Schuljungen in jenen Tagen genossen, das ihrige zu
dieser Disposition beigetragen hat: »An der How-School in der Kirche von Cur-
ry-Yeovill in Somersetshire« berichtet Aubrey, »bringen sie alljährlich ein Faß
guten Starkbiers in die Kirche, und in derselben Nacht dürfen die Jungen in den
Keller ihres Meisters einbrechen.« Den Rückblick auf seine Schulzeit beschließt
Aubrey zusammenfassend: »Sanftmütiges Temperament, das sich leicht faszinieren läßt. Meine Gedanken sehr klar, meine Phantasie wie ein Spiegel auf reinem,
kristallenem Wasser, das schon der leichteste Windzug in Unruhe versetzt und
durcheinander bringt. Nie ausgelassen und übermütig; aber (wie Sir E. Leech zu
sagen pflegte) Trägheit und Nachlässigkeit kommen all den anderen Lastern
gleich.«

UNIVERSITÄTSJAHRE
UND EINE BILDUNGSREVOLUTION

Am 2. Mai 1642 trat Aubrey im Alter von 16 Jahren als Gentleman-Commoner [zahlender Student mit gewissen Privilegien] in das Trinity College in Oxford ein. Hier endlich fühlte er sich in seinem Element, auch wenn, wie er schnell feststellte, die Strafen hier um einiges strenger ausfielen. »In Oxford (und ich bin überzeugt, das nämliche gilt für Cambridge) züchtigten die Tutoren und Dekane ihre Schüler häufig mit der Rute, und zwar bis zum Bakkalaureat; ja sogar die Gentlemen-Commoners wurden geschlagen. Einer der Doktoren, den ich recht gut kannte (Dr. Hannibal Potter, Trinity College, Oxonia) schlug einem seiner Schüler mit dem Schwert in die Seite, als dieser kam, um seinen Abschied zu nehmen und ans Gericht zu gehen.« Denn obschon die Studenten damals jünger waren als heute (der zweite Herzog von Buckingham wurde schon mit vierzehn Jahren zum Magister der Künste), so erwartete man von ihnen doch eine große Ernsthaftigkeit, und sportliche Gemeinschaftsspiele gehörten nicht zur Erziehung. Zwar folgte man getreulich der Anweisung Castigliones*, ›das Lernen mit ziemlichen Leibesübungen‹ zu verknüpfen, aber unsere modernen Ballspiele galten mitnichten als ›ziemlich‹: Fußball, zum Beispiel, ›gehört für ewig mit Stillschweigen übergangen‹, denn es sei nichts anderes ›als eine viehische Raserei und äußerste Gewalttätigkeit‹. Roger Ascham, der Hauslehrer von Königin Elisabeth I. hatte seinerzeit folgende Liste ›artiger Leibesübungen und Spiele, die sich für den Gentleman geziemen‹ und ›deren sich junge Männer befleißigen und erfreuen sollten‹ verfaßt: ›ziemlich reiten; anmutig mit der Lanze nach dem Ring stechen; mit allen Waffen umgehen können; artig mit dem Bogen schießen oder sicher mit der Feuerwaffe; lustvoll hüpfen; laufen; ringen; schwimmen; ziemlich tanzen; singen und kunstvoll ein Instrument spielen; mit dem Falken jagen; auf die Jagd gehen; Tennis spielen.‹ So sah der Zeitvertreib aus, dessen sich ›der höfische Gentleman zu befleißigen hat‹. Keine dieser Beschäftigungen war, wie man leicht ersieht, auf die Ausbildung eines Gemeinschaftssinnes ausgerichtet, doch was an kooperativen Tugenden mangelte, wurde durch eine gesteigerte Individualität mehr als wettgemacht. Denn die Menschen jener Zeit waren zuvorderst und zuerst Individuen – bis zur

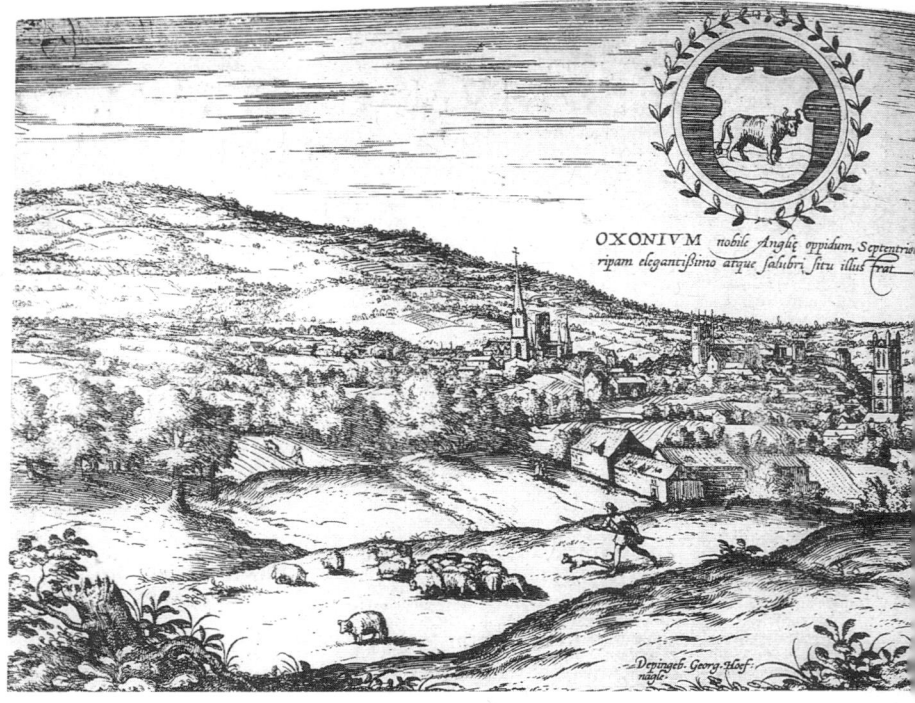

OXONIVM *nobile Angliæ oppidum, Septentrie ripam elegantißimo atque salubri situ illuſ frat*

Depingeb. Georg. Hoef. nagle.

Grenze des Exzentrischen. Gerade diese Vielfalt aber wurde zu einer der Kraft-reserven des Landes.

Noch war die irrige Unterscheidung zwischen der Arbeit, die man als Plak-kerei betrachtet, und dem Spiel, das einen erfreut, nicht gezogen und wie natür-lich suchten die Gebildeten ihre Zerstreuung im Studierzimmer statt auf dem Golfplatz. Im siebzehnten Jahrhundert zählte die Bildung geradeso wie das Trin-ken oder das Lieben zu den Genüssen, die das Leben zu bieten hatte, und ge-nauso oft wurde sie auch übertrieben. John Evelyn* etwa schrieb nach dem Tod seines fünfjährigen Sohnes: ›Seine Wißbegierde war so unersättlich, daß er, als er einmal einen Dialog zwischen Terenz und Plautus zu hören bekommen hatte, sich nach diesen Autoren erkundigte; und als man ihm sagte, diese Bücher seien noch zu schwierig für ihn, begann er vor Kummer bitterlich zu weinen und konnte kaum getröstet werden.‹ Und Aubrey selbst berichtet uns: »Lord Elles-mere war ein so hartnäckiger Student, daß er während drei oder vier Jahren nicht ein einziges Mal das Haus verließ; Edward Brerewood wurde eine lange Weile nicht außerhalb der Collegepforten gesichtet, ja, (so glaube ich) nicht einmal au-ßerhalb seines Zimmers, sondern er lief immer in Pantoffeln und wetzte seinen

*Zwei Gelehrte im Gespräch
mit Blick auf Oxford*

Überzieher und seine Kleider allein am Tisch und Schemel seiner Stube durch; aber er gewann außerordentlich viele Erkenntnisse.« Sogar in verständigerem Alter vermochten die Menschen der Renaissance ihre Neugierde anscheinend nur mit Mühe zu zügeln: »Laurence Rooke war ein nüchterner Mann von kräftiger Natur«, schildert uns Aubrey einen tragischen Fall, »trotzdem starb er an einer Erkältung, die er sich bei seinen häufigen astronomischen Beobachtungen zugezogen hatte«, während »Michaell Dary, Mathematiker und Schütze des Tower (von Beruf Tabakschneider) und ein bewundernswerter Algebraiker«, eher in die Fußstapfen Francis Bacons trat und sich »durch das Schreiben bei frostigem Wetter faulige und geschwürige Finger holte«.

»Ich besah mir die Logik und einige Ethiken«, berichtet Aubrey über sich selbst, nachdem er sein Studium der Klassik abgeschlossen und sich den Wissenschaften vom Menschen zugewandt hatte. Und dann folgt eine höchst vielsagende Notiz: »1642 wurde *Religio Medici* [von Sir Thomas Browne] gedruckt und zum ersten Mal fing ich an, etwas zu begreifen.«* Zu jener Zeit tat die Bildung einen großen Sprung nach vorn, denn man hatte ganz unerwartet erkannt, daß »sich die britische Sprache ebenso wie das Griechische oder jede beliebige andere Sprache dazu eignet, die gelehrten Begriffe wortreich zum Ausdruck zu bringen«. In der Tat hatte sich das Englische schon im vorangegangenen Jahrhundert zu einer flüssigen Sprache entwickelt, aber es hatte sich weiterhin so rapide verändert, daß schon den Stuarts das Elisabethanische Englisch veraltet vorkam. »Henry, der vorige Graf von Cumberland, war«, Aubrey zufolge, »ein für jene Zeiten außergewöhnlich geistreicher Herr, der auf Englisch ein – sehr gelungenes – Gedicht über die Psalmen verfaßte, aber weil die Sprache jetzt ein wenig aus der Mode ist – wie diejenige von Sir Philip Sidney* auch – wird es nicht mehr gedruckt«. Als Jakob I. im Jahre 1604 eine neue Übersetzung der Bibel genehmigte, sorgte er unwissentlich für die Kristallisation der englischen Sprache auf dem Höhepunkt ihrer Entwicklung und gab ihr damit eine Beständigkeit, die sie nie zuvor besessen hatte. Sobald sich in der Folge der anhaltende Sprachwandel auf ein zu bewältigendes Maß verlangsamt hatte, wurden mehr und mehr gelehrte Bücher auf Englisch statt in Latein geschrieben, und in der Folge erlangten die neuen Druckerpressen erstmals einen Einfluß, der in ganz England spürbar wurde. Diese Entwicklung war nicht nur von Vorteil, wie Aubrey zeigt, denn durch sie wurde der Einbildungskraft ein erster Hieb versetzt, von dem sie sich nicht erholen sollte, bis sie endgültig unter der Flut sachlicher Zeitungsinformationen unserer Tage erstickte. »Vor der Buchdruckerei gab es fein ersonnene Altweibermärchen«, schreibt Aubrey betrübt, »und bis das Drucken in Mode gekommen ist, also bis kurz vor den Bürgerkriegen, wurde den einfachen Leuten das Lesen nicht beigebracht. Heute sind Bücher weit verbreitet, und die meisten armen Leute kennen die Buchstaben; und die vielen Bücher und die Wechselfolge von Ereignissen haben all die alten Fabeln aus dem Haus getrieben, und die göttliche Buchdruckerkunst und das Schießpulver haben Robin, den Hauskobold, und die Elfen verschreckt«.

In einem anderen Bereich sollte die Aufgabe einer antiken Tradition noch weiterreichende Folgen haben. »Alle alten Berechnungen wurden mit Buchstabenzahlen angestellt«, schreibt Aubrey. »Ich erinnere mich selbst, daß die Gutsverwalter, als ich noch jung war, keine anderen Zahlen gebrauchten als z. B. i, ii, iii, iv, v, vi, vii, viii, ix, x, xi etc.; und noch heute wird die Buchführung im Schatzamt so gemacht. Zu meines Großvaters Zeit rechneten die Ladeninhaber mit einem Zählrahmen, was die beste und sicherste Methode ist und wie es die Franzosen heute noch tun.« Aber endlich hatte man die römische Zählweise aufgegeben und die Ketten zerrissen, in denen die abendländische Wissenschaft seit zweitausend Jahren gefesselt lag. Ohne Mathematik konnte es keine Theoriebildung geben, und die Griechen und Römer hatten sich schon allein deshalb auf

Druckwerkstatt

praktische Probleme beschränken müssen, weil ihre Zahlzeichen, mochten sie auch zum Zählen genügen, zum Rechnen nicht taugten. Aber während Europa in das sogenannte dunkle Zeitalter gehüllt war, gelang den Arabern die vielleicht wichtigste Entdeckung in der Geschichte des menschlichen Denkens, nämlich die Erfindung eines Symbols für nichts, die Null. Die Übernahme der arabischen Ziffern gegen Ende der Renaissance eröffnete eine ganz neue Gedankenwelt, die die Menschen des siebzehnten Jahrhunderts mit einem geradezu wollüstigen Vergnügen erkundeten.

Im Jahrhundert der Stuarts wurde die Mathematik zum beliebtesten aller Studiengebiete. »Es war Edmund Gunter*, der mit seinem Buch über Quadranten, Proportionalzirkel und Kreuzstab den Menschen die Augen für diese Wissenschaft öffnete, so daß sich die jungen Männer darin verliebten. Ehedem lagen die mathematischen Wissenschaften in der griechischen und lateinischen Sprache verschlossen und ruhten sicher aber unberührt in den Bibliotheken. Nachdem jedoch Mr. Gunter sein Buch veröffentlicht hatte, sproß diese Wissenschaft mit aller Kraft hervor und wuchs nach und nach zu der Höhe heran, die sie heute (1690) besitzt.«

Soldaten, Seeleute, Höflinge, Kirchenmänner, sie alle waren dieser berauschenden Wissenschaft verfallen, und mancher junge Mann war, wie Henry Gellibrand, »lange Zeit zu nichts recht nutze, bis es sich endlich durch Zufall traf, daß er eine Vorlesung über Geometrie hörte. Er war so davon angetan, daß er sofort mit ihrem Studium begann, und machte schnell große Fortschritte. Die prächtige Sonnenuhr über der Bibliothek des Trinity College ist von seiner Hand.« Solche Zeitmesser waren jedoch vergleichsweise simple Instrumente, und dasselbe galt für so viele der ebenso eindrücklichen wie verbreiteten wissenschaftlichen Kunststücke, daß Thomas Hobbes sich zu der Warnung bemüßigt fühlte: ›Nicht jeder, der irgendein neues Werkzeug oder sonst einen schmucken Kunstgriff über das eine oder das andere Meer herüberbringt, ist deswegen schon ein Philosoph, denn wenn man so dächte, dann könnten sich nicht nur Apotheker und Gärtner, sondern noch viele andere Arten von Handwerkern um diesen Titel bewerben und ihn erhalten.‹ Davon unbeeindruckt beharrten manche von Aubreys Freunden hartnäckig auf ihren unorthodoxen Methoden. Seth Ward zum Beispiel, der Bischof von Salisbury, pflegte »als er Präsident des Trinity College in Oxford war, seine geometrischen Zeichnungen in schwarzer, roter, gelber, grüner und blauer Tinte auszuziehen, um jede Verwirrung durch die Bezeichnungen A, B, C, etc. zu vermeiden«, und William Oughtred*, der durch die Erfindung des Multiplikationszeichens unsterblichen Ruhm erlangte, erklärte dazu, daß es ihm ›wie von einem göttlichen Geist in den Kopf eingegeben wurde‹. Die öffentlichen Kontroversen über »arithmetische Probleme« gipfelten

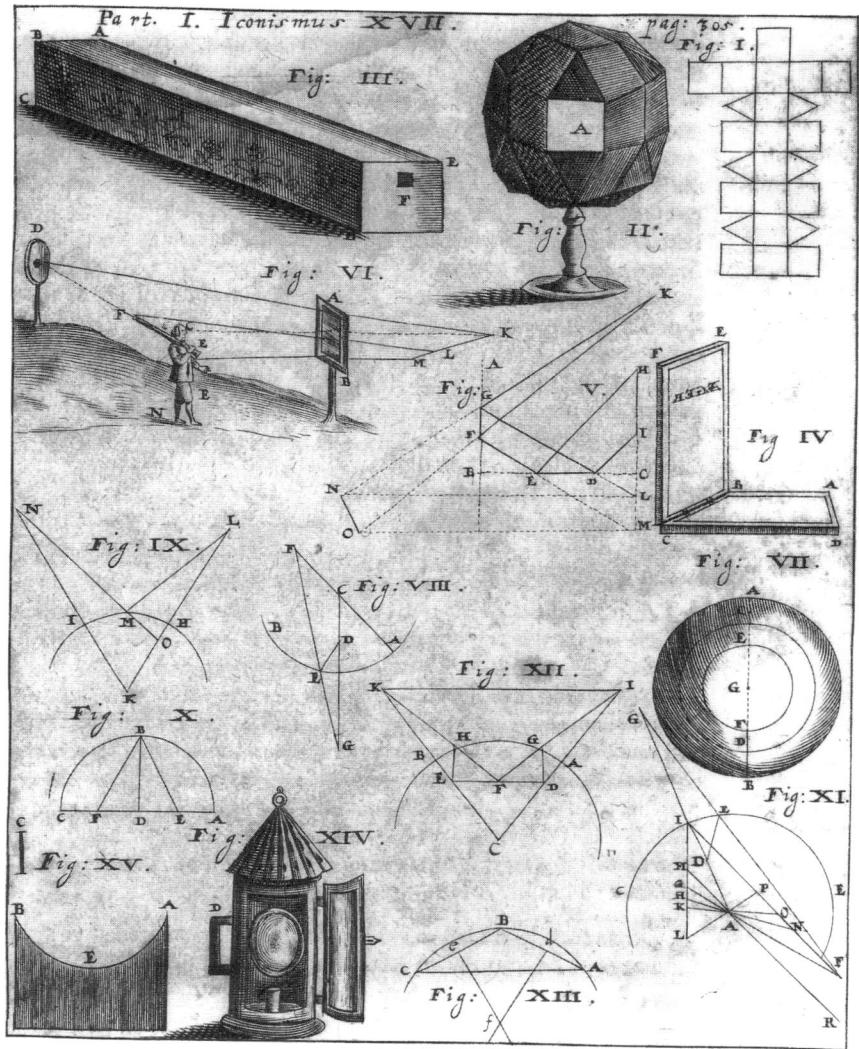

bisweilen in hitzigen Gefühlsausbrüchen, z. B. als Hobbes wähnte, er habe die Quadratur des Kreises gefunden, und Dr. Wallis* dies zu Recht bestritt. Aubrey fühlte sich bei diesem Streit zu der Mutmaßung veranlaßt, daß sich »ihre Merku‑ rien im Quadrat oder in Opposition befinden. Ludolph van Keulen ist zuerst von Beruf Fechtmeister gewesen; aber als er taub wurde, wandte er sich dem Stu‑ dium der Mathematik zu, wurde darin berühmt und schrieb einen gelehrten

Quartband über das Verhältnis zwischen Durchmesser und Umfang eines Kreises« und nahm zuletzt seine Besessenheit mit ins Grab, denn »(seinem Testament gemäß) wurde obengenannte Proportion in sein Grabmahl eingraviert«.

Die Begeisterung, die eine so trockene Wissenschaft auslöste, wirkt weniger unverständlich, wenn man sich vergegenwärtigt, daß damals ›jeder Leser auf die eine oder andere Weise auch ein Gelehrter sein mußte, da es abgesehen von Dichtung und Bühne kaum etwas anderes gab als ernste Schriften... Statt Zeitungen und Romanen‹, schreibt der Sozialhistoriker Trevelyan, ›wurden Balladen und Lieder auf den Straßen ausgerufen, um den gemeinen Geschmack in den Gassen der Städte oder auf dem Dorf zu befriedigen.‹ Noch gab es kein Heer von erwachsenen Kindern, das durch Illustrierte und Filme versorgt wurde, und über den Geist der Menschen herrschte unbestritten die Bibel. ›Wenn es in jenen Tagen Zeitungen, Illustrierte und Romane gegeben hätte‹, fährt Trevelyan fort, ›die der Bibel im Landhaus, auf dem Bauernhof und in der Kate ihren Platz streitig gemacht hätten, dann hätte die Geschichte keine puritanische Revolution erlebt.‹*

Das Ergebnis der geistigen Indoktrination durch die Heilige Schrift ließ nicht lange auf sich warten. Die unterschiedlichen Ideen trafen mit zunehmender Gewalt aufeinander, bis es »in der Nähe von Banbury zwischen dem Grafen von Northampton und Lord Brooke zu einem ersten handgreiflichen Zusammenstoß kam; das war an einem der letzten Julitage oder schon Anfang August 1642. Nun donnerte Bellona, die Kriegsgöttin, los und wie sich ein klarer Himmel manchmal in Windeseile mit düsteren Donnerwolken bedeckt, so verschwand der heitere Friede unter den Bürgerkriegen der verschiedenen Parteigänger jener Zeit«.

»Kein Pfaffe kann es, was die Austreibung der Phantome angeht,
mit dem Schwarzpulver aufnehmen«

REVOLUTION, BÜRGERKRIEG
UND DER NIEDERGANG DER VOLKSKULTUR

D er Ausbruch der Revolution war um so bedrückender, als ihr ein aus-
sergewöhnlich langer Friede vorangegangen war. So weit man sich
erinnern konnte,
Tode von Königin Maria
Waffengeklirr bei Smith-
England mit sich selbst im
sten Mal in der Geschichte
seiner Bewohner sein Leben
gen eines Krieges geworden
war in verschiedene Kriege
hatte keiner von ihnen die
die Kämpfe auf dem Konti-
Ruhe Englands beigetragen,
in den Dienst fremder Für-
aber brachen die Kämpfe,
Zeiten begleitet hatten, er-
die besoldeten Raufbolde,
Kontinents in jenen Tagen
zum ersten Mal seit vielen
wieder auf die britische Insel
daß William Oughtred
heerenden Zeiten verzagt
wohner des Landes waren
so lange Zeit nicht mehr aus-
gen ungewöhnlich schwer
zählte fünfundsiebzig Jahre)
rung in Cirencester und er-
Schießerei, daß sie ihren

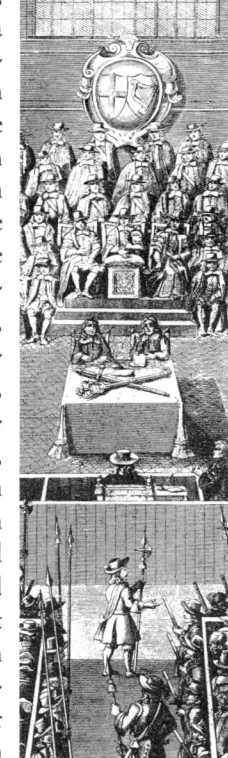

Der Prozeß
gegen Karl I.

seit nämlich mit dem
von Schottland das letzte
field verstummt war, hatte
Frieden gelegen und zum er-
dieses Landes konnte einer
beschließen, ohne zum Zeu-
zu sein. Gewiß, das Land
verwickelt gewesen, doch
Küste der Insel erreicht, ja
nent hatten sogar zur inneren
weil sie die Kriegslüsternen
sten gelockt hatten. Nun
die das Land seit römischen
neut mit Wucht hervor, und
aus denen sich die Heere des
zusammensetzten, begannen
Jahren ihr Augenmerk auch
zu richten. Was Wunder,
klagte, er sei ›ob dieser ver-
und zerbrochen‹. Die Be-
der Gewalt des Krieges für
gesetzt gewesen, daß die Fol-
wogen: »Lady Jordan (sie
weilte während der Belage-
schrak dermaßen über die
Verstand verlor und zu ei-

nem kleinen Kinde wurde, für das man Puppen anfertigte, daß es damit spiele.«
Die Ursachen des Krieges waren zu einem beträchtlichen Teil geistiger Natur; Aubrey berichtet in seiner Biographie von Thomas May*, daß »Mr. Decretz

bei jenem Streitgespräch zugegen war, in dem sich die beiden Lager aufs heftigste gegeneinander zusammenrotteten und Mays Freundschaft mit Sir Richard Farn⸗ shaw zerbrach, weil dieser zum König hielt«. Trotzdem bot die Revolution eine ausgezeichnete Gelegenheit, persönliche, offen gebliebene Rechnungen zu be⸗ gleichen und alte Familienzwistigkeiten mit nie gesehener Grausamkeit aufflam⸗ men zu lassen. Henry Marten* saß über Karl I. zu Gericht, weil der König ihn vor vielen Jahren einmal beleidigt hatte, und Sir John Danvers*, »ein großer Freund der königlichen Partei und der Schutzherr eines manchen in Not gerate⸗ nen oder abgedankten Royalisten«, verriet seine Grundsätze aus Groll gegen seine Familie. »Um sich an seiner Schwester, Lady Gargrave, zu rächen und sich dem Protektor anzudienen, der das Testament seines Bruders, des Grafen von Danby, für nichtig erklären sollte, nahm auch er im Prozeß gegen den König im hohen Gerichtshof seinen Platz ein.«

Aubreys Zeitgenossen teilten nicht den modernen Glauben an eine morali⸗ sche Vervollkommnung des Menschen und ließen ihrer Grausamkeit unter den geeigneten Umständen freien Lauf. »An dieser Eiche«, schreibt Aubrey in seiner *Naturgeschichte von Wiltshire*, knüpfte Sir Francis Dodington dreizehn Leute auf, nachdem er ihnen Schonung versprochen hatte. Er ließ einen Sohn seinen Vater aufhängen oder umgekehrt.« Solcherlei Brutalitäten zogen sich über ein halbes Jahrzehnt hin, bis der König in die Flucht geschlagen war.

Bereits das erste Scharmützel hatte unmittelbare Auswirkung auf Aubreys Leben: »Im darauf folgenden August verlangte mein Vater, aus Furcht, ich solle nach Hause kommen.« Aber nicht nur Aubreys Leben wurde unterbrochen, sondern die Kontinuität der englischen Kultur erlitt einen Einschnitt. »Als ich noch ein kleiner Junge war (vor den Bürgerkriegen)« wird Aubrey nicht müde zu wiederholen, wenn er sich anschickt, die verblichenen Bräuche und Überzeu⸗ gungen einer doch so nahen Vergangenheit zu schildern. Eine ganze Lebenswelt versank in dieser Umwälzung: »Als ich noch ein Junge war hielt sich fast jeder Gentleman einen Harfner in seinem Haus, und manch einer von ihnen konnte dichten.« Aber inzwischen waren die Harfenspieler verschwunden, denn die er⸗ ste Umwälzung traf den Lebensstil der Reichen, der sich seit urvordenklichen Zeiten erhalten zu haben schien: »Nachdem die Goten ins Land gekommen wa⸗ ren, wurde aus den römischen Spielen und Zirkussen das Lanzenbrechen und die Turniere. Der Turnierplatz befand sich dort, wo heute die Wachhäuser gegen⸗ über von Whitehall stehen. In jenen Tagen hielt sich jeder Gentleman von mehr als eintausend Pfund Rente pro Jahr ein Pferd oder mehrere Pferde für einen gewappneten Reiter.«

Natürlich beschränkten sich die Veränderungen nicht auf die Reichen. Das ganze Volk war davon betroffen, und unter dem Ansturm des Krieges verschwanden viele alte Gebräuche und Glaubensvorstellungen.

»Als ich ein Junge war (vor den Bürgerkriegen), hörte ich sagen, daß man früher den Toten einen Penny in den Mund zu stecken pflegte, der für Petrus bestimmt war, und ich glaube, dies war vor allem in Wales und im Norden üblich;« während in Yorkshire »zur heiligen Weihnachtszeit nach den Gebeten in den Landkirchen getanzt wird, und beim Tanzen schreien (oder singen) sie: Yole, yole, yole.« Denn, so erklärt Aubrey, »in den Kindertagen der christlichen Religion empfahl es sich, den Acker mit dem Ochsen der Heiden zu pflügen (wie man sagt), d. h. sich ihnen einzuschmeicheln und sie ihre alten Volksfeste unter neuen christlichen Namen weiter feiern zu lassen; so wurden die Floralien in das Fest des Heiligen Philip und Jakobus umgewandelt und die Saturnalien in Weihnachten. Wären sie nicht so verfahren, hätten sie nie so viele Gläubige gewinnen oder ihre Lehre in so kurzer Zeit so weit verbreiten können. Die Heiden waren nicht bereit, alle ihre Götterbilder fahren zu lassen und so überzeugte man sie, das Bild des Jupiter mit seinem Blitz in den gekreuzigten Christus umzuwandeln, und Venus und Cupido in die Muttergottes mit ihrem Kind; was nach Ansicht von Mr. Hobbes klug getan war.« Neben diesen Überlieferungen aus spätrömischer Zeit, die den Aufstieg der katholischen Kirche und die Reformation überlebt hatten, wurden auch viele einheimische Mythen Opfer des Bürgerkrieges. »Manche Leute, die neugieriger waren als gewöhnlich, folgten einem Brauch und setzten sich in der Nacht der Sommersonnenwende in die Vorhalle der Gemeindekirche, um die Erscheinungen derer an die Tür klopfen zu sehen, die im kommenden Jahr sterben würden.« Die relative Einförmigkeit der englischen Volkskultur, die nach Kriegsende die Vielfalt der regionalen Bräuche ablöste, ließ am Ende auch die Lebensweise der Schäfer in Aubreys Heimat Wiltshire nicht unberührt: »Ihr Äußeres gleicht (glaube ich) demjenigen der römischen oder arkadischen Hirten«, bemerkt er, »sie tragen nämlich einen langen weißen Mantel mit einem Kragenumhang, der bis in die Hälfte des Rückens hinab reicht und aus Schafwolle gemacht ist; zu ihrer Ausrüstung gehören ein Hirtenstab, eine Schleuder, ein Ranzen, ihre Teedose, eine Pfeife (oder Flöte) und ihr Hund. Aber seit 1671 erlauben sie sich den Luxus, auf ihre hergebrachte warme und nützliche Kleidung zu verzichten und sich à la mode zu kleiden.« Aubrey empfand jede dieser Veränderungen als einen ihm persönlich zugedachten Affront und kam schließlich zu dem traurigen Schluß, daß »die das Land überziehenden Bürgerkriege all diese Riten und Bräuche außer Kraft und Mode gesetzt haben. Kriege zerstören nicht nur die Religion und die Gesetze, sondern auch den Aberglauben, und kein Pfaffe kann es, was die Austreibung der Phantome betrifft, mit dem Schwarzpulver aufnehmen«.

Die bei weitem schlimmste Folge der
Revolution mußte für einen Antiquar
wie Aubrey die Machtübernahme
durch die Puritaner sein, jene Philister,
die er verachtete wie nichts sonst und
die auch umgekehrt für Leute seines
Schlages überhaupt nichts übrig hatten. An einer Stelle spricht er über Robert Sanderson, den Bischof von Lincoln, und bemerkt sarkastisch: »Die
Parlamentarier waren von seiner Bildung und seiner Tugend beeindruckt,
weshalb er denn auch am Leben
blieb.« Schon früher hatte die achtlose
Zerstörung von Altertümern schlim-
men Schaden angerichtet, wie sich an
der mutwilligen Vernichtung von klö-
sterlichen Manuskripten gezeigt hatte,
deren Zeuge Aubrey als kleiner Junge
geworden war und die auf ewig an ihm
nagte. »Zu meines Großvaters Tagen
flogen Manuskripte wie Schmetterlinge
durch die Gegend. Alle Musikbücher,
Rechnungsbücher, Kopierhefte etc.,
die wir heute mit Blaupapier oder mit
Marmorpapier einwickeln, waren in
alte Manuskripte eingeschlagen. Die
Handschuhmacher richteten große
Verheerungen an, denn ich hege keinen
Zweifel, daß so manches Paar Hand-
schuhe in ein kostbares Schriftstück
eingewickelt wurde. Schon vor den
vergangenen Kriegen ging in dieser
Gegend hier eine Welt von seltenen
Manuskripten zugrunde, denn kaum
ein halbes Dutzend Meilen von Easton-
Pierse entfernt lag die Abtei von

Maifest

Hirtin in modischer Kleidung

Malmesbury, deren Bibliothek, so darf man annehmen, wie die meisten Bibliotheken Englands (z. B. der Priorei Broadstock oder der Abteien von Stenley, Farleigh, Bath und Cirencester) die ausgesuchtesten Kopien beherbergte. Allein an der Buchbindung jener Tage sieht man, wozu die Manuskripte mißbraucht wurden. Um 1647 besuchte ich aus Neugierde an den Manuskripten, die ich in meiner Kindheit dort erspäht hatte, den alten Pfarrer Stump, aber mittlerweile waren sie alle zerstreut und verloren. Seine Söhne waren Schützen und Soldaten und putzten ihre Gewehre damit.« Diese früheren Zerstörungen waren freilich noch das Ergebnis verbreiteter Unwissenheit und nicht der Politik gewesen. Die Puritaner hingegen wußten genau, was sie taten, und sie wüteten mit Vorsatz und aus Überzeugung. »Mein alter Vetter Pfarrer Whitney berichtete mir, daß sie bei einem Besuch in Oxford während der Zeit Edwards VI.* Mathematikbücher als Zauberbücher verbrannten und wäre nicht der Griechischprofessor zufällig des Weges gekommen, sie hätten auch die griechische Bibel als Hexenwerk ins Feuer geworfen.« Dies war während der bislang einzigen Periode geschehen, in der die Puritaner an der Macht gewesen waren, und seither hatte man jede unnötige Zerstörungswut einzudämmen versucht: »In der Nähe von Schloß Dunnington stand eine Eiche, unter der Sir Geoffrey Chaucer zu sitzen pflegte, ›Chaucers Eiche‹ genannt, die wurde unter Karl I. gefällt, und so kam es, daß... [der Täter] sich vor der Sternkammer* dafür verantworten mußte und gebüßt wurde. Richter Richardson hielt ihm eine lange Ansprache, wie ein Redner, und ging dabei bis auf die Druiden etc. zurück.«

In der Regel richtete sich der Zorn der Puritaner allerdings eher gegen Götzendienerei. Auch in den Jahren vor dem Bürgerkrieg kam es immer wieder zu bedauerlichen Zwischenfällen: »In der St. Edmunds-Kirche in Salisbury fanden sich sorgfältig bemalte Glasfenster (besonders im hohen Chor), und eines dieser Fenster (ich glaube es war das Ostfenster) war ein so ausgesuchtes Kunstwerk, daß der spanische Botschafter Gundamour ein paar hundert Pfund dafür geboten hätte, wenn es verkäuflich gewesen wäre. Eines der Fenster zeigte Gott, den Va-ter, dargestellt als alten Mann (wie es damals Mode war). Der Gerichtsschreiber, Mr. Shervill, nahm großen Anstoß an dem Bildnis. Aus religiösem Eifer schlug er 1631 einige der Fenster ein und als er auf einen der Kirchenschemel kraxelte, um weit genug hinauf reichen zu können, stürzte er und brach sich ein Bein. Aber das bewahrte ihn nicht davor, deswegen vor die Sternkammer geladen und mit einer hohen Buße belegt zu werden, die ihn, wenn ich mich recht erinnere, zugrunde richtete.«

Die Sternkammer aber wurde abgeschafft, und die siegreichen Puritaner wurden schon während des Bürgerkrieges zu dermaßen entschlossenen Bilder-stürmern, daß Aubrey nur betrübt resümieren konnte: »Aber was Mr. Shervill nicht geschafft hatte, das haben seither die Soldaten so gründlich nachgeholt, daß nicht ein Stück Glasmalerei übrig geblieben ist.« Als der Krieg zu einem Dauer-zustand wurde, stellten einige Londoner Kaufleute die Sache auf eine geschäft-liche Grundlage, indem, wie Aubrey berichtet, »in Croydon in Surrey während der Revolution für eine halbe Krone pro Tag ein Ausrufer angeheuert wurde, um die farbigen Glasfenster zu zerschlagen, die noch ganz geblieben waren.«

Als keine Fenster mehr übrig waren, wandte sich das Interesse der Eiferer den Altären und Statuen, den Meßtüchern, bemalten Grabmälern und Orgeln mit solcher Gründlichkeit zu, daß Aubrey auch hier schon nach kur-zer Zeit vollen Erfolg melden konnte. »Die Kirche« von Corston »ist ganz leer, der moderne Eifer hat hier,

Im Mai 1642 wurde das im 13. Jahrhundert errichtete Eleanor-Cross in Cheapside unter Aufsicht puritanischer Truppen niedergerissen

Oliver Cromwell
als Erlöser

wie auch in der Umgebung, einiges reformiert.« In der Nähe von Slaughterford
war ihm aufgefallen: »Dort steht eine hübsche kleine Kirche, der es schlimmer ergangen ist als allem, was ich gesehen habe. Sogar die Querhölzer wurden während der fanatischen Raserei der letzten Zeit aus den Fenstern geschlagen. Das
Kirchlein besaß einmal zwei schöne Südfenster, die Türen und Bodenfliesen
sind verschwunden. Das Gebäude wird jetzt von den Webern genutzt und das
Taufbecken als Trog verwendet.«

Nachdem die Kirchen ausgeplündert waren, beschäftigte man sich mit den
Gebäuden selbst. Manche Kirche »wurde niedergerissen, damit sich der Feind
nicht vor den Garnisonen verstecken konnte«; Schlösser wie Dunnington, das
einst »Sir Geoffrey Chaucers Besitztum« gewesen war, »ein nobler Landsitz und
eine starke Burg, vom König gehalten«, wurden »dem Erdboden gleichgemacht;
wohlklingende Glocken wurden zu Kanonen umgeschmolzen« und viele Häuser niedergebrannt. Das Ausmaß der Zerstörung war so schlimm, daß Aubrey,
obschon erst im zarten Alter von achtzehn Jahren, zu seiner ersten konservatori-
schen Tat schritt: »Ich brachte Mr. Hesketh, einen Priester, dazu, die Ruinen von
Osney in zwei oder drei Ansichten zu zeichnen, bevor sie niedergerissen wurden.« Dreißig Jahre später sollte eine dieser Zeichnungen als das einzig verblie-
bene Abbild dieser Abtei mit folgender Erläuterung in Dugdales *Monasticon**
abgedruckt werden. ›Die stattlichen Ruinen dieses Bauwerks wurden aus
Liebe zum Altertum und (ein nicht wenig glücklicher Zufall) nur kurz vor ihrer

endgültigen Zerstörung im Bürgerkrieg gezeichnet, während ich noch als Jugendlicher in Oxford weilte; über die Jahre gerettet und gewissermaßen wieder belebt sind sie der Nachwelt gewidmet von John Aubrey von Easton Pierse in der Grafschaft Wiltshire, Esq.‹

Im Februar 1643, berichtet Aubrey, »brachte ich meinen Vater nur mit Mühe dazu, mich nach dem geliebten Oxford zurückkehren zu lassen, wo inzwischen eine königliche Garnison stationiert war« und das sich deutlich von der Universitätsstadt unterschied, die er nur wenige Monate zuvor verlassen hatte. Denn im November des vorigen Jahres hatte sich der Hof in Oxford niedergelassen, sich in den Collegegebäuden einquartiert und die älteren Dozenten, wie etwa Dr. Kettell aus Aubreys eigenem College, frühzeitig ins Grab getrieben.

Wie Aubrey hatten die meisten Studenten Oxford bei Ausbruch des Bürgerkriegs verlassen. Die wenigen, die an der Universität geblieben waren, wurden, laut Aussage eines Dozenten, ›durch das Tragen von Waffen und durch regelrechte Söldnerdienste wie Wache schieben und Posten stehen und durch das nächtelange Beisammensitzen in der Schnapsschenke‹ gründlich verdorben. Die Stimmung in der Stadt war der wissenschaftlichen Arbeit nur mäßig zuträglich, zumal für jemanden, der sich so gern ablenken ließ wie Aubrey. Vor allem mußte man den König gesehen haben: »Während meines ersten Jahrs in Oxford pflegte ich ins Christ Church College zu gehen, um König Karl I. beim Abendessen zuzuschauen. Einmal hörte ich ihn sagen, daß er auf der Falkenjagd in Schottland in einen Steinbruch geritten sei, wo eine Kette Rebhühner über den Falken hergefallen sei, und der König, erinnere ich mich weiter, schwor bei der Heiligen Schrift, daß es wahr sei. Als ich auf mein Zimmer kam, erzählte ich diese Geschichte meinem Tutor, der sagte: ›Diese Kette Rebhühner, das war London.‹«*
Außerdem weilte der gesamte Hofstaat in der Stadt, was einen jungen Gelehrten besonders faszinieren mußte, denn – wie Trevelyan meint – ›Englands Gentlemen erlernten bei Hofe nicht nur das Intrigenspiel in Liebe und Politik sondern auch Musik und Dichtkunst; ihr Interesse für Gelehrsamkeit und für die bildenden Künste wurde geweckt, und jene Fähigkeiten blieben, waren sie erst einmal in ihre ländliche Heimat zurückgekehrt, auch dort nicht ohne Wirkung‹. Auf diese Weise ›ging der mittelalterliche Gegensatz zwischen dem geistlichen Schriftgelehrten und dem barbarischen Streitritter im Ideal des *Gentleman* auf‹. Obwohl sich die Stuarts in ihren eigentlichen Amtsgeschäften entweder als jämmerliche Versager oder als korrupt erwiesen, gaben sie doch bei der Herausbildung jenes neuen Ideals die Leitfiguren ab. Jakob I. fühlte sich so sehr zum Gelehrten berufen, daß er sich bei seinem ersten Besuch in der Bodleian Library in Oxford zu dem Ausspruch hinreißen ließ: ›Wäre ich nicht König, so wäre ich zu

einem Universitätsgelehrten geworden; und wenn ich zum Gefangenen werden müßte und mir doch das Gefängnis wählen dürfte, so würde ich mir kein anderes aussuchen als diese Bibliothek, wo ich mit so vielen guten Autoren und toten Meistern zusammengekettet läge.‹ Jakobs Sohn, Karl I., »jener große Antiquar«, war zugleich einer der feinsinnigsten Kunstkenner seines Reichs und darüber hinaus der erste Engländer, der Portraitgemälde nicht bloß als Abbilder oder Kuriositäten, sondern als Kunstwerke zu schätzen wußte. König Karl II. war dagegen eher praktisch veranlagt und befaßte sich nebenbei ein wenig mit Chemie, ohne daß viel Brauchbares dabei herausgekommen wäre. »Er hatte mathematisches Talent«, gestand Aubrey bereitwillig ein, »aber es fehlte ihm die Grundausbildung.« Über Jakob II. hingegen wußte Aubrey nichts Löblicheres zu berichten als daß »er gründlich mit dem Zustand unserer Seestreitkraft vertraut war und davon ebenso viel verstand wie ein gemeiner Matrose«, während des Königs Gemahlin sich vor allem durch eine hervorragende Leistung auszeichnete: »Die Herzogin leerte Oberst Pophams großen Deckelkrug (fast) in einem Zuge.«

Sogar noch in diesen unruhigen Jahren blieb der Hof das kulturelle Zentrum der Nation, und der Kreis von Dichtern und Stückeschreibern, die sich wie eh und je um den König scharten, nahm aufgrund des Krieges eher noch zu. Vielen erging es ähnlich wie dem Dichter John Cleveland aus Cambridge, der, »als Royalist aus seiner Anstellung an der Universität vertrieben, nach Oxford kam, wo das königliche Heer lag und wo er aufs herzlichste willkommen geheißen wurde.« Während der König im Christ Church College residierte, verstarb in jungen Jahren der Dramatiker William Cartwright und wurde dort in der Kathedrale beigesetzt. »Wie schade«, meinte Aubrey, »daß ein so berühmter Barde ohne Inschrift hier zu liegen kommt«, denn seine Zeitgenossen hatten sich noch Großes von ihm erhofft: »Man darf nicht vergessen, daß König Karl I. bei der Nachricht seines Todes eine Träne vergoß.« In schrillem Kontrast zu dieser ausgeprägten Empfindsamkeit stand die Rohheit der höfischen Sitten. Noch in der folgenden Regentschaft vermerkte Anthony Wood trocken: ›Es war eine weitere Eigenschaft des Hofes, daß die Höflinge, obschon bunt und gefällig anzusehen, sich doch sehr tierisch und unzüchtig aufführten und bei ihrem Abgang in jeder Ecke ihre Exkremente hinterließen, in Kaminen, im Arbeitszimmer, der Kohlenkammer und den Kellergewölben. Grobe, ungeschlachte Hurenböcke; eitel, hohl und liederlich.‹ Aubrey stimmte diesen Anwürfen aus vollem Herzen zu und wies selbst darauf hin, daß es nicht etwa der elegante Karl I., sondern der wollüstige Karl II. gewesen sei, der »das Vorbild für Höflichkeit abgab und als erster in England die guten Manieren einführte«. Noch 1670 stellte er fest: »Bis in

Karl der I.
Gemälde von van Dyck

— 46 —

diese Tage benahm sich der Hof selbst ungehobelt und ungesittet. Der Hof von König Jakob verhielt sich den Frauen gegenüber so ungesittet, daß die Damen, ja die Königin selbst kaum am Gemach des Königs vorbeigehen konnten, ohne einer Belästigung ausgesetzt zu sein.« Inmitten solcher aufregender Ereignisse wurde John Aubrey vom Unheil heimgesucht. »Im April erkrankte ich im Trinity College an den Pocken«, aber wie gewöhnlich versüßte ihm das Schicksal sein Elend: »William Radford, mein guter Freund und alter Bekannter und Collegekommilitone, war so freundlich, mich jeden Tag zu besuchen und mehrere Stunden bei mir zu verbringen, andernfalls ich räudiger Altertumsforscher vollends der Melancholie anheimgefallen wäre.« Die Krankheit bedeutete dennoch das Ende von Aubreys Universitätslaufbahn, denn »als ich nach der Dreifaltigkeitswoche genesen war, ließ mich mein Vater erneut aufs Land zurückrufen, wo ich mich, zu meinem großen Kummer, mit niemand anders als Bediensteten, Landleuten und lagernden Soldaten unterhalten konnte, denn in jenen Tagen kannten die Väter ihre Kinder kaum. Das war für mich ein äußerst betrübliches Leben, in der Blüte meiner Jugend die Vorzüge einer gebildeten Konversation und guter Bücher vermissen zu müssen, kam fast einer Auszehrung gleich.« Denn eine Bibliothek gehörte damals noch nicht zum unverzichtbaren Bestandteil des Hausstands eines Gentleman, und Lord Herbert von Cherbury galt beinahe schon für exzentrisch, weil »er zwei Bibliotheken besaß, eine in London und eine in Montgomery«.

Nach Wiltshire scheint der Krieg allerdings nur wenig Aufruhr getragen zu haben, und es dürfte allgemein eher mit Erleichterung begrüßt worden sein, als »Major Morgan, der mit den königlichen Truppen gen Westen marschierte, an einem bösartigen Fieber erkrankte und nach Broad Chalke, dem Sitz meiner Väter, gebracht wurde, wo man ihn heimlich in einer Dachstube einquartierte.« Der Krieg bot nur wenig Zerstreuungen, ja schlimmer noch, er machte den Landstrich für Aubrey immer ungenießbarer: »Es muß gewiß die Landschaft sein, die die Leute hier zu so finster entschlossenen Eiferern macht«. Früher nichts als religiöse Haushalte, heute nichts als Quäker und Fanatiker. Ein Sauerkleeboden »macht die Leute nachdenklich, und die Bibel und die überaus reichliche Muße (denn sie leben fast ausschließlich von der Milchwirtschaft und der Kleidermanufaktur) erhitzen ihren Verstand für die Reformen.« Entsprechend wenig gewinnend nimmt sich die Beschreibung aus, die Aubrey von seinen Nachbarn gibt: »Im nördlichen Wiltshire (einem schmutzigen, lehmigen Landstrich) sprechen sie (ich meine natürlich nur die Einheimischen oder Ureinwohner) sehr gedehnt, sie sind phlegmatisch, haben eine bleiche und fahle Haut und einen behäbigen, dumpfen und schwerfälligen Geist. Es gibt hier nur wenig Ackerbau und schwere Arbeit zu verrichten, sie melken nur ihre Kühe und machen Käse. Sie ernähren sich hauptsächlich vom Fleisch der Milchkühe, was ihr Gehirn abkühlt und ihrer Phantasie schadet. Diese Verhältnisse machen sie melancholisch, grüb, lerisch und bösartig, weswegen in Nord-Wiltshire so viele Gerichtsprozesse an, gestrengt werden, mindestens doppelt so viele wie in den südlichen Gegenden. Und aus denselben Gründen sind sie auch anfällig für den Fanatismus. (Die Hundertschaft Malmesbury etc. – nasse, lehmige Gegend: Hier sind seit jeher viele vermeintliche Hexen bezeugt.) Im allgemeinen sind sie von derbem, aufge, dunsenem Äußeren, mit gallenbraunen Augen, manche auch mit schwarzen; aber im großen und ganzen sind sie leidlich anzusehen. Im Hügelland (d. h. im südlichen Teil) leben sie vom Ackerbau und von der Schafzucht, arbeiten hart und haben harte Muskeln und einen kräftigen Körper. Weil sie nach ihrer harten Arbeit erschöpft sind, haben sie nicht die Muße zu lesen und über die Religion nachzudenken, sondern gehen ins Bett, um sich auszuruhen und am nächsten Morgen zeitig zu ihrer Arbeit aufzustehen. Ich erinnere mich, wie Captain John Graunt* sagte, man habe (aus den genannten Gründen) noch niemals einen Ankerschmied zum Fanatiker werden sehen; schließlich ist es eine sehr anstren, gende Arbeit und müssen sie starken Trank zu sich nehmen, um sich bei Laune zu halten, und so belasten sie ihre Köpfe nicht mit den sonderbaren Ideen der Religion.«

Wie um dem Elend seines Exils auf dem Lande die Krone aufzusetzen, ver, trug sich Aubrey äußerst schlecht mit seinem Vater, der für die neumodische Bil, dung seines Sohnes nicht die geringsten Sympathien hegte. »Meine Studien (der Geometrie) betrieb ich auf dem Rücken meines Pferdes«, gesteht Aubrey, »oder im Verwaltungsgebäude (denn mein Vater hinderte mich daran).« Die Bezie, hungen zwischen Eltern und Kindern waren von äußerster Strenge charakteri, siert, und die folgende Passage, die Aubrey 1670 schrieb, trägt offensichtlich autobiographische Züge. »Von der Zeit des Erasmus bis vor ungefähr zwanzig Jahren war die Bildung die reinste Silbenstecherei. Die Gespräche und Gebräuche jener Zeiten waren so steif und förmlich wie ihre Halsbänder und eckigen Bärte und man verwechselte Ernsthaftigkeit und Weisheit. Selbst die Doktoren jener Tage waren nichts als alte Wasserköpfe, die einen Kalauer für ein Zeichen von Scharfsinn hielten, und dies selbst von der Kanzel herab. Die Gentry* und die Bürger besaßen nur wenig Bildung, und die Art, wie sie ihre Kinder erzogen, entsprach ihrem sonstigen Wesen. Denn anstatt in seinem Kind seinen nächsten Freund zu erblicken und mit dem Heranwachsenden nachsichtig umzugehen, waren sie mit ihren Kindern so streng wie die Schulmeister; und ihre Schulmei, ster waren so streng wie die von der Besserungsanstalt. Das Kind haßte den An, blick seiner Eltern wie der Sklave seinen Folterknecht. Junge Gentlemen von dreißig oder vierzig Jahren, die in jedem staatlichen Amt ihren Mann gestanden

hätten, standen wie große, stumme Narren vor ihren Eltern, und die Töchter (erwachsene Frauen) mußten während der gesamten Dauer eines Besuchs ihrer stol-
zen Mütter neben dem Schrank stehen bleiben, es sei denn, man erlaubte ihnen
gnädigst (wie es Mode war), auf einem vom Dienstboten herbeigebrachten Kis-
sen niederzuknien, wenn sie genügend lange Strafe gestanden hatten. Die Jungen
(erwachsene junge Burschen) mußten ihre Stirn nach oben wenden und so, steif
vor Groll, manierlich stehen bleiben, die Stirn wie beschrieben, die Hand am
Gürtelband, die andere am Beinkleid oder am Hosenlatz. Die Gentlewomen besaßen damals, wie man auf den alten Bildern sieht, erstaunlich große Fächer, die
jenem Gerät ähnelten, das man zum Daunenreißen verwendet. Der Griff war
mindestens ein halbes Yard lang und mit ihnen wurden die Töchter häufig zu-
rechtgewiesen. (Sir Edw. Coke, Lord Oberrichter, nahm auf seine Rundreise
zur Abhaltung der Geschworenengerichte einen solchen Fächer mit, wie
Mr. Dugdale beobachtet und mir berichtet hat. Der Graf von Manchester benutzte ebenfalls einen Fächer.) In jenen gestrengen Zeiten wurden die Töchter
von ihren Vätern und Müttern noch verprügelt, wenn sie längst schon erwachsene Frauen waren.«

Nicht weiter verwunderlich also, daß Aubrey deprimiert war und sich mit
Bedauern an jene goldenen Zeiten erinnerte, als »hinter der Kirchentür ein heiliger Hammer hing, den der Sohn holen konnte, um ihn seinem Vater aufs Haupt
zu wuchten, wenn der die Siebzig überschritten hatte und kraftlos und zu nichts
mehr nutze war. Dieses traurige Landleben dauerte bis zum 6. April 1646, als
ich endlich (nach langem Hin und Her) von meinem Vater die Erlaubnis erhielt,
an den Middle Temple zu gehen. Aber die Krankheit meines Vaters und die Geschäfte ließen es nie zu, daß ich mich fest zum Studium dort einrichtete.« Nicht
daß Aubrey begierig gewesen wäre, die Rechte zu seinem Beruf zu machen; der
Wechsel von der Universität an eine der Juristeninnungen zählte damals vielmehr zur normalen Ausbildung eines Gentleman, denn erst nach einer dreifalti-
gen Einweisung in die Klassik, die Humanwissenschaften und in die Juristerei
galt ein Mann als fähig, seine Besitztümer gehörig zu verwalten.

»Am folgenden 24. Juni«, berichtet Aubrey weiter, »ergab sich Oxford und
alsbald kamen viele aus der Partei des Königs nach London, wo ich sie kennen-
lernte (viele kannte ich auch schon vorher). Mein Sinn stand zwar nicht nach
Ausschweifungen«, beeilte er sich zu erklären, »aber ihre martialischen Gespräche waren den Musen wenig geneigt.«

»Es wäre eine Dummheit, von all dem, was uns täglich
vor Augen geführt wird, keine Notiz zu nehmen«

UNTERWEGS ALS ANTIQUAR, ARCHÄOLOGE
UND VOLKSKUNDLER

W ährend sich der Bürgerkrieg langsam seinem Ende zuneigte, däm-
merte gleichzeitig Aubreys glücklichster Lebensabschnitt herauf:
»6. November 1646: Zu meiner großen Freude kehrte ich ins Trinity College nach Oxford zurück, wurde von den Fellows wärmstens begrüßt,
führte gelehrte Gespräche, stöberte in Büchern und hörte Musik. Hier und am
Middle Temple (ab und an) genoß ich (meistenteils) die glücklichste Zeit meines
Lebens (begabte Jünglinge schlürfen den Morgentau ein wie die Rosenknos-
pen), bis ich im Dezember 1648 (an Heiligabend) aus Oxford zu meinem kranken Vater nach Hause gerufen wurde, der sich nie wieder erholte. Dort war ich
alsbald damit befaßt, die Geschäfte auf dem Land zu führen und ein Gerichtsverfahren anzustrengen« sowie bei jeder sich bietenden Gelegenheit seine Vergan-
genheitsforschung fortzusetzen, denn schon innerhalb des ersten Monats nach
seiner Rückkehr war er über die größte Entdeckung seines Lebens gestolpert.

»Die Senke von Salisbury und Stonehenge kannte ich schon seit ich acht
Jahre alt war, aber die Gegend um Marleborough hatte ich bis Weihnachten
1648 noch nie gesehen, als ich vom ehrenwerten Mr. Charles Seymour (seinerzeit
von Allington bei Chippenham, seither Lord Seymour), mit dem nahe befreundet zu sein, ich die Ehre hatte, und dessen Freundschaft ich in tiefer Achtung gedenke, zu einem Besuch auf den Landsitz von Lord Francis Seymour eingeladen
wurde.

Am Morgen nach dem Dreikönigstag trafen sich Mr. Charles Seymour und
Sir William Button, Baronet von Tockenham (ein höchst gepflegtes und roman-
tisches Parkgrundstück) mit ihren Hundemeuten bei Greyweathers. Diese Hü-
gelzüge sind wie mit großen, sehr mächtigen Steinen übersät, die sich in der
Abenddämmerung wie eine Herde Schafe ausnehmen, woher sie ihren Namen
haben. Man könnte sich leicht vorstellen, daß an dieser Stelle die Titanen gegen
die Götter gekämpft haben. Dort also begann unsere Jagd und (zuletzt) führte sie
uns in das Dorf Aubury und die dortigen Felder, wo ich durch jene riesigen
Steine, von denen ich noch nie zuvor gehört hatte, aufs wunderbarste überrascht
wurde. Außen herum lief eine Böschung und eine Mulde (ein Graben) und von

innen bemerkte ich, daß die Steine sich wie Segmente zu einer kreisförmigen Anlage fügten, die, wie ich vermutete, früher einmal vollständig gewesen sein mußte. Ich verließ meine Begleitung für eine Weile, um dieser köstlicheren Spurensuche nachzugehen, und holte sie dann (von den Hörnern geleitet) wieder ein. Gemeinsam ritten wir nach Kynnet, wo ein guter Jagdimbiß bereit stand. Unser Mahl war munter und als wir es beendet hatten, stiegen wir wieder auf und jagten mit unseren Windhunden über die Hügel zurück. Während dieses Nachmittagsausflugs bekam ich Wensditch, ein altes Feld

lager und zwei oder drei Grabstätten zu sehen. Der Einbruch der Abenddämmerung setzte unserem Treiben ein Ende, und wir kehrten in das Schloß von Marleborough zurück, wo wir fürstlich unterhalten wurden.«

Aubrey war zu Recht stolz auf seine Entdeckung, denn Avebury war bislang vollständig übergangen worden. »Es ist seltsam«, wunderte er sich, »daß eine so bedeutende Stätte des Altertums von unseren Chorographen so lange unbeachtet geblieben sein soll.« Wäre nicht der unermüdliche Antiquar Aubrey aus Zufall darauf gestoßen, vielleicht wäre das Monument niemals entdeckt worden, denn noch zu seiner Zeit waren die Dörfler emsig dabei, die Monolithen für den Hausbau klein zu hacken.

Einen Monat später war mit der Hinrichtung König Karls und der Errichtung der Republik der Bruch mit der Vergangenheit vollzogen. Wie durch einen eigenwilligen Zufall wurde dieses Jahr darüberhinaus auch zu einer Geburtsstunde der Moderne; der Gedanke des Fortschritts, der die moderne Zivilisation von allem ihr Vorangegangenen unterscheidet, tauchte recht plötzlich in der Geschichte der Menschen auf, die nun die überkommene Vorstellung von einer statischen Welt aufgaben und sich mehr und mehr mit dem Gedanken einer Entwicklung und allmählichen Veränderung vertraut machten.

»Bis ungefähr zum Jahre 1649, als ein Oxforder Club zum ersten Mal Experimentalphilosophie zu betreiben begann, hielt man es für eine befremdliche Vermessenheit, wenn sich ein Mann um Neuerungen in der Erkenntnis bemühte; und es zeugte von schlechten Manieren, gebildeter zu sein als seine Nachbarn und

Vorfahren. Selbst der Versuch einer Verbesserung der Viehzucht wurde mit schrägen Blicken bedacht (mochte sie sich auch mit Gewinn auszahlen), und die Nachbarn hielten es für unter ihrer Würde, derlei Neuerungen nachzu⸗ ahmen, wenngleich ihnen dies zum eigenen Nachteil gereichte. Man glaubte, es sei eine Sünde, den Gang der Natur einer genaueren Prüfung zu unterziehen. Es ist gewiß ein wesent⸗ licher Teil der Religion, Gott in seinen Werke zu lobpreisen, aber es wäre doch eine große Dummheit, von all dem, was uns täglich vor Augen geführt wird, nicht genauer Notiz zu nehmen.«

Die überragende Bedeutung dieses Einstellungswandels kann nicht genug hervorgehoben werden, denn diese Befreiung des Geistes führte in allen Wissens⸗ gebieten zu einem gewaltigen Sprung nach vorn. Aubrey bemerkt abschließend: »In jenen Zeiten galt es als affektiert, einen erfinderischen und forschenden Ver⸗ stand zu haben, ein Tadel, dem auch der berühmte Dr. William Harvey nicht entkam, als er seine bewundernswerte Entdeckung des Blutkreislaufs vortrug.«

Aber nicht nur Englands Geist hatte sich gewandelt, auch das Aussehen des Landes veränderte sich zusehends, und die mächtigen Wälder, die die Insel seit unvordenklichen Zeiten bedeckt hatten, verschwanden in den Feueröfen der Ei⸗ senhütten, bis endlich der Ardennerwald Shakespeares und die »Forste und Parks von Clarendon« zu der Kulturlandschaft geworden waren, die wir heute kennen. »Noch fast bis heute, wo die Kriege ihren letzten Atem ausgehaucht ha⸗ ben, gab es in England viele Wälder, Jagdreviere und Parks, die in keinem ande⸗ ren Königreich ihresgleichen fanden. Sie waren als Tiergehege von ihren Herren dazu bestimmt, den Wildbestand zu erhalten, und die Tiere wurden nicht nur durch Einfriedungen und Mauern gesichert, sondern standen unter dem Schutz vieler strenger Gesetze, fast als wären sie für frei erklärt und zu Bürgern unserer Republik ernannt worden.« Nicht immer äußert sich Aubrey so nüchtern über Tiere. »In Fausby (bei Daintre) in Northamptonshire«, erzählt er bei anderer Gelegenheit, »baute ein Rabe sein Nest auf dem Bleidach zwischen Kirchturm und Glockenstuhl. Die Großväter noch der ältesten ansässigen Leute hatten nichts anderes zu berichten gewußt, als daß dieser Rabe dort alljährlich sein Nest baute, aber im vergangenen Bürgerkrieg wurde er von den Soldaten umgebracht.

Ich bedauere das tragische Ende dieses alten Kirchenvogels, der so viele Regie-rungs- und Religionswechsel überlebt hatte.«

Es fällt meist schwer, sich das materielle Leben der Engländer im 16. und 17. Jahrhundert vorzustellen; uns vor Augen zu führen, daß Königin Elisabeth in juwelenbestickten Kleidern über die strohbedeckten Böden ihrer Paläste ging. Die größten Unterschiede finden wir jedoch auf ihren Speisetafeln und wenn Aubrey beschreibt, welche neuen Eßwaren nach England gebracht wurden, fragt man sich, wovon die Leute früher gelebt haben mögen. Denn es war Sir Walter Raleigh, der, obgleich mehr für die Einführung des Tabaks berühmt, die Kartoffel aus der neuen Welt herüberbrachte, die sogleich wegen erotischer An-stößigkeit von den Elisabethanern bekämpft wurde. »Kirschen wurden zum er-sten Mal durch Heinrich VIII. nach Kent gebracht und in England verbreitet. Er hatte sie in Flandern gekostet und seinen Gärtner angewiesen, sie herüber zu bringen.« Und erst unter der Herrschaft von Elisabeth I. wurde die englischste al-ler Pflanzen, der Hopfen, in Kent heimisch. »Ungefähr der fünfzehnte Teil der verschiedenen Dinge Heinrichs VIII. wurde neu nach England gebracht, wovon auch folgender Vers zeugt:

Griechisch, Ketzerei, Türkenputer und Bier
kamen in einem Jahr nach England hier.«

Innerhalb Englands blieben allerdings erstaunliche regionale Unterschiede beste-hen, die hauptsächlich auf Transportschwierigkeiten beruhten: »Die Gräfin Ha-milton (die später enthauptet wurde) hatte eine große Vorliebe für Karpfen und unternahm große (aber erfolglose) Anstrengungen, diese Fische in Fässern aus England nach Schottland zu bringen, denn ihre Schnauzen wurden ganz bran-dig, weil sie fortwährend gegen die Bohlen gestoßen wurden«, und bis schließlich jemand auf den Gedanken verfiel, statt den Fischen selbst besser deren Laich zu transportieren, mußten sich die Bewohner der inneren Landesteile mit dem zu-frieden geben, was ihnen die Natur von sich aus bot. Da es landeinwärts keine Fischhändler gab und dennoch »die Fastentage eingehalten werden mußten, ge-hörte in früheren Zeiten zu jedem Herrenhaus ein Fischteich und Fische in die das Haus umgebenden Gewässer.«

Im Laufe einer einzigen Lebensspanne hatten sich in den Ernährungsge-wohnheiten der Nation gewichtige Veränderungen eingestellt. »Möhren«, erklärt Aubrey, »wurden zuerst in Beckington in Somersetshire ausgesät. Ein alter Greis erinnerte sich (im Jahr 1668), wie sie zum ersten Mal dort auftauchten.« Außer-dem erzählte ihm »Mr. Alexander James, Ratsherr von Bristol, daß, als er ein Junge war, alle Rüben, die sie dort hatten, aus Wales gekommen sind (...) Die

Mutter von Mr. John Ashe erinnerte sich einer Zeit, als sämtlicher Kohl aus Holland herübergebracht wurde. Sie war achtzig oder mehr Jahre alt als sie starb.« Auch die landwirtschaftlichen Anbautechniken verbesserten sich allmählich und Aubrey notiert: »Mit dem Kalken der Böden begann man um 1590 oder kurz nach der Einführung des Tabaks durch Sir Walter Raleigh«, und es war Sir Richard Westen, der »um 1645 aus Brabant oder Flandern den ersten Klee brachte; zu welcher Zeit er auch die Erfindungen des Schlosses, des Zollgatters und der Wackelboje für Flüsse herüberbrachte«, während »Sir Isaac Wake als erster in England Kiefern und Föhren anpflanzte«.

Selbst getigerte Katzen zählten zu den modischen Neuheiten. »W. Laud, Erzbischof von Canterbury*, war ein großer Katzennarr, und er erhielt einige Zypernkatzen zum Geschenk, die nichts anderes waren als unsere heutigen Tigerkatzen; sie wurden zu Anfang für fünf Pfund das Stück gehandelt: das war um 1637 oder 1638 herum.« Die auf diese Weise ins Rollen gebrachte Mode führte auch zu Veränderungen, mit denen Aubrey überhaupt nicht einverstanden war. »Ich erinnere mich gut«, schreibt er ärgerlich, »daß die gemeine englische Katze weiß und blau gescheckt war und zwar apothekerblau. Ihre Rasse oder Sorte ist heute beinahe ausgestorben.« Aber es fand zu jener Zeit noch eine andere Veränderung in der Tierwelt Englands statt, die Aubrey wohl kaum verärgert haben würde, hätte er sie bemerkt und ihre Tragweite erkannt. Denn gerade in jener Zeit wurde die mittelalterliche schwarze Ratte – der Träger des Pestflohs – durch die moderne braune Ratte verdrängt und vernichtet.

Auch fremdländische Pflanzen erreichten nach und nach die Küsten Englands. »Jasmin kam mit Maria, der Königinmutter, nach England, und Lorbeer wurde durch Alethea, die Gräfin von Arundell und Großmutter des heutigen Herzogs von Norfolk eingeführt. Die Freuden und der Nutzen der Gärten waren unseren Urgroßvätern unbekannt; sie gaben sich mit Topfkräutern zufrieden und hatten vor allem ihre Ställe im Sinn. Aber während der Zeit König Karls II. verbesserte und verbreitete sich die Gärtnerei stark«, und zwar so stark, daß Aubrey 1691 anmerken konnte, daß »besonders seit 1683 viele exotische Pflanzen nach England gebracht wurden, insgesamt nicht weniger als sieben Tausend.«

Aber kehren wir zu Aubreys Leben zurück: Während der ersten drei Jahre der Republik versuchte er das Elend seines »traurigen Lebens in der Provinz« zu mildern, indem er mit dem Gedanken an eine Reise auf den Kontinent spielte. »William Harvey, der Arzt und Freund meiner Cousine Montague, erwies sich als sehr gesprächig und war bereit, jedem, der ihm bescheiden und respektvoll entgegentrat, zu helfen. Er beriet mich im Hinblick auf meine Reise, d. h. er diktierte mir, was ich mir ansehen, welche Begleitung ich mir suchen, welche Bücher ich lesen und was ich studieren solle; er empfahl mir, kurz gesagt, auf die Ursprünge zurückzugehen und Aristoteles, Cicero und Avicenna zu lesen und schimpfte die ganzen modernen Neuerer Hosenscheißer.« Diese Pläne waren 1651 soweit ausgereift, daß »ich meinen letzten Willen aufsetzte und meinen Besitz den Treu-händern überließ, um die Altertümer von Rom und Italien anzuschauen und dann zurückzukehren und zu heiraten. Aber zu meinem unsäglichen Kummer hinderte mich meine Mutter an der Ausführung meines Vorhabens und war so die Ursache für mein vorzeitiges Verderben.«

Die hartnäckigen Bitten seiner Mutter hatten ohne Zweifel den Gesundheits-zustand seines Vaters als Ursache, der 1652 endlich verstarb, ohne daß ihm sein Sohn nur eine Träne nachgeweint hätte. Wenig dankbar vermerkte er, daß der Vater ihm »1800 Pfund Schulden« hinterlassen hatte, aber die Ländereien in Wiltshire, Surrey, Monmouth, Brecknock, Hereford und Kent, die er, obgleich in vielerlei Zivilprozesse verstrickt, ebenfalls geerbt hatte, erwähnte er mit keinem Wort.

Den tadelnden Blicken seines Vaters entzogen und auf diese Weise zum Herren über die eigene Börse avanciert, verschrieb sich Aubrey von ganzem Her-zen der Karriere eines Dilettanten. Er überließ seine Besitztümer ihrem Schicksal, während er in London, das selbst unter der Herrschaft des »englischen Attila Oliver [Cromwell]« weitaus anregender war als die einsamen Gutshöfe von Wiltshire, das Leben eines jungen Squire führte. Die Verhältnisse, die in Eng-land »während Olivers triumphaler Usurpation« herrschten, wurden von einem Gastwirt in der Nähe von Oxford treffend auf den Punkt gebracht, als er den Namen seiner Schenke von ›Zum Haupt des Königs‹ in ein doppelbödiges ›Dies war das Haupt des Königs‹ umwandelte. Und als Aubrey die »geselligen Män-ner unter dieser Regierung von Heiligen« ausfindig gemacht hatte, mußte er ent-decken, daß die Haupterrungenschaft der Republik eher in verstärkter Heimlich-keit und Heuchelei als in einer wirklichen Gesinnungsänderung bestand. Die Presbyterianer, das hatte Anthony Wood rasch gewittert, ›gingen nicht selbst in die Bierhäuser oder Schenken, sondern ließen sich ihren Schnaps auf ihr jeweili-ges Zimmer bringen, um dort zu zechen. Manche wagten sich auch in die öffent-lichen Wirtshäuser, aber wenn man sie dann auf dem Heimweg ertappte, ver-stellten sie sich schlau und schützten ein lahmes Bein vor oder einen plötzlichen Schmerz, der sie überkommen habe‹.

Nach dem Tode seines Vaters war Aubrey in schwermütige Gedanken ver-fallen und nachdem er lang und ernsthaft darüber nachgegrübelt hatte, wozu im Leben er wohl am besten geeignet wäre, mußte er sich eingestehen: »Eigentlich zu gar nichts; zu nichts Großem jedenfalls, eher zu Schattenwerk. Wenn ich je zu etwas talentiert war, dann war es die Malerei gewesen, weil ich mir die Dinge so intensiv vorstellen konnte und ein so deutliches Bild von ihnen hatte«, aber es hätte viel harter Arbeit bedurft, ein guter Kunstmaler zu werden, und so entschied Aubrey, seine wahre Lebensaufgabe bestehe darin, als »Wetzstein« für die Ideen anderer Leute zu dienen und ihren Verstand für ihre Arbeit zu schärfen. Es kann nicht allzu lange gedauert haben, bis er seine eigentliche Bestimmung entdeckt hatte, denn später vermerkte er, daß er schon »Anno Domini 1654 in Llantrithid begann, philosophische und antiquarische Bemerkungen in sein Taschennotizbuch einzutragen.«

Sir James Long und Aubrey (der Zeichner) bei der Falkenjagd
in der Ebene von Salisbury
Sir James ist vermutlich die Gestalt mit dem Fernrohr,
denn er hatte von Cromwell
die ehrenvolle Erlaubnis erhalten, einen Degen zu tragen

»1655 wurde von Mr. Web unter dem Titel ›Das restaurierte Stonehenge‹ ein Buch veröffentlicht, das ich mit großem Genuß gelesen habe. Mr. Inigo Jones* hat es geschrieben und es enthält einen guten Teil gelehrter Forschung, als ich aber seine Skizze mit dem Monument selbst verglich, fand ich heraus, daß ihm keine Gerechtigkeit widerfahren war, sondern daß der Autor hatte fünf gerade sein lassen, das heißt, er hatte das Monument seinen eigenen Hypothesen angepaßt, die stark von der Sache selbst abwichen. Das spornte mich an, weitere Forschungen durchzuführen; dazu kam als günstige Gelegenheit, daß mein ehrenhafter und treuer Freund Hauptmann James Long von Draycot, inzwischen Baronet, jeden Herbst eine oder zwei Wochen zur Falkenjagd in Aubury zuzubringen pflegte, und ich hatte verschiedentlich das Vergnügen, ihn dabei zu begleiten. Wenn ich ein begabter Redner und ein Soldat wäre, ich würde den Charakter meines ehrenhaften Freundes, eines in jeder Beziehung tadellosen Gentleman, loben wie es ihm gebührt«, aber wie die Dinge nun einmal lagen, beschränkte sich Aubrey dann darauf, die Fähigkeiten von Sir James einfach aufzuzählen: »Während der Bürgerkriege Rittmeister in Sir Francis Dodingtons Brigade. Heiratete eine äußerst elegante und geistreiche Schönheit. Guter Schwertkämpfer, Reiter; bewundernswerter Ex-tempore-Redner für öffentliche Ansprachen; gutes Gedächtnis; großer Historiker und Romanschreiber; hervorragender Falkner und Kenner der Reitkunst sowie der Insekten; außergewöhnlich neugierig, seit langem Erforscher der natürlichen Dinge.« Und um zu beweisen, daß er mit seiner Wertschätzung der Vorzüge des Freundes nicht allein stand, fügte Aubrey hinzu, daß »Protektor Oliver [Cromwell] sich bei der Falkenjagd in Hownslow Heath mit ihm unterhielt und sich in seine Gesellschaft vernarrte. Er befahl ihm, sein Schwert zu tragen und ihn beim Falknern zu begleiten, weshalb die verbissenen Royalisten Sir James mit bösen Blicken bedachten.

Wir betrieben unseren Sport in einem romantischen Landstrich, die Aussichten weit und erhebend, die Hügel von zahllosen Schafherden beweidet, die Wiesen satt und nach Thymian und Becherkraut duftend. Auch die nußbraunen Schäferinnen sind nicht ohne Liebreiz. Doch der Flug des Falken war nurmehr das äußere Ambiente für witzige Gespräche des Rittmeisters, der ebenso vom Merkur wie vom Mars beeinflußt war; und zusammen mit seinen Habichten und Spaniels begleiteten ihn stets seine Musen.« Bedauernswerterweise wurde Aubrey dermaßen von der Konversation seines Freundes gefangen genommen, daß er nie dazu kam, seine Argumente zu Papier zu bringen, und so blieb Inigo Jones unwiderlegt.

Von seinem Versagen, auch nur dies kurze Pamphlet zu Ende zu bringen, völlig unbeirrt, schritt Aubrey sogleich zu seiner nächsten, ungleich aufwendigeren Tat. »Ich bin der erste, der je eine derartige Abhandlung über Wiltshire geschrieben hat (und soweit ich weiß, gilt dies sogar für die ganze Nation); ich habe sie Anno 1656 begonnen«, berichtet er, und das Werk, das er plante, suchte tatsächlich seinesgleichen. Es war nichts geringeres als seine *Naturgeschichte von Wiltshire,* die, obschon sie nie veröffentlicht wurde, doch ihrer Vollendung viel näher kam als jedes andere seiner Bücher.

Allein die Kapitelüberschriften geben einen Eindruck von dem wahrhaft enzyklopädischen Umfang dieses Werks, denn es behandelt sowohl »Luft, Heilquellen, Flüsse, Erden, Mineralien, Steine, Pflanzen, wilde Tiere, Fische, Vögel, Insekten und Reptilien, Männer und Frauen«, als auch »übernatürliche Dinge, z. B. Hexerei, Phantome etc.« bis hin zu der »Zahl der Abgeordneten alle dreißig

Jahre seit Heinrich VIII.«. Außerdem finden sich darin unzählige Exkurse über Themen wie »Die Geschichte der Kleidung und der Tuchhändler von Wilt-shire; Messen und Märkte: Ihr Aufstieg und Niedergang« und »Die Größe der Herberts, Grafen von Pembroke«.

In seinem Werk entwickelt Aubrey viele neue Theorien, manche reichlich abstrus, andere fanden den Beifall seiner Zeitgenossen. »Wenn man einen Stein ins Wasser fallen läßt«, erklärt er, »bildet sich sogleich ein kleiner Kreis, dann ein größerer ohne den kleinen, und so fort, bis es ans Ufer stößt, von wo es in einem kleinen Kreis zurückläuft, der andere größere Kreise hervorbringt. Auf die näm-liche Weise bewegen sich die Töne in Sphären, was ich, obwohl es doch offen-sichtlich genug ist, noch in keinem Buche gesehen zu haben mich erinnere.« Die-ser scharfsinnigen Beobachtung steht andererseits seine Theorie entgegen, daß es bei Vollmond häufiger regnen müsse, weil der Mond »durch seine Nähe zur Erde unsere Atmosphäre niederdrückt«. Letztere Idee ist geradezu typisch für das sieb-zehnte Jahrhundert: Man war von der wissenschaftlichen Methode wie berauscht und traute ihr mehr zu als eigentlich gerechtfertigt war. Aubrey selbst, zum Bei-spiel, vermaß den Turm der Kathedrale von Salisbury mit Hilfe des Luftdrucks und errechnete seine Höhe auf ein Inch genau. »Um das Verhältnis von Hügeln zu Tälern in unserer Grafschaft zu ermitteln«, erläutert er weiter, »zerteilte ich Speeds Karte von Wiltshire mit einer Schere in die Hundertschaften von Hügeln beziehungsweise von Tälern und wog sie auf der Feinwaage eines Gold-schmieds.«

Im großen und ganzen jedoch waren Aubreys Beobachtungen richtig und seine Folgerungen schlüssig. Er erkannte, daß der Boden mit zunehmendem Al-ter anstieg und daß man die römischen Ruinen von Silchester von einer Anhöhe aus im Gras ausmachen konnte, obwohl sie tief unter der Erde vergraben lagen. Aubrey war der erste Archäologe, den England hervorgebracht hat, und er be-fleißigte sich bereits der ganzen Hilfswissenschaften, die dazu notwendig sind. Er befaßte sich mit Geologie, Heraldik, Paläographie, Numismatik und verglei-chender Architekturgeschichte, aber da er ein Pionier auf seinem Gebiet war, hatten ihm seine diversen Vorläufer nur wenig zu bieten. »Wie oft habe ich mir eine Karte von England gewünscht, die den Farben der Erde entsprechend kolo-riert und auf der die Fossilien und Mineralien verzeichnet gewesen wären«, klagte er und bedauerte, daß niemand bislang die Zeit gefunden habe, »eine Geschichte des Wetters« zu schreiben. Seine archäologischen Untersuchungen weckten in seinem fruchtbaren Hirn verschiedene Ideen, mit denen er seiner Zeit weit vor-auseilte. »Daß die Welt viel älter ist als gemeinhin angenommen wird«, notierte er, »wird jedermann zu glauben geneigt sein, weil man die Fossilien so viele Fuß tief in der Erde findet«. Aubrey ließ sogar ein Stück Evolutionstheorie anklingen, als er erkannte, »daß (um mit den Heraldikern zu sprechen) die Fische dem älteren Hause entstammen.«

Das Werk enthielt auch weniger gelehrte Teile, die so vergnüglich zu lesen waren, daß John Ray sich zu einer Warnung verpflichtet fühlte. ›Ich denke (wenn Sie mir gestatten, offen mit Ihnen zu reden)‹, schrieb er an Aubrey, ›Sie neigen ein wenig dazu, irgendwelchen absonderlichen Erzählungen zu leicht Glauben zu schenken. Meiner Erfahrung nach sind die in der Naturgeschichte ungeübten Leute allzu leichtgläubig und geneigt, sich selbst und die anderen zu täuschen, und daher billige ich selbst nicht alles und jedes, was mir die Leute auf- grund ihrer eigenen Überzeugung erzählen, sondern zweifle fortwährend, ob sie sich nicht entweder selbst getäuscht haben oder aber ein Vergnügen darin finden, Abnormitäten (verzeihen Sie das Wort) hinzuzuerfinden, um mit ihrer Kenntnis von merkwürdigen Dingen zu prahlen.‹ Aber zum Glück schlug Aubrey diesen wohlmeinenden Rat in den Wind und stürzte sich mit Vorliebe auf jene ›abson- derlichen Erzählungen‹, die heute an seinem Werk am meisten interessieren.

So finden sich in seiner *Naturgeschichte* völlige Belanglosigkeiten wie »die beste Art, einen Karpfen anzurichten« neben den nützlichsten Tips für den Weinkeller: »Die Knochen von Leichen haben, zu Asche verbrannt und in den Trank gemischt, eine äußerst berauschende Wirkung.« Außerdem erfährt man von einem effektvollen Heilmittel, wenn man sich den Kopf angeschlagen hat: »Ein Bursche, der sich in Nordwales auf einem Baum versteckt hatte, fiel kopf- über hinunter und lag da wie tot, weil sein Gehirn sich herumgedreht hatte. Ein anwesender Maurer ließ einen soliden, starken Sarg zimmern und den Mann hineinlegen, so daß seine Füße das untere Ende berührten, der Kopf aber zwei Inch vom oberen Ende entfernt lag. Den Sarg legte er auf eine Tischplatte und gab dann mit einer gewaltigen Axt einen Hieb auf die Fußseite, um mit dieser entgegengesetzten Bewegung das Gehirn zurecht zu rücken. Nachdem der Schlag geführt war, gab der Kerl ein Stöhnen von sich und begann zu sprechen; und alsbald hatte er sich erholt.«

Das Buch ist eine Fundgrube an zusammengewürfelten Geschichten. »In Nordwiltshire«, bemerkt Aubrey, »singen die Milchmädchen so schrill und klar wie die Uferschwalben am Bach«, um im nächsten Augenblick zu erzählen, daß »manche Kuhdiebe ein Loch in ein heißes, frisch aus dem Ofen gezogenes Laib Brot bohren und es den Ochsen auf die Hörner stecken, bis sie nach einer gehöri- gen Zeit die aufgeweichten Hörner in eine andere Form biegen können, so daß der Besitzer sein eigenes Vieh nicht mehr beschwören kann. Gar nicht lang vor der Restauration des Königs wurde in Tyburn ein Kerl für diesen Trick aufge- hängt. Er hatte gesagt, daß er selbst nie darauf gekommen wäre, sondern daß er den Trick in einer Predigt gehört und gedacht hatte, er wolle ihn ausprobieren.«

Nach dieser Warnung vor den Gefahren des Kirchgangs schweift Aubrey weiter: »Isaac Selfe, ein wohlhabender Tuchhändler in Milsham, verstarb im Alter von zweiundneunzig Jahren und hinterließ eine zahlreiche Nachkommenschaft, nämlich dreiundachtzig an der Zahl«, wozu ihm dann noch einfällt: »Mr. Bonhams Frau hatte bei einer Geburt zwei Kinder, worüber Mr. Bonham sich so ärgerte, daß er auf Reisen ging und sieben Jahre fort blieb. Nach seiner Rückkehr schwängerte er seine Frau erneut und sie entband bei dieser Geburt sieben Kinder.« Die Moral dieser Geschichte hat uns Aubrey leider vorenthalten, aber er fügte stattdessen hinzu: »Dr. William Harvey (Entdecker des Blutkreislaufs) erzählte mir, daß die Frau eines gewissen Mr. Palmer in Kent fünf Tage lang jeden Tag ein Kind zur Welt brachte«, eine Geschichte, die von »Mrs. Hine, der Frau des Vikars von Kington St. Michael und einer sehr fähigen Hebamme« mit Leichtigkeit überboten wurde, indem sie Aubrey mitteilte: »Mrs. Kathrine H. (die in Dorchester in Dorset niederkam) entband zuerst einen Sohn (der heute noch lebt und Erbe ist) und dann während insgesamt acht Tagen jeden Tag ein weiteres Kind, von denen manch eines zwar Kopf und Arme, aber keinen Unterleib, andere hingegen untere aber keine oberen Teile besaßen; aber danach hatte sie nie wieder Kinder. Die besagte Mrs. Hine erzählte eine Geschichte (aus dem Jahre 1649), von deren Wahrheit sie überzeugt war, nämlich daß bei Westerly oder Alderly oder jedenfalls in dieser Gegend von Gloucestershire zwei Kinder in einem Grab geboren wurden.« William Harvey wollte sich auf dem Gebiet der Geburtshilfe unter keinen Umständen übertrumpfen lassen und konterte mit der Geschichte »eines bestimmten Ritters in Kent, der der Zofe seiner Frau ein Kind gemacht hatte. Er schickte sie unter dem Vorwand, sie wolle Freunde besuchen, zur Entbindung nach London. Dort kam sie um Michaelis [den 29. September] nieder und kehrte dann nach einer angemessenen Weile zu ihrer Herrin zurück. Sie fühlte sich jedoch nicht gut und im drauffolgenden Dezember setzten von neuem die Wehen ein und sie entband ein weiteres Kind.« Es ist allerdings eher unwahrscheinlich, daß dieses unpassende Ereignis den Nachbarn großes Kopfzerbrechen bereitet hat, denn das siebzehnte Jahrhundert wußte solchen Fällen mit beispielhafter Tüchtigkeit zu begegnen, wie etwa, als Mary Waterman eine halbe Stunde nach der Geburt eines normalen Kindes »von einer Monstergeburt entbunden wurde, die zwei gegenüberliegende Köpfe hatte. Gegen vier Uhr nachmittags am selben Tage«, berichtet Aubrey, »wurde es auf die Namen Martha und Mary getauft, da es zwei hübsche Gesichtchen hatte, und es lebte bis zum folgenden Freitag.« Und dann fährt er fort: »Ich will, solange sie mir noch im Sinn ist, hier eine Bemerkung einschieben: Um 1620 lebte in Newbury ein gewisser Ricketts, ein praktischer Arzt, der die Kinder von geschwollenen Köpfen und zu kurzen Beinen heilte und dabei Hervorragendes leistete. Da

Wenzeslaus Hollar
Selbstportrait

die Krankheit neu war und noch keinen Namen besaß, er aber für seine Heil‑
methode so berühmt war, nannte man die Krankheit einfach die Ricketts; so
wie man die Skrofeln das Königsübel nannte, weil es durch die Berührung
des Königs geheilt werden konnte. Es ist ein köstliches Vergnügen zu sehen, wie
sie jetzt ihre Lexika wälzen und die Erklärung für das Wort vom griechischen
ραχις für Rückgrat herzuleiten suchen.«

Es war kaum verwunderlich, daß sich die Royal Society, als Aubrey eine
Reinschrift seines Werks vorlegte, »zwei oder drei Tage lang damit unterhielt und
Gefallen daran fand«. Aber obwohl die *Naturgeschichte* unter Aubreys Freunden
weite Verbreitung fand, obwohl sie hoffnungsfroh »dem recht ehrenwerten Tho‑
mas, Grafen von Pembroke, meinem einzig guten Lord« gewidmet war, wurde
das Werk nie gedruckt, ja nicht einmal fertiggestellt. Zwar hatte Aubrey seinen
Teil dazu geliefert, aber seine »Anweisung an den Maler oder Kupferstecher«
blieb unbefolgt und die Liste der gewünschten Illustrationen unausgeführt, wie
es ihm bereits geschwant hatte. »Wenn diese Ansichten gut gestochen würden«,
hatte er erklärt, »dann würden sie für sich allein genommen einen prächtigen
Band abgeben und von der Welt wohl aufgenommen werden. Für Leute von
Stand kostete er nur eine unbedeutende Summe und wäre doch von bleibendem
Wert für die Nachwelt, wenn ihre Familien lange ausgestorben und ihre Häuser
von der Zeit oder vom Feuer schon zerstört sind, wie wir es bei dem wunderbaren
Gebäude der Paulskirche gesehen haben, bei der nicht ein Stein auf dem anderen
blieb und die nun nur noch in den Stichen von Mr. Hollar* und in Sir William
Dugdales *Geschichte von St. Pauls* weiterlebt. Diesen Gedanken wünschte ich mir
gerne erfüllt, aber ich erwarte nicht, daß er ausgeführt wird: Nur wenige
Menschen haben ein Herz für das öffentliche Wohl und sind bereit, drei, vier oder
fünf Pfund für einen Kupferstich auszugeben.«

Die Tatsache, daß Aubrey sein Werk überhaupt so weit vervollständigte, sagt viel über seine Konzentrationsfähigkeit aus. Denn 1656, während er noch an der Arbeit saß, begann »ein belastendes und mühsames Gerichtsverfahren über seine Einsetzung zum Erben in Brecknockshire und Monmouthshire, welche Ländereien«, so behauptete er optimistisch, »von Rechts wegen mir gehören.« Sein Urgroßvater, jener »kleine Doktor« am Hofe von Königin Elisabeth I., hatte »das Gut Brecon der männlichen Nachkommenschaft seines ältesten Sohnes vererbt und verfügt, in Ermangelung solcher seinen zweiten Sohn (für den gut gesorgt war und der reich geheiratet hatte) zu überspringen und den dritten einzusetzen. Der älteste Sohn Edward besaß sieben Söhne; und sein ältester Sohn Sir Will hatte ebenfalls sieben Söhne; und also bin ich Erbe, weil ich der 18. in der Folge bin, was mich an den Ausspruch von Dr. Donne erinnert:

> Zu welchem Nutzen es dem Manne frommt
> Der als zwanzigster ans Erbe kommt?«

Die verwickelte Inanspruchnahme dieser Erbländereien wurde zusätzlich durch die Tatsache erschwert, daß William Aubreys Testamentsvollstrecker »alle Vermächtnisnehmer geprellt und sich nach Irland abgesetzt hatte.« Aubrey kann daher nicht ernstlich überrascht gewesen sein, als er den Prozeß verlor. »Es kostete mich 1200 Pfund«, notierte er dennoch betrübt und fügte hinzu: »Dieses Jahr und das letzte waren mir befremdliche Jahre, voller Widersprüche: — scilicet Liebe und Gerichtsverfahren.«

Denn seine Geschäfte verschlechterten sich rapide. »Schulden und Gerichtsverfahren, opus et usus, Geld leihen und immer wieder Ausreiten«, doch auch letzteres hatte seine Tücken, wie ein ganzes Kapitel voller Unglücksfälle belegt: »Am Montag nach Ostern brannte der Klepper meines Onkels mit mir durch, und ich stürzte sehr gefährlich. An der Bresche am oberen Ende des Beerenpfads war ich unter einem Dornbusch hindurchgeritten und hatte selbst noch den Dorn gespürt, durch den das Tier gereizt wurde. Deo Gratias! Außerdem stürzte ich (glaube ich) am 14. Juni bei Epsam, wo ich mir eine Rippe brach und fürchten mußte, es könnte einen eiternden Abszeß geben.« Als der erstklassige Antiquar, der er war, bewahrte er gewissenhaft unter seinen Papieren die Rezepturen auf, die William Harvey ihm zur Behandlung ausgestellt hatte. »Im März oder April«, schrieb er einige Jahre später, »hätte ich mir im Münster von Ely beinahe den Hals gebrochen und am nächsten Tag überschlug sich mein Pferd mehrere Male bei vollem Galopp, doch kam ich (dafür danke ich Gott) ohne Verletzung davon.« Bei der nächsten Gelegenheit war ihm das Glück nicht ganz so hold: »Am Montag nach Weihnachten stand ich in Gefahr, von meinem Pferd hinweggerafft zu werden, denn ich erlitt an diesem Tag ein laesio in Testiculo

[Verletzung an den Hoden], der beinahe verheerend ausgegangen wäre«, aber nur beinahe; und von da an ritt er vorsichtiger.

»Zu meiner Ehre, ich besaß eine hervorragende Kreditwürdigkeit auf dem Land. Verkaufte das Landgut von Bushelton in Herefordshire an Dr. T. Willis. Verkaufte das Landgut Stratford in derselben Grafschaft an Herbert, den Bischof von Hereford.« Und damit begann die allmähliche Auflösung seiner erst kürz-lich geerbten, aber schon bald verschleuderten Besitztümer.

1659 begann Aubrey mit der Arbeit an einem zweiten Buch über Wiltshire, das als Teil einer Geschichte der Grafschaften Englands konzipiert wurde. »Bei einem Treffen mehrerer Gentlemen in Devizes zur Wahl der Grafschaftsvertreter ins Parlament im März 1659 wurde der Wunsch laut, von unserer Grafschaft (in der es viele sehenswerte Altertümer gibt) eine Bestandsaufnahme nach dem Vor-bild von Mr. Dugdales *Illustration of Warwickshire* anzufertigen. Aber da diese Aufgabe von einem Mann allein unmöglich bewältigt werden kann, riet Mr. William Yorke (ein Rechtsberater und großer Freund dieser Art von Bildung), die Arbeit unter mehreren Leuten aufzuteilen: Er selbst übernähme den mittleren Bezirk und ich den nördlichen. T. Gore, Esq., Jeffrey Daniel, Esq. und Sir John Ernely sollten uns assistieren.« Und so wurde *Ein Versuch zur Beschreibung des nörd-lichen Bezirks von Wiltshire* mit großer Hoffnung in Angriff genommen und als-bald kunstvoll mit Wappenschildern, alten Urkunden und Siegeln verziert. Aber einmal mehr spielte Aubreys Gesundheit verrückt und das Werk mußte kurz vor seiner Vollendung abgebrochen werden. »Das wohlerdachte Vorhaben löste sich *in fumo Tabaci* auf und wurde seither nie mehr aufgegriffen«, notierte er elf Jahre später enttäuscht, ohne sich allerdings endgültig geschlagen zu geben. »Ich habe seither gelegentlich an der folgenden Zusammenstellung gearbeitet, die der-einst vielleicht in die Hände eines anderen Antiquars fallen wird, der ein handli-ches Werk daraus macht. Ich bedaure von ganzem Herzen, die Altertümer dieser Gegend nicht früher niedergelegt zu haben, denn seit jenen Tagen (1659) ist vie-les unwiderbringlich verloren.

In früheren Zeiten strotzten die großen Häuser und Kirchen dieser Gegend vor Monumenten und bemerkenswerten Dingen, sodaß ein jeder Altertumsfor-scher davon Abstand genommen hätte, alles beschreiben zu wollen. Aber wie Pythagoras die Ausmaße der Herkulesstatue aufgrund der Länge ihres Fußes schätzte, so finden sich inmitten der heutigen Ruinen Überreste genug, aufgrund deren man abschätzen kann, welche stattlichen Gebäude etc. durch die Fröm-migkeit, die Barmherzigkeit und den Großmut unserer Vorväter geschaffen wurden.

Und wie uns diejenigen Landschaftsansichten am besten gefallen, in denen irgendein Gegenstand das Auge daran hindert, sich völlig zu verlieren, aber uns

The Plan of the Hall, with the Tesellated Floor.

Propylaeum or hole in yᵉ Wall the Entrance to Antiquity Hall

Typographice. to be depicted on yᵉ inside of yᵉ Hall, opposite to yᵉ Windows.

a. the Door b a great Slab or fire Stone B. yᵉ Chimneys feet high. E Windo: Each ⸱foot m

ANTIQVITY HALL
Suburbanū: Oxon.

yᵉ Antient Arms belonging to this Hall

a Vessel to drink out of ⸱r strōg Liquer by yᵉ Antients Callḡ

by yᵉ Modern Antiquarians callḡ

A. The Hall.
B. The Mansion House.
C. The Zythepsarium behind yᵉ House.

D. The Way leading to yᵉ Hall.
E. The Manner of Entring
F. One waiting for Company.

G. The Stone Seats at yᵉ Door.
H. a Stone Wall for Enclosure.

Der Gasthof
›Antiquity Hall‹
bei Oxford

dennoch genügend Raum zum Ausschmücken gelassen wird, so wirken auch diese stattlichen Ruinen nicht weniger stark auf unser Auge und unseren Geist, als wenn sie noch aufrecht stünden und ganz wären. Sie rufen in jedem großherzigen Geist eine Art Bedauern hervor und regen die Gedanken dazu an, sich ihre Herrlichkeit vorzustellen als sie noch unversehrt waren.« Trotz seiner beachtlichen Kenntnisse in der Architekturgeschichte jedoch interessierte sich Aubrey durchaus nicht nur für alte Gebäude. Die Landschaften, die er auf der Suche nach seinem Material durchwanderte, verzauberten ihn genauso stark: »Welch ein prachtvoller Landsitz«, schwärmte er über Down Ampney House, »er ist für das Vergnügen wie für den Profit gleichermaßen günstig gelegen. Am Hause vorbei läuft ein schöner Bach, der die herrlichen Matten auf der Westseite bewässert, wo eine große Zahl Vieh weidet: – dreißig singende Milchmädchen.« Und als er durch Garesdon ritt, fiel ihm unweigerlich die Geschichte »eines gewissen Mody ein, der als Fußsoldat bei König Heinrich VIII. in Diensten stand. Auf der Falkenjagd (ich glaube es war in der Heide von Harneslow) stürzte der König kopfüber vom Pferd in den Schlamm, in dem er, fett und schwer wie er war, bald zu Tode erstickt wäre, hätte ihn nicht sein Fußsoldat Mody rechtzeitig daraus befreit, für welchen Dienst er ihm, nach der Auflösung der Klöster, das Landgut Garesdon vermachte.« Nach diesem Seufzer über die leichtverdienten Bevorzugungen vergangener Tage wurde Aubreys Aufmerksamkeit sogleich von einer Peitsche in einem Wappenschild gefangen genommen und die Erklärung, die er dafür aufstöberte, lautete wie folgt: »Die männliche Erblinie dieser Familie war bis auf einen Bruder, der den Karmelitern angehörte, ausgestorben. Der Papst erteilte ihm einen Dispens von seinem Gelübde, damit er seinen Konvent verlassen und heiraten könne, um den Namen seiner Familie weiterzuführen, was er dann auch tat. In solchen Fällen aber muß der entlassene Bruder wie bei den Soldaten Spießruten laufen; das heißt, alle Brüder stellen sich in zwei Reihen auf, jeder eine Büßerpeitsche in der Hand, der dispensierte Bruder läuft zwischendurch und jeder versetzt ihm einen Hieb.«

Im Herbst 1659 weilte Aubrey einmal mehr in London und nahm an den Debatten in James Harringtons ›Rota‹ genanntem Club (vgl. S. 162) teil, wo die Grundsätze einer republikanischen Regierungsform diskutiert und die Rotation per Abstimmung als Allheilmittel gegen die gegenwärtigen Übel gepriesen wurde. »Die Lehre war sehr überzeugend«, gab Aubrey zu, »und dies umso mehr, als an die Rückkehr des Königs nach menschlichem Ermessen nicht zu denken war«. Man muß sich vergegenwärtigen, daß die Blütezeit von Aubreys Jugend und die Anfänge seines Mannesalters in die Periode der Republik fielen und er selbst, wie man an der Vehemenz seiner Verteidigung von Miltons*

James Harrington

politischer Position erkennt, theoretisch zum Republikaner herangereift war. »Was immer er gegen die Monarchie geschrieben haben mag«, sagte Aubrey über Milton, »er tat es nicht aus irgend einer Animosität gegen die Person des Königs, noch aus Parteinahme oder Eigeninteresse, sondern aus reinem Freiheitseifer für die Menschheit, von der er glaubte, sie wäre unter einem freien Staat zu größerem fähig als unter einer monarchischen Regierungsform. Seine Belesenheit in Livius und den römischen Autoren, die großartigen Leistungen der römischen Republik und die Tugend ihrer großen Führer hatten ihn davon überzeugt.« Und daran, daß sich Englands Ansehen unter dem Protektorat verbessert hatte, konnte kein Zweifel bestehen. Auch in den Jahren der Republik hatte Aubrey fleißig mit den Führern der Nation verkehrt: »Ich hörte Oliver Cromwell, den Protektor, 1657 beim Essen in Hampton Court zu Lord Arundell von Wardour sagen, er habe alle Grafschaften Englands bereist, doch in Devonshire sei die Schafzucht am besten.« Aubreys Mitgliedschaft im Rota-Club war also nur die logische Folge seiner republikanischen Neigungen, aber »im Februar 1660 führte der Einmarsch von General Monk* zu einer überraschenden Wendung der Ereignisse, all die luftigen Modelle lösten sich in nichts auf« und Aubrey wechselte auf die andere Seite über, um sich bald tief in die Verhandlungen zur Restauration des Königs verstrickt zu finden. Thomas Mariett, der »tagtäglich mit George Monk zusammenkam«, wohnte während der Unterhandlungen bei Aubrey, der sich später wiederum über seine Bequemlichkeit ärgerte: »Täglich erhielt ich spät nachts im Bett einen Bericht über den Fortgang der Verhandlungen, den ich, welch ein Narr war ich doch, niederzuschreiben versäumte, solange er mir noch frisch im Gedächtnis haftete.« Aber aller Bequemlichkeit ungeachtet fand er

dennoch die Zeit, Thomas Hobbes darüber zu informieren, was in der Luft
lag, und ihm zur sofortigen Reise nach
London zu raten, um »seine Gunst
beim König zu erneuern«, sobald dieser
im Lande sei.

Aubrey geriet über die Restauration des Königs ziemlich ins Schwärmen, und es blieb Anthony Wood
überlassen, seinen Finger auf die häßlicheren Seiten des Geschehens zu legen.
Seinem mißgünstigen Blick konnte
nicht entgehen, wie die Geistlichen eilig ›in die kirchlichsten Gewänder, die
sie finden konnten‹ schlüpften, und er
beobachtete mit Verachtung, wie jene,
›die vor kurzem noch das Aussehen sittenstrenger Heiliger* gepflegt hatten,
nun ab und zu einen schlüpfrigen (oder
deutlicher gesagt: unflätigen) Ausdruck fahren ließen oder auch, ganz
wie es die Gelegenheit verlangte, einen
kleinen Fluch‹. Aber sogar er mußte
zugeben, ›nach der Rückkehr des Kö

*Satirischer Stich
aus Holland:
Die Auflösung des
›Long Parliament‹ durch Cromwell*

nigs von niemandem mehr gehört zu haben, der seines Gewissens wegen belästigt
worden wäre oder sich selbst aufgehängt hätte, wie es zu Olivers Zeiten geschah,
als nur beten und predigen geholfen hat‹. Ganz ohne Zweifel war das Leben unter der Republik eine Belastung gewesen und Aubrey notierte in seiner Biographie von Wenceslas Hollar: »Ich erinnere mich, wie er mir erzählte, daß die
Leute in England, egal ob arm oder reich, bei seinem ersten Besuch hier (es war
die heitere Zeit des Friedens) frohgemut dreingeschaut hätten; bei seiner Rückkehr aber hätte er die Mienen der Leute völlig verändert vorgefunden, schwermütig und argwöhnisch, als wären sie alle verhext.«

Als die Aufregung über die Heimkehr des Königs abzuklingen begonnen
hatte, begleitete Aubrey »A. Ettrick für einen Monat nach Irland; auf der Rückfahrt hätten wir beinahe bei Holyhead Schiffbruch erlitten, aber es ging noch einmal gut.« Trotzdem er dem Tod nur um Haaresbreite entronnen war, kam
Aubrey mit frischem Mut zurück und schäumte über vor Ideen – deren Ausführung anderen überlassen bleiben sollte. »Von Nordwales setzte ich nach Irland

Cromwell, mit Umhang und Federhut an der Ballustrade, spricht die Worte: »Verschwindet, ihr Schurken, ihr habt lange genug gesessen.«

über«, schrieb er in einem Brief an Thomas Hobbes, »wo ich die Lebensweise der Einheimischen sah, die jeden Fleiß und Luxus verachten und sich allein mit dem Nötigsten zufrieden geben. Ihr Königreich ist in großer Unordnung und braucht Ihren Rat, um es zu richten. Die Feindseligkeiten zwischen den Engländern und den Iren sind sehr groß und werden binnen kurzem, davon bin ich überzeugt, zu Krieg führen. Ihr Bruder, höre ich, ist wohlauf; ich beabsichtige ihn am nächsten Montag zu treffen und werde mit ihm ein Glas Sekt auf Ihre Gesundheit trinken.«

Doch Hobbes wollte auf diesen Köder nicht anbeißen, obschon Aubrey bei anderer Gelegenheit mehr Erfolg hatte: »Es war J. A.«, verkündet er stolz, »der Mr. Hobbes dazu anstiftete, sein Traktat *De legibus* zu schreiben, das mit seiner Rhetorik zusammengebunden wurde, so daß man nur zufällig darauf stößt; keine Erwähnung davon auf der Titelseite.« Aubrey hatte aus seinem Fehlschlag in Sachen Irland gelernt, daß mit direktem Vorgehen bei Hobbes nichts zu erreichen war, und so versuchte er diesmal, seinem Begehr auf Umwegen Gehör zu verschaffen. »Im Jahre 1664 sagte ich zu ihm: ›Es dünkt mich schade, daß Sie, der Sie einen so klaren Verstand und gut funktionierenden Kopf haben, es nie in Erwägung zogen, die Rechte zu studieren‹; und ich bemühte mich, ihn dafür zu gewinnen. Aber er zeigte sich unwillig und erwiderte mir, daß dies eine langwierige, mühsame und schwierige Aufgabe sei und er daran zweifle, daß ihm dazu genügend Tage übrig blieben. Nun wird jedermann dem alten Herrn zuzugeben bereit sein, daß er in Definitionsfragen unersetzlich ist, während die Anwälte sich auf altmodische Maximen stützen (einige davon richtig, andere falsch) und also zwangsläufig verschiedene Trugschlüsse ziehen müssen, denn große Praktiker haben nie die Muße, analytisch vorzugehen. Aus dieser Überlegung heraus drang ich in ihn, diese Dinge zu durchdenken. Zu diesem Zweck und um ihn weiter dafür zu begeistern, schenkte ich ihm dann Lordkanzler Bacons *Elements of the Law,* einen dünnen Quartband, den er gerne annahm und sorgsam durchlas. Als ich ihn das nächste Mal besuchte, zeigte er mir auf der zweiten Seite zwei klare Fehlschlüsse (zumindest einer, so erinnere ich mich genau, war auf Seite zwei), die mir aber heute zu meinem größten Bedauern entfallen sind. Schließlich verzagte ich und glaubte, er werde seiner Einwände wegen keine weiteren Versuche in dieser Richtung unternehmen. Aber danach, so scheint es, schrieb er auf dem Land seinen Traktat über die Gesetze. Darin treibt er die Prärogative des Königs sehr weit. Richter Hales, der kein großer Freund des Hofes ist, hat die Abhandlung gelesen, sie mißfällt ihm sehr und er ist ihr Gegner. Auch Richter Vaughan hat sie durchgelesen und empfiehlt sie wärmstens, fürchtet sich aber, sie zu konzessionieren, weil sie Unmut hervorrufen könnte.« Was wiederum sehr einleuchtend erklärt, warum der Traktat auf der Titelseite nicht erwähnt wird.

DIE GRÜNDUNG DER ROYAL SOCIETY
UND DIE REVOLUTION DER WISSENSCHAFTEN

Obwohl Aubrey keine seiner Arbeiten bislang veröffentlicht hatte, waren sie unter vielen seiner Freunde im Umlauf und verbreitet, und sein Ruf als Altertumsforscher hatte sich 1662 so gefestigt, daß er auf Fürsprache von Izaak Walton und Sir Thomas Browne, von Thomas Hobbes und John Locke, von Isaac Newton, Edmund Halley, Robert Boyle und Christopher Wren, von Samuel Butler und John Dryden, David Loggan und Nicholas Mercator, Wenceslas Hollar, Sir William Davenant, Edmund Waller, Andrew Marvell, von John Evelyn und Sir William Dugdale zu einem der Gründungsmitglieder der Royal Society vorgeschlagen wurde, eine Ehre, auf die er mit Recht stolz war*.

Die achtundneunzig Gründungsmitglieder der Royal Society waren weniger aufgrund ihrer wissenschaftlichen Fähigkeiten als vielmehr aufgrund ihres Interesses für die Wissenschaft ausgewählt worden, und viele von ihnen zählten zu Aubreys engsten Freunden. Die Dichter Denham, Dryden und Waller, der Chronist Evelyn, der Stifter des berühmten Oxforder Museums Ashmole, der Arzt Glisson* und der Architekt Christopher Wren gehörten ebenso dazu wie Naturwissenschaftler vom Schlage eines Robert Hooke und Robert Boyle. Bischöfe, Militärs und Höflinge gesellten sich dazu, neben vierzehn Peers [adligen Mitgliedern des Oberhauses], zu denen auch der Herzog von Buckingham und der Marquis von Dorchester zählten, und um die Zahl voll zu machen, beliebte es auch König Karl II. ›sich anzuerbieten, als Mitglied in die Gesellschaft aufgenommen zu werden‹.

Die Royal Society ›zur Beförderung des physiko-mathematisch-experimentellen Wissens‹ entwickelte sich aus jenem kleinen »Philosophischen Club« in Oxford, der oben schon erwähnt wurde und der um 1658 nach London übergesiedelt war. »Man traf sich«, berichtet uns Aubrey, »in der Schenke zum Stierkopf in Cheapside bis es zu viele wurden für einen Club. Die erste Sitzung der Royal Society (bei der die Reden niedergeschrieben und in Umlauf gebracht wurden) tagte in der Kammer von William Ball, Esq., dem ältesten Sohn von Sir Peter Ball aus Devon. Sie lag im Middle Temple [in den Gebäuden einer der

John
Dryden

Isaac
Newton

Samuel
Butler

vier Londoner Juristeninnungen]. Man hatte sich zuvor schon in Gasthäusern getroffen, aber erst dort wurde die Royal Society formell und in allem Ernste ins Leben gerufen; und zuletzt traf man sich im Besuchszimmer des Gresham College.«

Die Bedeutung dieser Gründung kann gar nicht genug betont werden. Denn in den Kindertagen der Wissenschaft gab es noch keine Experten, und es mochte manchem, wie Aubrey mit seiner *Naturgeschichte von Wiltshire,* gelingen, auf neue Erkenntnisse zu stoßen, ohne zuvor die gehörigen Fähigkeiten erworben und sich mit einem Großteil des angehäuften Fachwissens vertraut gemacht zu haben. Aubrey vermerkte: »Ich habe Sir Will Davenant sagen hören, daß man Witz leicht für die einfachste Sache der Welt halten könnte, denn wenn jemand einen Scherz zum besten gibt, erscheint die Pointe so natürlich, daß jeder glaubt, er hätte selbst darauf kommen können. Diese Feststellung läßt sich auch auf Erfindungen und Entdeckungen übertragen.«

So gering nahm sich das bestehende Wissen in den Bereichen des Handels und der Wissenschaften im siebzehnten Jahrhundert aus, daß manche Entdeckung heutzutage anmutet wie Kinderspiel. »Sir Paul Neal sagte, daß sich im Bistum von Durham eine Kohlengrube befinde, in der wegen der dortigen Grubengase so häufig Bergleute umkamen (manchmal drei oder vier im Monat), daß er nur wenig oder gar keinen Gewinn daraus ziehen konnte. Einmal geschah es, daß die Arbeiter, vom Trinken fröhlich geworden, mit feurigen Bränden zu spielen begannen und einander am Grubenausgang, wo für gewöhnlich einige Feuer unterhalten werden, mit glimmenden Kohlen bewarfen. Der Zufall wollte, daß ein Brand auf den Boden des Schachts fiel, wo er einen Lärm hervor-

John
Locke

Christopher
Wren

William
Dugdale

rief, als wäre ein Gewehr abgefeuert worden; den Arbeitern gefiel dieses Spiel und sie warfen noch mehr Kohlen hinab, denen nämliche Geräusche folgten. So ging es einige Male und dann hörte es auf. Als sie danach zur Arbeit einfuhren, waren die Schwaden verschwunden. Nachdem sie durch einen glücklichen Zu, fall dieses Experiment herausgefunden haben, werfen sie jeden Morgen einige Kohlen hinab und arbeiten nun so sicher wie in jeder anderen Mine.« Aber nicht alle Verbesserungen dieser Art wurden zufällig entdeckt: »Bevor ich die Stadt verlasse«, schreibt Aubrey über seinen Freund Robert Hooke, »werde ich von ihm ein Verzeichnis all seiner Schriften und so vieler seiner Erfindungen wie nur möglich zu erhalten versuchen. Es sind jedoch viele hunderte, er glaubt sogar, nicht weniger als ein Tausend.« Auch andere Freunde zeigten sich nicht wenig erfinderisch: das linierte Schreibheft, mathematische Symbole, ja sogar der Schleppsack (»Memorandum Dr. Wilkins*; seine Idee einer regenschirm,ähn, lichen Vorrichtung zur Verlangsamung eines Schiffs im Sturm«) wurden in Aubreys unmittelbarem Freundeskreis erfunden. Aber der vielleicht fruchtbarste Vorschlag wurde von Sir Edward Ford vorgebracht, der »kein Buch schrieb, sondern zwei oder drei Pamphlete von nur einer Seite oder so. In einem machte er den genialen Vorschlag einer öffentlichen Bank, wenn ich mich recht erinnere, um das Geldleihen zu erleichtern, die habgierigen Wucherer auszuschalten und den Handel zu fördern.« Und Aubrey selbst stand in Erfindungsreichtum seinen Freunden nicht nach: »Man sollte einen Arbeitswagen erfinden«, sinnierte er, »der das Korn im hin und her laufen verstreut anstatt es auszusäen oder zu setzen; das erstere nämlich ist zu verschwenderisch, das letztere aber zu mühsam und

Bergwerk
im 17. Jahrhundert

zeitaufwendig. Und mit dem Wagen könnte das Säen und das Eggen in ein und derselben Arbeit erledigt werden.« Neben diesem Projekt arbeitete er zusammen mit Andrew Paschall an der Aufstellung eines phonetischen Alphabets, und er war an Experimenten von Francis Potter beteiligt, mit dem Ziel »Krankheiten etc. durch Bluttransfusion aus einem Menschen in einen anderen zu heilen«.

Auf diesem Hintergrund bot nun die Royal Society mit ihren allwöchent‑ lichen Mittwochsversammlungen den ersten Ort, wo solche wissenschaftlichen Erkenntnisse in einem freien Gedankenaustausch und durch Vergleichung der Ergebnisse systematisiert werden konnten.

Wenige Monate nach der Einrichtung der Royal Society, erzählt Aubrey, »unterhielt sich König Karl II. eines Morgens mit Mylord Brouncker und Dr. Charleton über Stonehenge. Sie erzählten Seiner Majestät, was sie von mir über [die Monolithen von] Aubury gehört hatten, nämlich daß diese Stätte jene ebenso übertreffe wie eine Kathedrale eine Dorfkirche. Seine Majestät verwun‑ derte sich darüber, daß keiner unserer Chorographen bislang davon Notiz genommen habe und gebot Dr. Charleton, mich ihm am folgenden Morgen vor‑ zustellen. Ich nahm eine Skizze von Aubury mit, die ich aus dem Gedächtnis ge‑ zeichnet hatte und die der· Stätte hinreichend ähnlich sah. Darüber zeigte sich Seine Majestät erfreut; er gab mir seine Hand zum Kuß und befahl mir, in Marle‑ borough auf ihn zu warten, wo er (ungefähr vierzehn Tage später) auf der Reise nach Bath mit der Königin vorbeikomme, was ich dann auch tat. Und tags dar‑

auf, als der Hof wieder unterwegs war, verließ der König die Königin und machte einen Abstecher nach Aubury, wo ich ihm die erstaunlichen Altertümer vorzeigte, deren Anblick ihm und Seiner Königlichen Hoheit, dem Herzog von York, sehr gut gefiel. Seine Majestät gebot mir, eine Beschreibung davon zu verfassen und ihm darzubringen; und der Herzog von York forderte mich auf, eine Darstellung der alten Feldlager und Hünengräber in der Ebene zu geben.

*Das von Robert Hooke
entworfene Mikroskop*

Als Seine Majestät Aubury verließ, um die Königin einzuholen, fiel sein Blick auf den etwa eine Meile entfernten Hügel von Sillbury; er war neugierig genug, ihn sich anzuschauen und marschierte mit dem Herzog von York auf die Kuppe, während Dr. Charleton und ich sie begleiteten«, fährt Aubrey stolz fort, um dann eine Bemerkung nachzuschieben, die das merkwürdig öffentliche Leben widerspiegelt, das das Königshaus in jenen Zeiten führte: »Als ich die Ehre hatte, König Karl und dem Herzog von York auf die Kuppe des Hügels von Sillbury zu folgen, richtete sich das Augenmerk seiner Königlichen Hoheit zufällig auf diese kleinen Schnecken im Gras, die nicht viel oder gar nicht größer sind als kleine Nadelköpfe. Er war überrascht, weil sie ihm neu waren, und er befahl mir, einige aufzuheben; was ich umgehend tat, etwa ein Dutzend oder mehr, da sie im Überfluß vorkommen. Am nächsten Morgen, als er in Bath mit der Herzogin im Bett lag, erzählte er ihr davon und schickte Dr. Charleton nach mir, um ihr diese Seltenheit zu zeigen.

Im darauffolgenden September (1663) vermaß ich jenes alte Monument von Aubury unter Zuhilfenahme einer flachen Tafel; danach fertigte ich einen Grundriß von Stonehenge an und verfaßte dann, dem Befehl seiner Majestät entsprechend, die folgende Abhandlung. Ich überbrachte sie ihm und er befahl mir, sie drucken zu lassen.« Obwohl das Buch dem König »von Seiner Majestät treustem und gehorsamsten Untertanen John Aubrey« gewidmet war, ließ Untertan Aubrey den Befehl seiner Majestät unausgeführt. Mit umso größerer Gründlich-

keit war er dafür bei den Vermessungsarbeiten selbst vorgegangen, denn in
seinem Plan von Stonehenge sind gewisse Vertiefungen im Boden verzeichnet, die seither verschwunden sind.
»Seine Majestät befahl mir am Grund
jener Steine, die mit der Nr. 1 bezeichnet sind, nach menschlichen Knochen
zu graben, aber ich habe das nicht ausgeführt.« Aufgrund seines Plans wurden 1921 die erwähnten Vertiefungen
geortet und ausgegraben, und man fand
in den heute ›AubreyLöcher‹ getauften Gruben verbrannte Überreste, die
möglicherweise von Menschenopfern
herrühren.

»Es sind von gelehrten Leuten
schon mehrere Bücher über Stonehenge
geschrieben worden«, fährt Aubrey
fort, »die sich stark voneinander unterscheiden: das eine behauptet eine
Sache, das andere eine andere. Ich
beschließe nun die Reihe, indem ich
mittels vergleichender Argumente den
klaren Beweis führe, daß diese Monumente heidnische Tempel waren, was
noch nie zuvor festgestellt wurde. Und
ich habe außerdem, wobei ich mich
demütig jedem besseren Urteil unterwerfe, auf die Wahrscheinlichkeit
hingewiesen, daß es sich um Druidentempel handelt.

Wenn ein Reisender an den Ruinen
eines Klosters vorbeikommt«, schreibt
Aubrey weiter, »dann erkennt er an der
Gestalt der Gebäude, also an Kapelle,
Kreuzgang etc., daß sich hier einmal

Stonehenge

ein Konvent befand. Aber welchem Orden es angehörte, also ob Benediktiner oder Dominikaner etc., das läßt sich vom bloßen Ansehen nicht mehr entscheiden. Es ist mithin klar, daß alle die Monumente, von denen ich hier berichtet habe, Tempel gewesen sind. Meine Vermutung lautet nun: Da die Druiden die bedeutendsten Priester oder der wichtigste Priesterorden der Britannier waren, so wäre es doch höchst sonderbar, wenn diese altertümlichen Monumente wie Aubury, Stonehenge, Kerrig, Druidd etc. nicht die Priestertempel des bedeutendsten Ordens, nämlich der Druiden, sein sollten. Und es muß sehr stark vermutet werden, daß die Anlagen von Aubury, Stonehenge etc. auf jene Zeiten zurückgehen. Die vorliegende Untersuchung, muß ich gestehen, ist ein Tasten im Dunkeln; wenngleich es mir nicht gelungen ist, den Gegenstand ins helle Licht zu bringen, so darf ich doch behaupten, ihn aus der äußersten Finsternis in einen dünnen Nebel gezogen zu haben und in diesem Essay weiter vorgedrungen zu sein als jeder vor mir. Diese Altertümer sind so übermäßig alt, daß kein Buch daran heranreicht. Es bleibt somit kein anderer Weg, sie wiederzugewinnen, als der Vergleich mit anderen Altertümern, wie ich ihn an Ort und Stelle und im Angesicht der Monumente selbst abgefaßt habe. *Historia quoquo modo scripta, bona est* [Wie auch immer man Geschichte schreibt, ist es gut]. Und obschon diese Untersuchung geschrieben wurde wie ich zu reiten pflege, nämlich im Galopp, so werden doch die Neuheit der Sache und die Wahrhaftigkeit ihrer Darstellung über die stilistischen Mängel ein wenig hinwegtrösten. Der erste Entwurf zu diesem Buch ist durch Zeit und Handwechsel schon verblichen, und ich komme mir vor wie der Geist eines jener Druiden, der nach Jahren des Schlummerns wieder außer Haus geht.« Dessen ungeachtet fühlte sich Aubrey jedoch noch immer Mensch genug, seinem Werk »Eine Vorbemerkung wider das Spottgelächter« voranzustellen. Denn er war fest davon überzeugt, die Leser müßten annehmen, er sei nur deshalb an jenem Monument interessiert, weil es denselben Namen trage wie er.

Im folgenden Jahr setzte Aubrey seinen lebenslang gehegten Wunsch, den Kontinent zu bereisen, in die Tat um. Er hatte ehrgeizige Pläne geschmiedet und wollte »die Loire, das Land Bretagne und die Gegend um Genf herum« besichtigen. Nachdem ihm Thomas Hobbes die besten ›Wünsche für Ihre Sicherheit und eine ununterbrochene Gesundheit, zu welcher Hoffnung ich bei Ihnen, der Sie den Ausschweifungen, ganz besonders dem Rausch des Erfolgs, mit Mäßigkeit begegnen können, allen Anlaß habe‹ mitgegeben hatte, brach er auf. Aber wie es einem so oft mit den Vorhaben ergeht, an die man sein Herz verloren hat, so vermochte auch diese Reise die in sie gesetzten Erwartungen nicht gänzlich zu erfüllen. »11. Juni: In Calais gelandet«, notierte Aubrey. »Im folgenden August hatte ich in Orleans einen entsetzlichen Anfall von Milzsucht, und Hämorrhoiden. Im Oktober kehrte ich nach Hause zurück. Dann kam Joan Sumner.«

Der unheilschwangere Unterton dieser letzten Eintragung erwies sich als völlig berechtigt, denn Aubrey war so glücklos in seinem Umgang mit Frauen wie er unfähig zum Umgang mit Geld war. Seit er Oxford verlassen hatte, war er oft nahe daran gewesen zu heiraten, doch hatten sich seine Pläne immer wieder im letzten Augenblick zerschlagen. »Am letzten Apriltag (1649 oder 50), als ich Mistress Jane Codrington den Hof machte, fiel meine Mutter von ihrem Pferd und brach sich den Arm«, schrieb er und erwähnte den Namen der Dame nie wieder. Vielleicht lag es daran, daß er »am 16. oder 18. April 1651 jene unver‐ gleichlich wohlgestaltete, edle Dame traf, Mistress M. Wisemann, in die ich mich auf den ersten Blick verliebte – *haeret lateri* [fest steckt der tödliche Pfeil in der Wei‐ che]«, und wahrhaftig schien der Pfeil diesmal hartnäckiger festzusitzen als ge‐ wöhnlich, denn fünf Jahre später war er ihr, wenngleich unsicher, noch immer verbunden: »1656. Dieses Jahr und das letzte waren mir befremdliche Jahre, vol‐ ler Widersprüche: das heißt Liebe (M. W.) und Gerichtsverfahren.« Einer dieser »Widersprüche« muß wohl von M. W. ausgegangen sein, denn im folgenden Jahr traf ihn ein doppelter Hieb, der ihm sowohl aufs Herz wie auf den Geldbeu‐ tel schlug: »1657: 27. November, *obiit* [es starb] Domina Katharina Ryves, die ich heiraten wollte; es ist mir ein großer Verlust (2000 oder mehr Pfund, nicht eingerechnet die Pflege für ihren Bruder, 1000 Pfund pro Jahr).« Unerschrocken jedoch versuchte er aufs neue sein Glück: »1665, 1. November: Mein erster An‐ trag an Joan Sumner (ich hatte einen schlechten Tag).« Doch die Katastrophe, die sich daraufhin entwickelte, sollte seinen Eheabenteuern ein für alle Mal ein Ende bereiten.

»1666:« notierte er, »in diesem Jahr haben meine sämtlichen Geschäfte und Affären verrückt gespielt. Nichts ist gelungen, als hätte ich unter einem üblen Zauber gestanden. Dagegen Verrat und Feindschaft gegen mich zu Hauf.« Und ein Eintrag des Aufgebots im Kirchenregister der Diözese Salisbury beweist, wie nahe er dem fatalen Schritt einer Heirat diesmal gekommen war: ›Awbry, John, von Easton Pierse‹, heißt es dort, ›und Mistress Joan Summer von Sutton Benger; Trauzeugen: William Browne von Sarum, Schneider, und Joseph Gwynne von Easton Pierse, Freibauer, 11. April.‹ »1667: Im Dezember in Mistress Sumners Wohnung in der Chancery Lane verhaftet. 1668, 24. Februar: Um acht oder neun Uhr morgens Prozeß gegen sie in Sarum. Sieg und 600 Pfund Schadenser‐ satz, und dies trotz teuflischer Gegnerschaft gegen mich. 1668, 26. Juli: Durch ei‐ nen üblen Trick seitens Peter Gales wurde ich, am Tag bevor ich nach Winton zu meinem zweiten Verfahren kommen sollte, erneut verhaftet. Obwohl es mich nicht länger als zwei Stunden aufhielt, bin ich nicht mehr zum Prozeß gegangen. 1669, 5. März: In Winton fand mein Prozeß statt, zwischen acht und neun Uhr. Der Richter war durch Lady Hungerford übertrieben gegen mich vereinnahmt worden. Mit viel Gezänk erreichte ich die Hälfte des Urteils von Sarum, das heißt 300 Pfund.«

Joan Sumners Entschluß, John Aubrey wegen heftigen Meinungsverschiedenheiten über die Eigentumsklauseln im Ehevertrag vor Gericht statt vor den Altar zu bringen, versetzte seinen wankenden Geschäften den Gnadenstoß. »Easton Pierse verkauft und ebenso das Gut von Broad Chalke«, vermerkte er traurig, denn die Familie seiner Mutter, »die Lytes, hatten Easton Pierse über 249 Jahre hinweg gepachtet und vererbt, also seit Heinrich VI.. Verlust: 500 Pfund plus 200 Pfund an Einkünften, sowie Güter und Holz«, stellte er weiter fest, und das Endergebnis liest sich wie folgt: »In den Jahren 1669 und 1670 verkaufte ich alle meine Landgüter in Wiltshire. Wie ein seiner Heimat Verwiesener mußte ich mich verstecken. Meine Pein war so groß, wie sie größer einen Sterblichen nicht treffen kann, und solange nicht alles verloren war und ich mich ganz der göttlichen Vorsehung überlassen hatte, fand ich keine rechte Ruhe; keine Ruhe und nicht einen Funken Zufriedenheit, solange nicht alles veräußert war«, wiederholt er. »1670, 1671 war es so weit und dann bescherte mir die Vorsehung (ganz unerwartet) gute Freunde.« Erst als alles verkauft war, fand er endlich die ersehnte Erleichterung, und seine nächste Eintragung lautet entsprechend: »Von 1670 bis zum heutigen Tag habe ich mich (Gott sei's gedankt) einer glücklichen Zurückgezogenheit erfreut«, eine Darstellung, die durch den nachfolgenden Vermerk eher Lügen gestraft wird: »1671: Mehrfach Verhaftungsgefahr.«

»Die Welt ist voller Irrtümer ... was soll man da glauben?«

ANTHONY WOOD
UND DER URSPRUNG DER BIOGRAPHIE

Inmitten der Krise ereignete sich ein Zusammentreffen, das den verbleibenden Jahren in Aubreys Leben einen Sinn geben und ihm zuletzt die Unsterblich, keit verschaffen sollte, die er so heiß ersehnte. Am Donnerstag, den 31. Au, gust 1667, notierte Anthony Wood in sein Ausgabenbuch: ›Ausgaben mit Mr. John Aubrey aus Wiltshire in Mutter Webs Gasthaus und der Taverne zur Seejungfrau: drei Shilling, acht Pence‹, aber es vergingen weitere dreißig Jahre, bevor er sich zu dem berühmteren und umfassenderen Bericht in seinem Tage, buch durchringen konnte: ›Am 31. August‹, schrieb er dort, ›war John Aubrey von Easton,Pierse in der Gemeinde Kington St. Michael, Wiltshire, in Oxford bei Edward Forest, einem gegenüber dem All Souls College wohnenden Buch, händler, zu Besuch, um Bücher zu kaufen. In der Auslage sah er *Notitia Acade, miae Oxoniensis* liegen und als er fragte, wer der Autor dieses Buches sei, antwor, tete jener, man munkle ein gewisser Mr. Anthony Wood vom Merton College sei der Autor, aber das sei nicht wahr. Woraufhin Mr. Aubrey, der angeblich ein großer Kenner der Altertümer ist und mit A. Woods älterem Bruder zusammen auf dem Trinity College gewesen und mit diesem gut bekannt war, bei sich dachte, er möchte ebenso gut mit A.W. persönlich bekannt sein. Worauf er sich zu dessen Wohnung begab und sich, indem er sich vorstellte, mit ihm bekannt machte, ihm von seinen Studien erzählte und ihm zur Vervollständigung des Werks, an dem er gerade arbeitete, jede ihm nur mögliche Hilfe zusicherte. Mr. Aubrey war damals recht fein herausgeputzt, kam mit seinem Diener und zwei Pferden in die Stadt, hatte hohe Ausgaben und übertrumpfte A.W. beim Be, zahlen einer jeden Zeche. Aber nachdem sein Landgut von 700 Pfund pro Jahr verkauft war und er nichts davon für sich selbst übrig behalten hatte, lebte er in sehr erbärmlichen Verhältnissen, bis er schließlich dazu überging, sich von Freunden aushalten zu lassen, namentlich von Edmund Wyld Esq., wohnhaft in Bloomsbury bei London, von James Bertie, Graf von Abingdon, dessen erste Frau mit ihm verwandt war, und von Sir John Aubrey, einem Verwandten, der zeitweilig in Glamorganshire und zeitweilig in Borstall bei Brill in Buckingham, shire wohnte. Er war ein hilfloser Mensch, schwärmerisch und voller Grillen im

Kopf und manchmal der Tollheit nahe. Und weil er so übertrieben leichtgläubig war, füllte er seine vielen Briefe an A. W. mit Narreteien und Fehlinformationen, die diesen mancherlei Irrweg einschlagen ließen.‹

Wie man aus dem Tonfall dieses Eintrags leicht ersieht, gehörte Anthony Wood zu jenen Leuten, mit denen ein Auskommen schlechterdings unmöglich war: Ein Oxforder Professor, eingebildet, reizbar, gehässig und ohne jede Lie‚benswürdigkeit anderen gegenüber, benahm er sich unverschämt gegen seine Vorgesetzten, grob gegen seinesgleichen, herrisch gegen jeden Untergebenen, un‚dankbar gegen seine Wohltäter und unerträglich gegen seine Familie. Den Rek‚tor seines eigenen College bezeichnete er als ›den ersten Hänger an der ganzen Universität, eine höchst wollüstige Person, einen großen Schürzenjäger und ge‚meinen Hurenbock‹, während des Rektors Gattin bezichtigt wurde, ›dem Col‚lege unnötige Kosten und völlig unbegründete Ausgaben‹ zu verursachen, ›unter anderem durch einen sehr großen Spiegel, um sich ihr häßliches Gesicht und den Körper bis zur Mitte oder vielleicht noch tiefer darin anzusehen‹. Er zankte sich mit John Fell, dem großen Dekan des Christ Church College, der auf seine ei‚gene Rechnung Woods Lebenswerk herausgab. Und natürlich zankte er sich mit seinen Dozentenkollegen: ›Mr. Roger Bent und ich spielten Karten, als er plötz‚lich Streit mit mir anfing, mich eine Null nannte und mich schlug. Er schaute drein wie ein Schurke, wie ein hurender Lump, wie ein hurender Schuft.‹

Seine zwangsläufige Unbeliebtheit steigerte seinen Ingrimm und seine Ein‚samkeit, bis ihn schließlich alles und jedes ärgerte: ›Mr. Davis sah rotbackig und fidel aus, als hätte er an einem Fischessen im Christ Church College teilgenom‚men und danach getrunken – wie es sich auch zugetragen hat‹; und die wohlmei‚nende Kritik eines Freundes an seinem Buch quittierte er mit den Worten: ›sein Kommentar war so häßlich wie seine Visage‹.

Ein Höhepunkt wurde die Auseinandersetzung mit seiner Familie, denn seine Schwägerin, so scheint es, hatte ihn endgültig satt. ›Kalter Braten, kalte Un‚terhaltung, kalter Empfang, kaltes, lächerliches Weib‹, schrieb Wood nach einem Essen bei ihr in sein Tagebuch, bis es zuletzt an Ostern 1670 zum Eklat kam: ›Diese hypochondrische, gehässige und launische Vettel beleidigte mich und stand mitten während des Essens vom Tisch auf. Mein Bruder Kit hatte mich ge‚fragt, ob ich bereit wäre, Taufpate des Kindes in ihrem Bauch zu werden und ihm ein Silbergeschirr zu schenken. Sie antwortete voll Neid im Auge und auf den Zähnen, »lieber sähe ich es verrotten, als das etc.«‹. Nach dieser Szene sah er sich ›durch die Grobheit und Hartherzigkeit einer gefühllosen Frau für immer von seiner gewohnten und beständigen Verköstigung ausgeschlossen‹, was ›ihm arg zu schaffen machte. A. W. betrachtete diese Katastrophe als erstes und größ‚tes Unglück in seinem Leben. Es machte ihn noch schwermütiger und einsiedle‚

Anthony Wood

rischer.‹ Aber schon bald wußte er seine Isolation vor sich selbst zu rechtfertigen: ›Er ist ein so großer Bewunderer des einsamen und zurückgezogenen Lebens‹, schrieb er in einem seiner Bücher über sich selbst, ›daß er keine Universitätsver- sammlungen besucht, weder im Bett noch auf dem Zimmer, weder bei seinen Studien noch auf Spaziergängen und Reisen einen Gefährten nötig hat, sich mit keinem unterhält, außer solchen, und es sind wenige genug, die großzügigen und edlen Geistes sind und ihn maßvoll in seinem Werk unterstützt und ermutigt ha- ben. Ja alles in allem genommen ist er beinahe ein Asket, insofern er seine ganze oder doch die meiste Zeit, ob tagsüber oder des Nachts, mit Lesen, Schreiben oder geistlicher Kontemplation zubringt.‹

Soweit Anthony Wood über sich. In Wahrheit jedoch war er einfach im fal- schen Jahrhundert geboren worden: Argwöhnisch, eigenbrödlerisch, unduld- sam, mißgünstig und geizig wie er war, mußte er in dieser zutiefst geselligen Epoche zwangsläufig in die Isolation geraten. Empfindlich, mißbilligend und vom Sex wie verfolgt, ekelte er sich vor der Rauheit des körperlichen Umgangs in seiner Umgebung. Boshaft, arrogant und anmaßend, führte er jedermann genüß- lich seinen Mangel an sozialen Tugenden vor, bis ihn am Ende seine Aufgebla- senheit und sein Hochmut gänzlich vom Leben der anderen ausschlossen. Obwohl er unbeirrt fortfuhr, sich selbst für einen ›Freund der ganzen Menschheit‹ zu halten, mußte er sich zuletzt doch eingestehen, daß er ›für die Welt gleichsam schon gestorben und als Person der Mehrheit der Gelehrten in Oxford völlig unbekannt‹ war. ›Was nun den Autor selbst betrifft‹, bekannte er am Ende, ›so findet seine Person mehr Gefallen daran, sich mit den Toten zu unterhalten als mit den Lebenden‹. In seinem eigenen Jahrhundert so völlig fehl am Platze, flüchtete er sich in eine Vergangenheit, der er all jene Achtung und Zuneigung zollte, die seinen Zeitgenossen entgegenzubringen er niemals über sich gebracht hätte. ›Ein zarter Klaps‹, schrieb er, ›bringt die Gebeine der Toten nicht durch‑ einander und schließlich gehörten auch sie einmal einem lebenden Menschen‹. Aber neben seiner Zuneigung blieb seine Boshaftigkeit auch den Toten nicht er‑ spart, es sei denn, sie lagen schon sehr lange unter der Erde: ›Am 31. März starb Anna, die Herzogin von York‹, berichtete er. ›Sie hatte sich übereessen und ‑trun‑ ken, starb schnell und roch muffig; war geil und wollüstig.‹

Die Tatsache, daß Anthony Wood noch nach fünfundzwanzig Jahren sei‑ nem Freund Aubrey nichts anderes vorzuwerfen hatte, als daß er ›schwärmerisch und voller Grillen im Kopf‹ sei, wirft ein helles Licht auf dessen Charme, zumal dieser Vorwurf, wie man noch sehen wird, nicht völlig unberechtigt war.

Anthony Wood hatte jedoch nicht schon von Beginn ihrer Bekanntschaft an so geurteilt, wie der folgende, kurz nach dem ersten Zusammentreffen datierte Brief beweist. ›Sie erinnern sich vielleicht daran,‹ schrieb er am 11. November 1667 an Aubrey, ›daß Sie mir bei Ihrem letzten Besuch in Oxford auf meine An‑ frage hin versprochen haben, einige Nachforschungen über den seligen Dr. John Hoskyns* vom New College anzustellen, über seine Geburt, seinen Tod, seine Bestattung, die Bücher, die er geschrieben hat und die ihm zum würdigen Ge‑ dächtnis gereichen. Wenn Sie mir bitte so bald wie möglich davon Mitteilung machen möchten, würde ich dies als eine sehr große Gefälligkeit Ihrerseits be‑ trachten. Wahrscheinlich könnten Sie mir aus der Erinnerung auch über andere ehemalige Oxforder berichten. Womit, sollten Sie die Muße dazu finden, Sie mich Ihnen auf ewig verpflichten würden, Sir, als Ihren ergebensten Diener An‑ thony Wood.‹ Nur wenige Monate später versicherte er ihm ein weiteres Mal ›wie glücklich ich bin, daß ein Freund wie Sie sich um meine Geschäfte bekümmert. Unter gar keinen Umständen hätte ich Ihnen diese Mühen abverlangt, hätte ich denn mein Vertrauen in einen anderen setzen dürfen.‹

Der Anregung von Dekan Fell folgend beabsichtigte Anthony Wood, sei‑ nem Buch *Historia et Antiquitates Universitatis Oxoniensis* ein noch detaillierteres Werk hinterherzuschicken, das den Titel *Athenae Oxoniensis: Eine exakte Geschichte aller Schriftsteller und Bischöfe, die ihre Erziehung zwischen dem fünfzehnten Regierungsjahr von König Heinrich VII. A.D. 1500 und dem Ende des Jahres 1690 in der äl‑ testen und berühmtesten Universität zu Oxford erhalten haben* tragen sollte. Aber schon bald hatte er herausgefunden, daß ihn seine notorische Unbeliebtheit daran hin‑

derte, die nötigen Auskünfte einzuholen, während Aubreys gewinnendes Wesen und sein geradezu enzyklopädischer Bekanntenkreis für diese Aufgabe wie geschaffen waren. Wood nahm daher Aubreys bereitwilliges Hilfsangebot ohne Zögern an und als dieser mit Begeisterung darauf einging, änderte sich Woods Tonfall nur allzu schnell. Genau vier Jahre nach jenem ersten Brief war sein Schriftverkehr mit Aubrey bereits in einen eher herrischen Ton abgeglitten: ›Allington liegt nicht weit von Ihnen entfernt. Falls Sie bei Gelegenheit dort vorbei kommen, schauen Sie bitte nach, ob Sie ein Epitaph für Mr. Nich. Fuller, den Kritiker, finden. Wenn nicht, notieren Sie sich das Datum und das Jahr seines Todes aus dem Kirchenregister. Ich habe sagen hören, er sei dort gestorben. Wenn Sie selbst nicht können, stellen Sie ihren Bruder an, ich werde ihm dafür dankbar sein. Falls er dort nicht begraben liegt, versuchen Sie es in Salisbury, wo er Domherr war. Er starb ungefähr 1626.‹

Im Laufe der Zeit wurde der Befehlscharakter seiner Anweisungen immer unverhohlener. ›Weiteres bei Mr. Aubrey erfragen‹, kritzelte Wood in seine Notizen, und die eine oder andere der Listen mit Nachfragen hat unversehrt die Zeiten überdauert:

›1. Epitaph von Francis Potter; falls nicht vorhanden, Tag und Jahr, an dem beerdigt.
2. Titel der veröffentlichten Bücher von Dr. Pettie [vgl. S. 175]; wo geboren (Rumney in Hampshire überprüfen)?
3. Wann ist Dr. Godolphin gestorben, wo starb er und wo liegt er begraben? den Buchhändler ausfragen, der seine Bücher verkaufte.
4. Titel der Bücher, die John Davyes aus Kidwelly übersetzt hat.
7. Register der Kirche von St. Pancras.
8. Welche der Töchter und Erbin von Carew Raleigh war mit Sir John Ellwes verheiratet?
9. Jemanden zu Olor Iscanus schicken, damit er meine Briefe beantwortet.
10. John Dugdale an John Davenport erinnern.
11. Mr. Hooke wegen des Vornamens von ... Oliver, dem Glasmaler.
12. Was wird über die Abschlußprüfungen von Pater Simons berichtet?
13. Wem folgte Dr. Walter Charlton?
14. Meine Briefe sind zurückzusenden.
15. Wo Mr. Robert Boyle lebte und starb.‹

In einem Jahrhundert ohne Nachschlagewerke mit einer derartigen Liste konfrontiert, macht sich Aubrey sogleich daran, die verlangten Informationen zusammenzuklauben. Bisweilen halfen ihm seine Freunde – Izaak Walton schrieb einen Teil vom Leben des Ben Jonson, und Sir Thomas Browne trug manches zur Biographie von John Dee* bei –, aber auf sie war nicht immer Verlaß, wie jene weiße Seite beweist, die mit den Worten überschrieben ist: »John Dryden Esq., Poeta Laureatus. Schreibt seine Biographie eigenhändig für mich nieder.« Da Aubrey mit den meisten Großen seiner Zeit persönlich bekannt war, benö-tigte er fremde Hilfe vor allem im Hinblick auf frühere Generationen. Er mußte sich zu diesem Zweck an Zeitgenossen wenden, die mitunter um einiges älter wa-ren als er selbst und das hieß sehr alt. »Die Biographien von John Dee, Dr. Na-pier, Sir William Dugdale, William Lilly, und Elias Ashmole Esq.«, wurde Wood von Aubrey benachrichtigt, »sind bei Mr. Ashmole, der sie selbst schrei-ben will, wie er mir sagte; allein er scheint dem Tode nahe.«

In anderen Fällen wiederum bezog Aubrey seine Informationen auf abenteu-erlicheren Wegen. Dr. Bathurst zum Beispiel konnte ihm Näheres über Lucius Cary, Lord Falkland, erzählen, weil »eine Magd seiner Lordschaft später bei seinem Vater gelebt hatte«. Ja, Aubrey hatte so wenig gegen derlei Hintertreppen-recherchen einzuwenden, daß er sich nicht scheute, sie auch auf sich selbst anzu-wenden: »Jack Sydenham pflegte mich seinerzeit in den Armen zu halten; er war mir als Diener sehr zugetan«, erinnert er sich seiner Kindheit, »und hat es mir selbst erzählt.« Auch den Steinmetzen und Kaufleuten wurden häufig Informa-tionen entrungen und nicht zuletzt offenbarte sich in mancher Predigt eine ver-gnügliche Anekdote, wie sie in den Biographien des großen Grafen von Cork, seiner Tochter Mary, Gräfin von Warwick, oder des Obersten Charles Caven-dish Eingang fanden. Dann wieder mußten, bisweilen tatsächlich vergebens, die Kirchenregister durchforstet werden: »Mein Bruder Tom hat das Register von Wilton vom Anfang an durchgesehen und sich mit den alten Männern unterhal-ten. Philip Massinger wurde dort nicht begraben«; aber zu anderen Gelegen-heiten stellten sich unerwartete Erfolge ein: »Als ich 1670 das Register der Gemeinde von St. Saviours in Southwark nach der Todesanzeige jenes berühm-ten dramatischen Dichters Mr. John Fletcher* absuchte«, schrieb Aubrey an Anthony Wood, »erzählte mir der Gemeindegeistliche, der über achtzig Jahre alt war, daß er sein Schneider gewesen sei und Mr. Fletcher während der großen Pest von 1625 bei seinem Rückzug aufs Land hier Halt eingelegt habe, um sich einen neuen Anzug fertigen zu lassen. Aber der Tod unterbrach seine Reise und streckte ihn hier nieder.«

Grabsteine wurden nach Informationen abgesucht, die sich jedoch oft als feh-lerhaft herausstellten. Aber obwohl Aubrey auffiel, daß mit der folgenden Inschrift irgendetwas nicht stimmte – »Bete für die Seele von Constantine Darrel Esq., gestorben Anno Domini 1400, und seiner Frau, gestorben Anno Domini 1495« –, so verfügte er doch über keinerlei Anhaltspunkte, Spensers* Epitaph in der Westminster Abbey zu berichtigen, das immerhin bei seiner Geburt um zweiundvierzig und bei seinem Tod um drei Jahre daneben lag, ein Irrtum, der den Verstorbenen methusalemische sechsundachtzig werden ließ, anstelle der wirklichen siebenundvierzig. Dennoch mußte man sich um dieser Daten willen auf die Grabsteine verlassen, die oft noch weitere wichtige Tatsachen zu Tage för, derten: »Ellenor, Gattin von Sir John Denham, war eine wunderschöne Frau«, notierte Aubrey, »wie man an ihrer Grabsäule in Egham sehen kann.« Und hin und wieder stolperte er über eine wahrhaftige Goldmine: »Habe ich Ihnen schon erzählt«, fragte er aufgeregt, »daß ich den alten Mr. Beeston getroffen habe, der alle alten Dichter Englands kannte und mir ihre Lebensläufe beschreibt? Sein Vater war der Leiter des Schauspielhauses.« Und obschon »Mr. Dryden ihn den Chronisten der Bühne nennt«, besaß Aubrey fast ein Monopol über seine Aus, künfte, da er »– um so verwunderlicher – kein Freund der Geselligkeit ist; er lebt in Shoreditch, läßt sich zu keinerlei Ausschweifungen hinreißen und litt Qualen, wenn er bei Hof eingeladen war.«

Die Historikerkollegen freilich rümpften ihre Nasen angesichts solcher Methoden. »In meinem letzten Brief übersandte ich Ihnen einige Erinnerungen an Kardinal Morton«, schrieb Aubrey an Anthony Wood, »und erwähnte jene Überlieferung der Landleute in Dorset, die ich dort in Blandford als Schuljunge gehört hatte, nämlich daß er der Sohn eines Schuhmachers aus Bere gewesen sei. Aber Sir William Dugdale meinte, ich solle unter gar keinen Umständen bloße Gerüchte niederschreiben.« Trotz dieser Warnung entpuppten sich auf die Dauer die ganz zufällig zustande gekommenen Gespräche als eine der fruchtbarsten Quellen und da Aubrey seine eher unkritische Vorliebe für das Hörensagen durchaus nicht unterdrücken mochte, schlichen sich immer wieder Fehler ein, die Anthony Wood, der in dieser Sache zu keinerlei Zugeständnissen bereit war, heftig erbosten. »Ich entsinne mich«, schrieb Aubrey nach einer solchen Zurecht, weisung zerknirscht, »wie Sam. Butler (der Autor von *Hudibras*) einmal in der Schenke sagte, es sei der Vater des jetzigen Grafen von Dorset gewesen, der die von Corneille geschriebene Komödie, *Der Cid* genannt, übersetzt habe. Mich dünkt, daß er sich dabei nicht irrt, aber die Welt ist voller Irrtümer, wie Sie wis, sen«. Und später klagte er: »Ich hörte 1646 von einem alten Anwalt vom Middle Temple, einem Landsmann von Sir Edward Coke, daß dieser in ein Landgut von 300 Pfund pro Jahr geboren wurde; andere aus der Grafschaft hingegen hörte ich sagen, daß es nur vierzig Pfund pro Jahr gebracht habe. Was soll man da glauben?«

Und die Entscheidung fiel manchmal wirklich nicht leicht. Denn als Au, brey einmal eine simple Frage an Randall Isaacson richtete, erhielt er folgende abenteuerliche Erklärung zur Antwort: ›Mein Vater starb in der Gemeinde von St. Cathrin Coleman in London, das war am 7. Dezember 1654, also beinahe

34 Jahre nach dem Tode meines Großvaters. Nach meiner Rechnung liegen zwischen der Geburt meines Vaters und dem Tod meines Großvaters 39 Jahre; zählen Sie nun die 34 Jahre nach meines Großvaters Tod zu den ebengenannten 39 hinzu: 39 + 34 macht 73 Jahre alt – worüber sich nebenbei gesagt die gesamte Familie einig ist, daß er mit 73 Jahren gestorben ist, so daß er also anno 1581 geboren wurde. 1581 geboren, im Alter von 73 verstorben, das macht 1654 zu seinem Todesjahr.‹

Außerdem kam es mitunter vor, daß Aubrey wegen seiner vielen Fragen von den Freunden gehänselt wurde: »Dr. John Newton sagte mir, er sei in Bedford-shire geboren worden, wollte mir aber nicht verraten, wo genau«, während er sie bei anderer Gelegenheit mit seinem erbarmungslosen Wissensdurst zur Verzweif-lung getrieben zu haben scheint: »Der Graf von Carnaveron erinnert sich nicht an Mr. Brown und als ich ihn kürzlich fragte, ob nicht vielleicht einer seiner Die-ner, versicherte er mir NEIN.« Daß es sich hier nicht um ein einmaliges Vorkomm-nis handelt, beweist die Schärfe, mit der Aubrey selbst an Anthony Wood schrieb: »Vergangenen Sonntag speiste ich mit Mr. Ashmole, er bat mich, Ihnen DEFINITIV Bescheid zu geben, daß Sir Richard Napier niemals eine Zeile ge-schrieben hat und daß er Ihnen dies bereits schriftlich mitgeteilt hat.«

Aubrey gelang es auf seine Weise, bis in das Elisabethanische Zeitalter zurückzugehen: »Der alte Sergeant Hoskyns, der Dichter, war gut mit Mr. Nicholas Hill befreundet, wie ich von meinem verehrten Freund, dem jetzigen Sir John Hoskyns, Baronet und Enkel des Dichters, erfahren habe; andernfalls wäre diese Überlieferung, ja sogar sein Name, bestimmt für immer verloren gewesen.« Aber obgleich diese Forschungsmethode ihre eigenen Erfolge erbrachte, so hielt sie doch manches Mal auch herbe Enttäuschungen bereit. »Mr. Baron Brampton hatte mich auf sein Zimmer geladen, um mir eine weitere Schilderung von General Monk zu geben. Ich habe das Angebot verstreichen lassen und nun ist mein verehrter Freund tot.«

»...daß die Einbildungskraft dem Glauben
an heilsamer Wirkung am nächsten kommt«

ASTROLOGIE, HEXENWAHN UND WUNDERGLAUBE
IN PROTESTANTISCHER UMGEBUNG

Trotz all der Nachforschungen, die Aubrey für Anthony Wood betrieb, blieb ihm genügend Zeit für einige eigene Projekte, denn mit seinem völligen finanziellen Ruin im Alter von 46 Jahren hatte er auch auf die zahllosen Zerstreuungen vergangener Tage verzichten müssen. Von 1670 an genoß er »ein süßes Otium« und nachdem er 1671 sein Horoskop hatte errechnen lassen, besaß er endlich einen Sündenbock für das ganze über ihn hereingebro‹ chene Unheil. ›Die Nativität‹, so erklärte der Astrologe Henry Coley, ›hat dem Geborenen eine beachtliche Opposition beschert, und es ist bedauerlich, daß ihm die Sterne nicht günstiger gesonnen waren‹. Denn, so hieß es weiter, sie ›bedro‹ hen Land und Gut mit finanziellem Ruin, sorgen für höchsten Verdruß in allen auf Eheschließung bezogenen Angelegenheiten, von wunderlichen Gerichts‹ verfahren ganz zu schweigen; all welche Schikanen dem Geborenen, wie ich vermute, zu einem größeren Teil als ihm lieb sein kann widerfahren sind.‹ Und obwohl ein anderes Horoskop, diesmal von John Gadbury erstellt, einem Astro‹ logen, der – anders als Coley – Aubrey persönlich nicht kannte, ›dem Esquire Aubrey nicht mehr glich als ein Apfel einer Auster‹, scheint Aubrey einen wirklichen Trost darin gefunden zu haben, sein eigenes Versagen auf die Sterne abwälzen zu können.

Er war in der Tat dermaßen von den Weissagungen begeistert, daß er nicht nur aus den vierzig Bänden von Geburtshoroskopen, die William Lilly zusam‹ mengestellt hatte, eine Auswahl von Exzerpten anfertigte, indem »Mr. Ashmole die Seiten wendet und vorliest, während ich schreibe«, sondern außerdem auf ei‹ gene Faust die genauen Geburtsstunden der meisten seiner Freunde erkundete und in ein kleines Büchlein eintrug, dem er den Titel *Eine Sammlung wohlbezeugter Genituren* gab. »Walter Charleton, Doktor der Medizin, geboren in Shepton‹ Malet in der Grafschaft Somerset, am 2. Feb. 1619, um sechs Uhr abends, als seine Mutter beim Abendessen saß«, notierte er zum Beispiel, doch nicht alle Ent‹ bindungen verliefen so ereignislos wie diese. »Sir William Dugdale wurde am 12. September 1605 geboren; am Nachmittag jenes Tages hatte sich ein Bienen‹ schwarm unter dem Fenster seiner Mutter niedergelassen, als Omen für seine spätere emsige Sammlerei«; und am übelsten erging es wohl Mistress Jane Smyth, denn »als sie geboren wurde blitzte und donnerte es und stand das Haus in Flam, men«. Anthony Ettrick hingegen, der Freund mit dem zusammen Aubrey auf der Rückreise von Irland beinahe ertrunken war, hatte es glücklicher getroffen: er kam friedlich an einem Sonntag zur Welt, weshalb »seine Mutter ihn einen Sonntagsvogel nannte«. Aber einmal mehr scheiterte Aubrey auch hier an der Renitenz seiner Informanten: Christopher Wren hatte ihm erzählt, daß »die Glocke VIII schlug als seine Mutter seinethalben in die Wehen kam«, aber Wood gegenüber beschwerte sich Aubrey, daß »er uns hereingelegt hat, wie es scheint; denn er hat sich selbst ein Jahr jünger gemacht als er in Wirklichkeit ist, obwohl er sich doch seines Alters nicht zu schämen braucht, so bewundernswert wie er seine Zeit genutzt hat. Es ist ein rechtes Armutszeugnis, wenn er es nicht richtig, stellt.« Anthony Woods Antwort auf diesen Brief dürfte eine außergewöhnlich spannende Lektüre gewesen sein, hatte er doch erst kurz zuvor in einem Schrei, ben an Aubrey sein eigenes Alter von vierzig auf 25 zu drücken versucht: ›Meine Nativität kann ich nirgends auftreiben, aber im Gespräch mit einem alten Diener meines Vaters habe ich herausgefunden, daß ich am 17. Dezember geboren wurde; aber über das Jahr bin ich mir nicht sicher, es dürfte um 1647 herum ge, wesen sein‹, schrieb er, der einen Augenzeugenbericht über den Einzug König Karls I. in das Christ Church College im Jahre 1636 verfaßt hatte.

In der astrologischen Wissenschaft zählte jedoch nicht nur die Stunde der Geburt, sondern auch jedes andere bedeutsame Datum. Wenn man krank wurde, war es von größter Wichtigkeit, zu welcher Stunde man sich ins Bett legte: »Sir Robert Henley von Bramswell in Hampshire, Baronet, legte sich am Donnerstag, dem 14. Feb., St. Valentinstag, um drei Uhr nachmittags nieder. Er war, ich glaube am vorangegangenen Dienstag, auf der Jagd gegen Mittag plötz, lich erkrankt.« Außerdem war Aubrey stets bemüht, die Pachtverträge seiner ra, sant im Schwinden begriffenen Landgüter zu einem jeweils möglichst günstigen Zeitpunkt zu überschreiben: »Besitz von Easton,Pierse« steht auf einem Horo, skop zu lesen, und darunter: »25. März 1671, ein Uhr mittags, Eigentum durch Jonathan Rogers auf Mr. Sherwin übertragen.« Auch die genaue Stunde, zu der man eine Ehrung empfing, war von nicht zu überschätzender Bedeutung, und Aubrey wiederholte mehrfach, daß »Sir Christopher Wren am Freitag, den 14. November 1673, um fünf Uhr früh in Whitehall zum Ritter geschlagen wurde (Mitteilung von Robert Hooke am nächsten Tag)«. Sogar die gute Figur eines Mannes hing an den himmlischen Fäden, denn Aubrey notierte sich über Sir William Petty: »Jupiter im Krebs macht ihn fett ums Herz. John Gadbury meint überdies, ein Brechmittel würde ihm außerordentlich gut tun.« Nur auf den armen Bildhauer William Marshall hatten die Sterne eine noch schlimmere

Easton Pierce nach dem Umbau, 1669
Aquarell von Aubrey

Wirkung: »Eine Konjunktion von Merkur und Löwe macht ihn stottern.« Was Wunder also, wenn Edward Davenant beteuerte, »er danke Gott dafür, daß sein Vater seine Geburtsstunde nicht erinnert habe; andernfalls wäre er womöglich in Versuchung geraten, sich mit Astrologie zu beschäftigen, für die er überhaupt nichts übrig hatte.«

Während des ganzen 19. Jahrhunderts nahmen die frommen Kirchenleute, die Aubreys Werk für die Veröffentlichung zurichteten, gerade an seinem Aber glauben besonderen Anstoß, eine Tatsache, die lediglich ihre fehlende historische Kenntnis verrät. Mochte die Astrologie im letzten Jahrhundert zu den gröbsten Formen des Aberglaubens zählen, so war dies keineswegs immer so gewesen. Bis die Veröffentlichung von Newtons Theorie über das Sonnensystem die Glau bensätze über die sphärischen Einflüsse auf die Geburt Lügen strafte, war die Astrologie selbst einer der ernsthaftesten Versuche zu einer wissenschaftlichen Welterklärung gewesen. Und es war dieser wissenschaftliche Geist, in dem Aub rey sich mit den Problemen der Sterndeutung befaßte. »Die Wissenschaft ist noch nicht vollkommen«, erklärte er, »wie es zu wünschen wäre. Um sie zu ihrer Per fektion zu bringen, muß eine Sammlung wahrer Genituren zusammengestellt werden; zu welchem Behufe ich mit großer Sorgfalt die folgenden gesammelt habe, auf die sich die Astrologen verlassen können, da ich keine zufälligen oder zweifelhaften Informationen niedergelegt habe, sondern nur direkt aus dem eige nen Munde der Betroffenen: *quod N. B.*« Und als 1673 »Sir Leoline Jenkins* zu sammen mit Sir Joseph Williamson als Abgesandte nach Nimwegen geschickt« wurden, stellte Aubrey seine durch und durch empiristische Haltung unter

Beweis: »Ich erinnere mich, daß bei ihrer Abreise Saturn und Mars in Opposition standen, und sagte damals zum Grafen von Thanet, daß ich der Astrologie niemals mehr über den Weg trauen würde, wenn diese Mission zu irgendeinem Erfolg führte.« Es wäre also ungerecht, wollte man gegen Aubrey einwenden, daß er aufgrund der verfügbaren Evidenzen zuletzt doch zu dem Schluß kam, die Astrologie sei der Schlüssel zur Wahrheit.

Die ersten Erfolge der Reformation hatten dem Aberglauben gewaltigen Auftrieb verschafft, und die Puritaner hatten durch ihre wortwörtliche Bibelauslegung manchen Irrglauben über ganz Europa verbreitet. Aubrey wußte dies so gut wie jeder andere und vermerkte: »Obschon es damals Mode wahr, sich über die römische Kirche herzumachen, waren diese Leute doch mindestens ebenso abergläubisch, nur ohne sich dessen bewußt zu sein.« In Deutschland bezichtigte derweil Luther den Teufel, die Fliege allein zu dem Zweck erschaffen zu haben, ihn vom Schreiben guter Bücher abzulenken, während man in Calvins Genf mehrere Menschen für das übelste aller Verbrechen, nämlich die Pest übertragen zu haben, auf den Scheiterhaufen schickte. Bis in die Mitte der Regierungszeit von Elisabeth I. erwies sich England dieser abenteuerlichen Leichtgläubigkeit gegenüber als verhältnismäßig resistent, aber mit dem wachsenden Einfluß der Puritaner erneuerte sich auch der Glaube an Magie und Hexerei. Unter der Königin übte der Staat gegen die unglücklich Beschuldigten dennoch meist vornehme Zurückhaltung, da Elisabeth I. gerade diesen Aberglauben aufs schärfste mißbilligte, sehr wahrscheinlich weil ihre Mutter – Anna Boleyn, die 1536 dazu verurteilt worden war, ›nach Belieben des Königs enthauptet oder verbrannt zu werden‹ – ganz allgemein für eine Hexe gehalten worden war. Bei den Stuarts spielten solche Familiensentimentalitäten hingegen keine Rolle und mit der Thronbesteigung von Jakob I. (1603) begannen die Hexenverfolgungen, die allein bis zum Jahre 1680 siebzigtausend Frauen das Leben kosten sollten. König Jakob höchstpersönlich hatte in seinem Buch über *Dämonologie* zu den fürchterlichsten Hexenprozeßen ermuntert, wenngleich er schon bald angesichts der unzähligen Betrügereien seine Ansichten widerrief. Aubrey berichtet uns von zwei Vorkommnissen, die zum Sinneswandel des Königs beigetragen haben dürften. Als erstes war da »eine gewisse Mrs. Katharine Waldron (eine Gentlewoman aus guter Familie), die vorgab, von einer bestimmten Frau verhext worden zu sein. Sie war in einen seltsamen Zustand geraten, in dem sie heftigste Qualen ertrug, etwa daß man ihr Nadeln ins Fleisch oder gar unter die Nägel stieß. Als seine Majestät in der Gegend war, kam er sie während einer ihrer Anfälle besuchen: Sie lag auf einem Bett und der König sah zu, wie sie die obengenannten Qualen erduldete. Der Raum war (wie man sich leicht vorstellen kann) gerammelt voll von Leuten. Alsdann riß seine Majestät mit einem plötzlichen Ruck an ihren

Röcken, zog sie ihr über den Kopf und entblößte den Umstehenden ALLES; durch welche Überraschung die Frau, die nichts dergleichen erwartet hatte (und offenbar doch einen Rest angeborenen Schamgefühls besaß), innehielt und damit den Schwindel aufdeckte.« Und dann gab es noch den Fall von »Richard Heydock, Zeremonienmeister und ehemaliger Fellow des New College in Oxford, einer sehr begabten und gelehrten Person, aber entschieden gegen die Hierarchie in der Kirche von England eingestellt. Er gewann seine Proselyten, indem er während des Schlafs predigte, ein Kunststück, über das auswärts viel geredet und das als Wunder gerühmt wurde. Aber als König Jakob I. in Salis-bury vorbeikam und ihm zuhörte, beobachtete er, daß seine Ansprache sehr me-thodisch gehalten war und er den Schlaf nur vortäuschte. Er übertölpelte den Doktor, indem er sein Schwert zog und fluchte: Beim Willen Gottes werd' ich seinen Kopf abhauen; worauf der Doktor zusammenschreckte und so tat als sei er gerade erwacht. So wurde der Betrug aufgedeckt.«

Nicht alle Untertanen bewiesen denselben Scharfsinn wie ihr Souverän und obwohl König Jakob seinen ganzen Einfluß und den seines Kronrats, der Stern-kammer und des Episkopats gegen den um sich greifenden Hexenwahn geltend machte, war es bereits zu spät. Wo immer die Puritaner und später das Parlament das Zepter führten, brach die Verfolgung von neuem los und es ergoß sich eine Flut von eifernden Büchern, Pamphleten und Predigten von den Druckstöcken. Die gebildete Klasse zeigte sich überraschenderweise vom Glauben an Hexen am meisten besessen, und alle verfügbaren Indizien schienen, zugegebener-maßen, deren Existenz zu bestätigen. Aber der Oberrichter Hale dürfte übers Ziel hinausgeschossen sein, als er per Gesetz festlegte, daß solche Entitäten wie Hexen auch wirklich existieren müßten, weil es Gesetze gegen sie gab und es un-denkbar sei, daß man Gesetze gegen etwas erlassen habe, das es nicht gab. Die Hexen selbst wurden nie ohne ihr freiwilliges Geständnis verurteilt, das gewöhn-lich unter der Folter erpreßt wurde, aber auch ohne solche handgreiflichen Über-zeugungsmittel bezeugten viele der unglücklichen Frauen schreiend, daß sie sich für immer dem Teufel verschrieben hätten. Aubrey hat eine Aufzählung der Übelstände hinterlassen, für die man Hexen verantwortlich machen konnte, und damit die enorme Zahl der Opfer erklären helfen, die für dieses Verbrechen in den Tod gingen: »Bäume verdrehen, Eichen an den Wurzeln herausreißen und umwerfen«, sind ihre ersten Schandtaten, sodann »Stürme heraufbeschwören; Schiffe kentern lassen; Kirchtürme umwerfen; Pflanzen verdorren; junge Kinder einschrumpfen. Das Gemüt und die Vorstellungskraft kontrollieren und fesseln; Männer verhexen und impotent machen, bei Frauen Frühgeburten auslösen (Gräfin von Carlisle). Wirbelwinde, Hurrikane auslösen und die Geister darin-nen.« Dann beschreibt er die Organisation des Hexensabbats, die ganz dem

Zeitgeist zu folgen scheint, denn die Hexen hielten »ihre Versammlung nach Art der Royal Society ab, mit einer Wahlurne. Memorandum:«, assoziiert Aubrey, »Sir Henry Billingsley behauptete, die weisen Männer hätten schon immer gewußt, daß manche böse Frau mit dem Alter noch bösartiger wird, bis sie zuletzt Häuser ansteckt und kleine Kinder mißhandelt etc. Also dachte man sich, besser sie werden frühzeitig unter die Erde geschickt, als daß sie am Ende über der Erde Stürme auslösen; aber die Verwandten konnten ihnen nicht selbst eins über den Schädel geben, ohne Anstoß zu erregen.« Kein Wunder also, daß man, als »in Malmesbury eine Hexenkabale entdeckt wurde, Sir James Long aus Dracot-Cerne herbeiholte, um die Untersuchung zu führen. Er überstellte sie ins Gefängnis von Salisbury und es wurden, glaube ich, sieben oder acht Frauen gehängt. Es wurden merkwürdige Klagen gegen sie geführt, wie zum Beispiel der eigenartige Tod von H. Dennys' Pferd, oder auf einem Knüttel durch die Luft zu reiten etc. Die Untersuchungen etc. schrieb Sir James feinsäuberlich in ein Buch nieder, das er der Royal Society zu übergeben versprach.« Trotz der Unterstützung, die die Hexenverfolgung noch bei den wissenschaftlichsten Geistern der Zeit genossen zu haben scheint, wuchsen jedoch allmählich die Zweifel an ihrer Richtigkeit: »Mr. Anth. Ettrick vom Middle Temple (ein sehr kritischer Gentleman) hat das gesamte Verfahren scharf beobachtet und war nicht befriedigt«, schreibt Aubrey bei anderer Gelegenheit. »Die Zuschauermenge machte einen solchen Lärm, daß weder der Richter die Gefangene, noch die Gefangene den Richter hören konnte; sondern ihre Worte wurden jeweils von Mr. Chandler vom einen zum anderen übermittelt und manchmal nicht richtig wiedergegeben.«

In den Kindertagen der Wissenschaft mußte jede Theorie, gleich wie absurd sie oberflächlich betrachtet erscheinen mochte, genauestens überprüft werden, bevor man sie mit Gewißheit verwerfen konnte. Man sollte Aubrey nicht länger einen leichtgläubigen Narren schimpfen, sondern in ihm den frühen Ethnographen und Volkskundler schätzen. »Die alten Bräuche und die Fabeln alter Weiber sind einfältige Dinge«, gesteht er zu, »sollten aber trotzdem nicht dem Vergessen anheimfallen; vielleicht kann man doch eine Wahrheit oder einen Nutzen daraus ziehen, ganz abgesehen von dem Vergnügen, die Irrtümer zu betrachten, in denen frühere Zeitalter befangen waren, wie das gegenwärtige auch.« Und die Irrtümer der Gegenwart beschränkten sich nicht auf Aubrey, er war nur fleißiger als andere darum bemüht, sie festzuhalten. »William Laud (Erzbischof von Canterbury) hielt zu Beginn der Regierungszeit von König Karl I. eine Predigt vor dem Parlament, in der er versicherte, die Macht des Gebets sei so groß, daß es die ungünstigen Einflüsse einer Konjunktion oder Opposition von Saturn oder Mars (wie sie damals gerade eingetreten war) außer Kraft setzen könne.« Und was der Kirche recht war, war dem Staate billig: »Kurz vor dem Ableben von Protektor Oliver schwamm ein Wal die Themse herauf und wurde bei Green, wich gefangen. Man sagt, Oliver habe sich darüber beunruhigt.« Noch nicht ein, mal die Wissenschaft selbst hatte sich vom Aberglauben rein gewaschen: Der Astronom Kepler war überzeugt, daß die Planeten durch ihre Umdrehungen »eine Sphärenmusik« hervorriefen, die nur von der Sonne gehört werden könnte, die er sich als die Verkörperung eines göttlichen Geistes dachte; und noch der große Newton versuchte die Tangentialgeschwindigkeit der Planeten, die verhin, dert, daß sie in die Sonne fallen, durch die Annahme zu erklären, sie seien ursprünglich von Gottes Hand in ihre Bahnen geschleudert worden.

Wenn Aubrey auch manche Irrtümer mit seinen Zeitgenossen teilte, so behielt er doch vielen Erscheinungen gegenüber seine Skepsis. Über »Phantome« etwa sagte er: »Obgleich ich selbst niemals solche Dinge sah, will ich doch nicht voreilig den Berichten darüber jede Wahrheit absprechen. Ich glaube vielmehr, daß es (ausnahmsweise) solche Erscheinungen gegeben hat, aber auf eine wahre kommen hundert erfundene. Es gibt eine Lust, zu lügen und den Leichtgläubi, gen seine Ansicht aufzudrängen, und die Einbildungskraft furchtsamer Men, schen neigt zum Wunderglauben.«

Obwohl er die Unmengen gesammelter Daten mit kritischem Geist zu sieben bemüht war, steckte doch so viel mehr Antiquar als Wissenschaftler in ihm, daß er es kein einziges Mal über sich brachte, eine der mühsam aufgespürten Anek, doten auszusondern. »Es mag manchem widerlich erscheinen«, entschuldigte er sich, »daß ich so viele vulgäre Sprichworte aus dem Westen des Landes aufgestö, bert habe und mich, ich gestehe es, nicht scheue, sie hier zu zitieren. Aber Plinius selbst wäre nicht davor zurückgeschreckt, sie Weissagungen zu heißen, denn in den Sprichwörtern sind die Erfahrung und die Beobachtungen vieler Zeitalter zu, sammengerafft; sie geben die anfängliche Naturphilosophie des gemeinen Volkes wieder, wie sie uns in altem Englisch und schlechtem Versmaß überliefert wurde, damit unsere wißbegierigen modernen Philosophen sie untersuchen.«

Viele Jahre danach, 1688, versammelte Aubrey all diese Anekdoten und Über, lieferungen in einem Band mit dem Titel *Die Überreste des Gentilismus und Judais, mus*, wo er in allen Einzelheiten die Parallelen zwischen dem Aberglauben seines eigenen Landes und dem des antiken Griechenland und Roms herausarbeitete und damit für immer jene Bräuche bewahrte, die das Herz jedes Anthropologen höher schlagen lassen. »In verschiedenen Teilen von Oxfordshire«, berichtet er feierlich, »besonders aber in Lanton ist es Brauch, daß die Dienstmagd den Mann um Efeu bittet, damit sie das Haus herrichten kann; wenn der Mann je, doch davon nichts wissen will oder das Efeu zu bringen vergißt, dann stiehlt ihm das Mädchen ein Paar Kniehosen und nagelt sie an das Tor im Hof oder an der Landstraße.«

Aubrey war redlich darum bemüht, sich bei dieser Sammlung nicht aufs bloße Hörensagen zu verlassen. »Mr. Hierome Banks erzählte drei Tage bevor er starb auf seinem Totenbett in Bell-Yard, daß Mr. Jennings vom Inner Temple (sein bester Freund, der ein oder zwei Jahre zuvor verstorben war) drei Mal bei ihm angeklopft, hereingeschaut und ›Komm mit fort!‹ gerufen habe. Und niemand war weniger leichtgläubig als er«, betonte Aubrey und bestätigte die Geschichte aus seinem eigenen Erfahrungsschatz: »Drei oder vier Tage bevor mein Vater starb«, schreibt er, »als ich gegen neun Uhr früh hellwach in meinem Bett lag, hörte ich drei aufeinanderfolgende Klopfzeichen am Kopfende des Bettes, als hätte jemand mit einem Lineal oder mit einer Rute dagegen geschlagen.« Aber obwohl Aubrey in diesem Fall den Spuk am eigenen Leibe erfahren hatte, verschloß er nicht die Augen vor der Möglichkeit, daß es sich in anderen Fällen gleichwohl um Scharlatanerie handeln könnte. »In der Zeit Karls II.«, berichtet er, »wurde das Poltern im Haus von Mr. Monpesson von Tydworth in ganz England zum Gespräch. Es traten dort Klopfzeichen auf und wenn man rief: Teufel, klopfe soundso viele Male! dann bekam man die entsprechende Anzahl zur Antwort. Als Mr. Ettrick die Worte aber nur flüsterte, kam keine Erwiderung. Aber«, bemerkt Aubrey mit bewunderswert kühlem Verstand, »er hätte Latein oder Französisch sprechen sollen, um das Rätsel zu lüften. Ein andermal nämlich«, fährt er fort, »besuchte Sir Christopher Wren das Gebäude und legte sich auf die Lauer. Er konnte nichts außergewöhnliches sehen, hörte aber manchmal ein Poltern als schlüge jemand mit der Hand gegen die Holztäfelung. Und er beobachtete, daß dieses Poltern nur dann eintrat, wenn sich ein bestimmtes Dienstmädchen im Nebenzimmer aufhielt, wie überhaupt bereits allen aufgefallen war, daß sich der Teufel getreulich an die schickliche Uhrzeit hielt und selten nach zwölf Uhr nachts oder vor sechs Uhr früh anklopfte.« Diese Passagen erwecken durchaus nicht den Eindruck, als wäre Aubrey in diesen Dingen von besonders einfältiger Leichtgläubigkeit gewesen, und dies umso weniger, wenn man die grundverschiedene Geisteshaltung jenes Zeitalters ganz allgemein in Rechnung stellt.

Die Gewohnheit des Zweifels ist eine neuzeitliche Pflanze, die eigentlich erst nach Newton in England heimisch wurde. In einem Zeitalter, in dem eine Behauptung schon deshalb für glaubwürdig befunden wurde, weil irgendjemand sie vorgebracht hatte, verdient Aubreys Skepsis höchste Anerkennung. Was das England des 17. Jahrhunderts betrifft, so fehlte die Kritikfähigkeit vor allem in bezug auf die Religion: Wie sehr sich die einzelnen Sekten auch um die rechte Auslegung der Heiligen Schrift streiten mochten, keiner ihrer Anhänger hätte auch nur für einen Augenblick bezweifelt, daß jedes darin enthaltene Wort buchstäblich und absolut wahr sei; beinahe überflüssig hinzuzufügen, daß in der Bibel immer wieder von Hexen, gespenstischen Erscheinungen und bedeutungs-schwangeren Vorzeichen die Rede ist. Um so bemerkenswerter sind daher die Vorbehalte, die Aubrey hinsichtlich der folgenden Geschichte anmeldete: »Anno 1679«, berichtet er, »wurde nach der Aufdeckung der papistischen Ver-schwörung* das Strafgesetz gegen die Römisch-Katholischen eingesetzt: Und zwar wurden sie aufs schwerste vom Gesetz verfolgt, wenn sie es versäumten, in der zuständigen Pfarrkirche das Sakrament nach den Regeln der Kirche von England zu empfangen. Mr. Ployden fand sich, um der Strafe zu entgehen, in seiner Pfarrkirche in Lasham bei Alton in Hampshire ein. Als Mr. Laurence (der Pastor) ihm den Abendmahlskelch in die Hand gedrückt hatte, brach die Schale (in der der Wein war) ab. Es stimmt allerdings, daß er schon vorher ka-putt war und daß Mr. Ployden ein Zittern in der Hand hatte. Durch diesen Zwi-schenfall wurde die Kommunion verhindert.« Die Religion war noch eine recht handfeste Angelegenheit. Man wartete auf göttliche Zeichen und wenngleich im Gefolge der Reformation die verschiedensten Formen von »Priesterbetrug« aufge-deckt wurden, blieben viele kirchliche Rituale von krassem Aberglauben beglei-tet, wie die Existenz von »Sündenfressern« noch zu Aubreys Zeit beweist.

»In der Grafschaft von Hereford«, erklärt Aubrey dazu, »existierte der alte Brauch, zur Bestattung eines Toten arme Leute anzuheuern, um sämtliche Sün-den der verblichenen Person auf sich zu nehmen. Einer von ihnen (erinnere ich mich wohl) lebte in einer Hütte an der Landstraße nach Ross. Es war ein großge-wachsener, dürrer, häßlicher, bedauernswerter armer Kerl. Die Sache trug sich folgendermaßen zu: Die Leiche wurde herausgetragen und auf eine Bahre gelegt; dann wurde ein Brot herausgebracht und dem Sündenfresser über den Leichnam hinweg gereicht, sodann eine Becherschale aus Ahorn (Taufschale) voll Bier, die er zu leeren hatte, sowie eine Sixpence-Münze, worauf dieser *(ipso facto)* als Ge-genleistung sämtliche Sünden des Verstorbenen auf sich nahm und ihn (oder sie) davor bewahrte, nach dem Tode umherirren zu müssen. Der Brauch erinnert (meines Erachtens) ein wenig an den Sündenbock im alten Recht.« Es erstaunt, wie gering das Entgelt für die Übernahme der Sünden eines anderen war, zumal die Schrecken der Hölle – vor ihrer Abschaffung durch den Kronrat – den Men-schen sehr real erschienen und manch einer sich wie Königin Elisabeth I. auf dem Totenbett von zehrenden Flammen umzüngelt wähnte. »In Nordwales«, fügt Aubrey der Vollständigkeit halber hinzu, »werden ebenfalls häufig Sündenfres-ser bestellt, aber anstatt einer Schale Bier bekommen sie dort eine Schale Milch.«

Auch der König war, wie die Kirche, von vielerlei Omen und Vorzeichen umgeben, viele von so eindringlicher Symbolik, daß der Glaube, den sie fanden, kaum verwundert. »Ein alter Greis, der (einem Einsiedler ähnlich) das zweite Gesicht besaß, nahm seinen Abschied von König Jakob I., als er nach England berufen wurde. Prinz Henry (den ältesten Sohn Jakobs, der bereits mit achtzehn Jahren starb) beachtete er kaum, sondern wandte sich sogleich dem Herzog von York (dem späteren Karl I.) zu und brach angesichts des Unheils, das ihm drohte, vor ihm in Tränen aus: Er werde der elendste aller unglücklichen Prinzen sein, die je das Licht der Welt erblickt hätten.« Niemand glaubte fester an die Zeichen der Vorsehung als Karl I. selbst, dem gegen Ende seines Lebens der Zufall einen üblen Streich spielte: »Es ist allgemein bekannt«, meint Aubrey, »daß während des Prozesses gegen König Karl I. der Kopf von seinem Zep-ter fiel.«*

Besondere Blüten trieb der Aberglaube während der Krönungsfeierlich-keiten. »König Karl II. wurde während einer Konjunktion von Sonne und Merkur gekrönt«, berichtet Aubrey, und »als der König zum Festmahl in West-minster Hall weilte, donnerte und blitzte es außerordentlich, so daß sich Kanonen und Donner ein Wechselspiel lieferten.« Doch Karl II. war nicht aber-gläubisch und erst mit der Krönung seines Bruders gewann das Ominöse wieder seinen Einfluß auf den Thron. Aubrey wohnte den Feierlichkeiten persönlich bei und notierte sorgsam die Katastrophen, die das unrühmliche Ende von König Ja-kobs II. unruhiger Regentschaft* so unmißverständlich vorwegnahmen: »Als König Jakob II. gekrönt wurde (nach althergebrachter Sitte treten die Peers an den Thron und küssen den König), wurde ihm die Krone fast vom Kopf hin-weggeküßt. Einer der Grafen rückte sie zurecht und als der König aus der Abtei zur Westminster Hall herüberkam, wackelte die Krone bedenklich.

Als er sich Westminster Hall näherte wurde der Baldachin, der von den Stadtvorstehern der Fünf Häfen* über dem Haupt des Königs getragen wurde, von einer Windbö entzweigerissen und hing dann sehr kläglich herab. Ich habe es selbst gesehen. Der Stoff war golddurchwirkt und ich bin sicher, ein Mann von meiner Stärke hätte es nicht fertiggebracht, ihn zu zerreißen, und es war nicht ein-mal ein windiger Tag. Dann fiel die Spitze seines Zepters (eine Lilienblüte) hinab, daß der Graf von Peterborough sie aufheben mußte.« Aber damit nicht genug: »Am St. Markus-Tag nach der Krönung von König Jakob II. bereitete man ein grandioses Feuerwerk auf der Themse vor. Da geschah es, daß alles gleichzeitig Feuer fing und so fürchterlich wütete, daß viele Zuschauer sich in die Fluten stürzten, weil sie lieber ertranken als verbrannten. In einem Hof in der Nähe des Flusses warteten die Kutsche und Pferde von Lord Powys, aber die Tiere wurden durch das Feuerwerk so verängstigt, daß der Kutscher sie nicht mehr halten konnte und sie einen Mann überrannten, der sich nur mühsam wieder davon erholte.«

Karl II.

Diese Zufälle mußten als schlagender Beweis dafür erscheinen, daß die übersinn‚
lichen Mächte sich aufs neue des königlichen Throns angenommen hatten, was
in Anbetracht der ausschweifenden Lebensführung des Vorgängers, Karls II.,
niemanden ernstlich überrascht haben dürfte. Der sittenstrenge Anthony Wood
berichtet hierzu: ›Ende November 1675 wurde der Reiterstatue Karls II. auf dem
Viehmarkt ein Reitkissen umgebunden und an die Brust des Pferds war ein
Stück Papier geheftet, auf dem stand zu lesen: Hurtig, Hurtig, zur Hebamme
geschwind!‹* Trotz allen Spotts war der Glaube an die magischen Kräfte des
Königs noch immer tief verwurzelt, wie das folgende Ereignis zeigt: »Arise
Evans litt an einer schwammigen Nase und hatte erfahren, daß die Hand des

Königs das Übel heilen könne. Als dann der König zum ersten Mal im St. James Park spazieren ging, küsste er des Königs Hand und rieb sich damit seine Nase; was den König zwar irritierte, ihn aber kurierte.« Aubrey ließ sich durch diesen augenfälligen Beweis aber nicht in die Irre führen. »Aus Somersetshire wird zuverlässig berichtet«, fügte er relativierend hinzu, »daß verschiedentlich Leute durch die Berührung des Herzogs von Monmouth* geheilt wurden. Aber schon Lordkanzler Bacon sagte, daß die Einbildungskraft dem Glauben an heilsamer Wirkung am nächsten komme.«

Der Glaube ans Übernatürliche kann also nicht ohne jeden Nutzen gewesen sein, wenn seine praktische Anwendung solch erstaunliche Ergebnisse zeitigte. Sein Einsatz brauchte indes keineswegs auf die medizinische Hilfe beschränkt zu bleiben, denn bisweilen bediente sich auch die göttliche Berufsberatung orakelhafter Wege: »Mr. Brograve aus Hamel bei Puckbridge in Herefordshire war als junger Mann durch einen Hohlweg in jener Grafschaft geritten, als er plötzlich einen Schlag auf die Backe (oder den Kopf) erhielt. Er drehte sich um, sah aber niemanden hinter sich in seiner Nähe. Doch sogleich traf ihn ein zweiter Hieb, ob noch ein dritter folgte, weiß ich nicht mehr. Also kehrte er um, vertiefte sich in das Studium der Rechte und hat es seither zum Richter gebracht.«

Wer den Aberglauben anderer auszunutzen verstand, der konnte reich belohnt werden, und umgekehrt eignete sich das Übernatürliche hervorragend zur Erklärung des eigenen Versagens. Nachdem man zum Beispiel eine riesige Summe Geld für Kohlenbohrungen in Surrey aufgewendet hatte und dabei nichts herausgesprungen war, »beeilte sich Mr. William Lilly (Astrologe), die unterirdischen Geister dafür verantwortlich zu machen: So schnell konnte man die Bohrstangen gar nicht nachschieben, wie die Geister sie abbrachen.« Auch Aubrey konnte sich für die tröstliche Seite der Sterndeutung am meisten begeistern. »Thomas Morgan war unglücklich und faul«, notierte er über einen seiner Freunde, »es scheint, er hat Saturn zum Feinde.« Und als er sich zuletzt selbst davon überzeugt hatte, daß der Verlust seiner eigenen Güter und Ländereien ausschließlich auf den widrigen Einfluß der Sterne zurückzuführen war, wandte er »als alles verloren war« seinem vergangenen Leben ohne Murren und Hadern den Rücken.

DER NEUE CLUB

Obschon seines gesamten Besitzes beraubt, brauchte Aubrey dank seiner familiären Verbindungen keinerlei Not zu leiden, denn »die Vorsehung bescherte mir (ganz unerwartet) gute Freunde«, mit denen er, einer nach dem anderen, den Rest seiner Tage verbrachte. Da war zum einen »der Sehr Ehrenwerte Nicholas, Graf von Thanet, auf dessen Sitz Hethfield in Kent ich mich beinahe ein Jahr lang zurückzog«; dann der Architekt »Sir Christopher Wren; Mr. Ogilby*; zuletzt schloß mich Edmund Wyld Esq., R.S.S. [Mitglied der Royal Society], in die Arme und mit ihm teilte ich meistens sowohl die Zeit der Speise als auch der Muße.« In ihm muß Aubrey einen Mann ganz nach seinem Herzen gefunden haben, wie eine Beschreibung von Roger North zeigt: ›Mr. Wyld war ein wohlhabender Philosoph und lebte in Bloomsbury. Er war ledig geblieben, und sein Haus glich einem Raritätenkabinett ganz besonderer Art. Dieser Gentleman bewegte sich in höheren Gefilden und hielt sich viel auf neue Erfindungen zugute, die er selbst ausgedacht hatte. Am Morgen säte er den Salat aus, der zum Abendessen geschnitten wurde; auch beanspruchte er für sich die Erfindung in Oel auf Seide gemalter und gefirnister Vorhänge, die in Falten fielen, aber keine Sprünge bekamen. Sein ganzes Haus war damit ausgestattet, und er liebte nichts mehr, als einem seine mannigfaltigen Wundereinrichtungen vorzuführen.‹ Es kann kein Zweifel bestehen, daß Aubrey dort ganz in seinem Element war, wenn er bei der Durchführung der Experimente assistierte, darüber nachgrübelte, warum sich auf den patenten Vorhängen seines Gastgebers im Herbst Schweißperlen bildeten und sie gemeinsam vorzüglich tranken und speisten. »Mr. Wyld«, verkündete er stolz, »beabsichtigt einen Humus herzustellen (was rund ein halbes Jahr beanspruchen wird), der Weizen produziert, ohne daß vorher ausgesät wurde. Dasselbe glaubt er für Erbsen entwickeln zu können.« Sein Gastgeber war seiner Sache in der Tat so sicher, daß er bereit war, mit harter Münze für seine Überzeugung einzustehen. »Edmund Wyld Esq., R.S.S.«, erläuterte Aubrey etwas ausführlicher, »hat seit sieben Jahren einen Topf mit Mischkompost in seinem Garten stehen, auf dem absolut nichts wächst, noch nicht einmal Gras oder Moos. Er wettet einhundert Pfund mit jedem, der

zwanzig Pfund dagegen hält, daß dieser Humus« aus sich selbst heraus die genannten »Früchte trägt. Der Kontrahent soll selbst den Schlüssel einstecken und
die Erdmischung durch ein feines Sieb treiben, um sicher zu gehen, daß keine
Weizenkörner darin sind. Mr. Wyld besitzt außerdem einen Humus für Erbsen,
auf den er jedoch nicht wettet, weil er ihn noch nicht ausprobiert hat.« Aber es
fand sich niemand, der den kühnen Einsatz gewagt hätte, nicht zuletzt vermutlich, weil Edmund Wyld für sein Geschick als Gärtner in der ganzen Stadt
berüchtigt war. »London. Bloomsbury. 12. August 1684«, notierte Aubrey bei
anderer Gelegenheit: »Mein geschätzter Freund Edmund Wyld Esq. säte, kurz
bevor wir uns zum Abendessen setzten, Petersilien-, Brunellen- und Melissensa-
men in eine mit besonderer Erde gefüllte, irdene Suppenschüssel. Die Schüssel
wurde auf eine Platte mit heißen Kohlen gesetzt und als wir das Essen beendet
hatten (was ungefähr anderthalb Stunden dauerte), waren die Sämlinge sichtlich
gesprossen, und man sah neunzehn oder zwanzig junge Pflanzen, deren Keim-
blätter so groß waren wie gewöhnliche Nadelköpfe. Nach und nach erschienen
noch mehr Sprößlinge bis die Schale voll war. Mit einer Pinzette zogen wir einige davon heraus: die Stiele waren etwa einen halben Inch lang. Zwei oder drei
Stunden nach der Aussaat stellten wir die Schüssel in den freien Garten hinaus und
obwohl es während der ganzen Nacht heftig regnete, blieben die Keimlinge am
Leben und gediehen weiter bis gegen Mitte September, als die meisten zu welken
begannen. Manche überlebten jedoch bis Michaelis und einzelne gar bis zum ach-
ten oder zehnten Oktober. Ich selbst war einer der vier Augenzeugen, die (neben
Mr. Wyld) das Experiment verfolgten. Noch heute (am 7. Feb. 1689/90) steht die
Schale im Garten«, beschließt Aubrey seinen Bericht, »aber seither ist kein Ge-
müse mehr darin gewachsen.« Und wie um das Maß von Aubreys Glück voll zu
machen, wurde sein Gastgeber ›von den meisten großen Geistern der Stadt häufig
besucht‹. Kein Wunder also, daß er selbstzufrieden vermerkte: »Jetzt kann ich
mein Genie mit meinen Freunden zusammen frei gewähren lassen.«

So begann Aubrey allmählich den Lohn für seinen philantropischen
Grundsatz zu ernten, demzufolge es »eine Tugend ist, sich als guter und angenehmer Gesellschafter zu betätigen«. Obwohl er sein ganzes Vermögen verloren
hatte, verließ ihn keiner seiner Freunde.

Die Abhängigkeit von diesen Freunden hatte jedoch mindestens einen
schwerwiegenden Nachteil. »Edmund Wyld lebt an der südlichen Seite des großen Platzes von Bloomsbury«, vermerkte er, »und zwar Tür an Tür mit dem
›Schwarzen Mohren‹.« Das allein wäre vielleicht noch angegangen, hätte nicht
eine Tücke des Schicksals dafür gesorgt, daß Aubreys Magen, der »bislang so
zartbesaitet gewesen« war, »daß ich keinen Bordeaux trinken konnte, ohne ihn
zuvor mit Zucker gesüßt zu haben, und jeden weißen Wein sofort erbrach«, sich

gerade zu dieser Zeit von seiner erblichen Schwäche erholte. Aubrey war kein Freund von halben Sachen, und so traf es sich, daß seine Handschrift durch diese unglückselige Verkettung von widrigen Umständen noch unleserlicher und fehlerhafter wurde als sie es schon gewesen war. »Wenn ich nur entweder jemanden hätte, der mich morgens mit der Peitsche aus dem Bett treibt«, klagte er, »oder ich nicht jede Nacht bis ein oder zwei Uhr mit Mr. Wyld aufsässe, was könnte ich nicht alles erledigen!«

Edmund Wyld traf jedoch an der unverbesserlichen Geselligkeit seines Hausgastes keine Schuld, wie verschiedene Tagebücher aus der Zeit nur zu deutlich machen. Immer wieder taucht darin der Name Aubrey auf, mal zecht er in der Schnapsschenke, mal findet in einem Kaffeehaus eine Besprechung statt, mal hilft er den Freunden bei ihrer Arbeit. ›Mr. Aubrey und ich haben beobachtet, daß der Luftwiderstand doppelt so groß ist wie die Geschwindigkeit oder vielmehr, daß beide Größen sich in harmonischer Proportion befinden‹, notierte Robert Hooke 1674 und vier Jahre danach fügte er hinzu: ›Mit Aubrey zusammen eine Mondfinsternis beobachtet.‹ Dieselbe Quelle liefert uns noch weiteren Aufschluß über Aubreys Londoner Leben. ›Mit Mr. Aubrey bei Lord Brouncker, Mr. Colwall, Sir Jo. More, Hauptmann Sherbourn‹, berichtet Hooke über einen Tag und fast jeden Abend findet sich der Eintrag: ›Bei Garveys zusammen mit Mr. Hill, Mr. Hoskins, Mr. Wyld, Mr. Aubrey, Godfry, Blackburn, Lodowick etc.‹. Nicht selten unternahm man eine Ausfahrt nach Knightsbridge, um dem Bischof von Salisbury seine Aufwartung zu machen oder andere Freunde zu besuchen. ›Abendessen mit Boyle, schöne Übereinstimmung‹, notierte Hooke, ›dann mit Aubrey zusammen Besuch bei Harrington und Gadberry. Beide verrückt, aber von entgegengesetztem Temperament.‹ Und dann waren da die wöchentlichen Sitzungen der Royal Society, die stets mit einem Umtrunk endeten. ›Wir sind übereingekommen, daß sich der neue Club bei Joe trifft‹, notierte Robert Hooke am 10. Dezember 1675. ›Es sind Mr. Hill, Mr. Lodowick, Mr. Aubrey und ich, Sir Jo. More, Mr. Wyld und Mr. Hoskins sollen noch dazu stoßen. Wir haben jetzt unseren Neuen Philosophischen Club begonnen‹, fügte er am Neujahrstag hinzu, ›und feierlich gelobt, daß unsere Verhandlungen unter dem Siegel der Verschwiegenheit stehen und daß weder die Sachen selbst noch auch, daß überhaupt solche Versammlungen stattfinden, irgendjemandem gegenüber Erwähnung finden solle. In unserer ersten Unterredung sprachen wir aus Anlaß von Mr. Newtons letzten Papieren über das Licht.‹ Und es war niemand anderes als Aubrey, der die Diskussion eröffnete. Solch vielgestaltige Aktivitäten kosteten freilich nicht wenig Geld und so sah sich der arme Aubrey, bankrott wie er war, bald mit der Unannehmlichkeit konfrontiert, von seinen Freunden Geld zu pumpen. ›Aubrey zehn Shilling geliehen und früher schon

Robert Boyle

zwanzig und seither wieder fünf: Er versprach, es zurückzuzahlen‹, lautet eine von vielen Eintragungen, aber natürlich ließ das Bare auch am Tag der Abrech∕nung auf sich warten: ›Erwarb von Mr. Aubrey Euklids Werke auf Griechisch und Latein für zehn Sh., Plunia *Purpur* ein Sh., Censorinus *de mensura Anni* acht Pence, Duret *Histoire des Langues* und Scalinger *Contra Caldanum* für sechs Sh. vier Pence, Baytins *de re Navali* zwei Sh.‹ notierte Robert Hooke, ›und erließ die Rückzahlung von zwanzig geliehenen Shillings.‹ Aber fünf Tage darauf findet sich erneut eine Notiz im Tagebuch: ›Aubrey weitere zwanzig Sh. geliehen.‹

Aubrey hatte gehofft, daß ihm sein endgültiger Ruin erlauben würde, die Arbeit zu intensivieren, die er durch seine langwierige Finanzkrise hindurch so hartnäckig weiterverfolgt hatte. »Ungeachtet aller Hindernisse«, hatte er damals geschrieben, »machte ich mir *pian piano* (wie es sich gerade ergab) weiter Notizen über die Altertümer; und da ich ein schneller Zeichner war, skizzierte ich meine Landschaften sozusagen im Sattel.« Als er sein Vermögen verlor, war Aubrey erst fünfundvierzig Jahre alt und auf der Höhe seiner Schaffenskraft; die wider∕spenstigen Rechnungsbücher, die ihn fortwährend von seiner Arbeit abgelenkt hatten, vergällten nun endlich anderen Leuten das Leben und zuletzt war es ihm gelungen, sich aus den nervenaufreibenden Gerichtsprozessen herauszuwinden, in die er seit unvordenklicher Zeit verstrickt gewesen war. Durfte er nicht zu Recht hoffen, sich mit voller Kraft auf seine Arbeit stürzen zu können? »Anno 1671«, ruft er beglückt, »als alles verkauft war und sich auch die erwähnten Ein∕künfte nicht mehr einstellen wollten, verspürte ich einen so starken Wunsch, meine Beschreibung von Wiltshire in zwei Foliobänden fertigzustellen, daß ich keine Ruhe hatte, bis ich das Werk unter den größten Gefahren vollendet hatte,

Isaac Newton
beim Experimentieren mit Licht

und zwar *tanquam canis e Nilo* [wie ein Hund am Nil] in ständiger Furcht vor den Krokodilen, d. h. Gerichtsvollziehern, mal hier mal dort einen Haken schla‚ gend. – Ja wenn ich's recht bedenke, so habe ich alles, was ich getan oder studiert habe, auf eben diese Weise erreicht, so daß ich, hätte ich nicht mein Vermögen überlebt, mangels Muße nur eine äußerst spärliche Ernte eingefahren hätte. Mein Kopf arbeitet dauernd und ist nie untätig. Selbst unterwegs (und von 1649 bis

1670 habe ich den Sattel nicht verlassen) sammelte ich manche Beobachtungen, die heute auf zwei Stapel Foliobögen und einen Papierkorb angewachsen sind, und manches davon hat seinen Wert.«

Als hätte er seine Überzeugung, daß »eines Mannes Stimmung sich mit der Zu- oder Abnahme seines Vermögens hebt und senkt«, eigenhändig Lügen strafen wollen, dehnte Aubrey zu dieser Zeit sein Schaffen in eine völlig unerwartete Richtung aus. In einem Brief an Anthony Wood erklärte er damals: »Ich bin dabei, für Thomas Shadwell eine Komödie zu schreiben, und habe sie seit ich hier bin schon fast fertig. Ich beabsichtige, ihm noch eine weitere mit dem Titel *Die Freuden des Landlebens* nachzuliefern, die wahrlich kein Gemüt unbewegt lassen wird, da es – Psst! – eine böse Satire auf einige der arglistigsten Feinde ist, die ich mir in meinem jahrelangen Auf und Ab zugezogen habe.« Über den Wert seiner Stücke gab sich Aubrey keinerlei Illusionen hin, schließlich wußte er wohl, daß der Bürgerkrieg die Bühnen Englands völlig zerstört hatte. Durch ein allgemeines Aufführungsverbot hatten die Puritaner jede Fortführung der großen Zeiten Shakespeares und Jonsons erfolgreich unterbunden und zugleich waren sie durch ihre unsägliche Bigotterie für die übertriebene Schlüpfrigkeit der frühen Restaurationsdramen verantwortlich.

Selbst Aubrey vermerkte betrübt: »Unsere zeitgenössischen Autoren sind dermaßen auf bestimmte Persönlichkeiten und ihre Narreteien fixiert, daß sie in zwanzig Jahren kein Mensch mehr verstehen wird.« Aber trotz seiner Bedenken folgte er selbst der populären Masche und skizzierte (zwischen die Zeilen einiger altehrwürdiger Gesetzestexte) den Entwurf für eine höchst obszöne Farce. Denn *Die Freuden des Landlebens* sollte sowohl die Rohheit des einfachen Landvolks (zum Beispiel von »Quieka, einem weiblichen Troubadour«) als auch die Laster der Gentry bloßstellen, wozu sich Aubrey einer Vielzahl nur dürftig verschlüsselter Portraits seiner Bekannten bediente.

Unnötig zu erwähnen, daß Aubrey durch einen Brief von Henry Coley daran gehindert wurde, sein Stück zu vollenden. Das Schreiben war 1672 datiert und an ›seinen sehr verehrten Freund Mr. John Aubrey im Hause des Sehr Ehrenwerten Grafen von Thanet in Hethfield in Kent‹ adressiert und lautete wie folgt: ›Sie werden in London sehr vermißt und täglich erwartet man ihre Rückkehr. Auch ich selbst hoffe, sie bleiben nicht mehr lange fern, denn wichtige Geschäfte verlangen nach Ihrer Gegenwart.‹ Eine bezahlte Arbeit winkte.

»Außer mir kümmert sich kein Mensch um diese Dinge«

EIN ANTHROPOLOGE IM 17. JAHRHUNDERT

M ein lieber Freund Dr. Christopher Wren hat mir ganz ohne mein Wissen eine Anstellung eröffnet, die zu erwägen er mir anempfahl«, berichtete Aubrey an Anthony Wood. »Und zwar folgende: Mr. Ogilby schreibt an einer Geschichte von ganz England, deren Landkarte der Verbesserung bedarf. Der Doktor meinte zu ihm, wenn das alles wäre, das sei keine große Sache, und freute sich, Mr. Ogilby zu erklären, daß es für diese Aufgabe niemand geeigneteren gäbe als J. A. Wie sollte ich bestreiten, daß diese Aufgabe meiner Begabung vorzüglich entspricht; aber Mr. Ogilby ist ein gerissener Schotte und wenn ich dem Rat meiner Freunde trauen darf, muß ich vor ihm auf der Hut sein. Ich werde nicht vor nächstem Februar beginnen und dann bis November kreuz und quer durch England und Wales jagen. Der König wird mir einen Schutzbrief und eine Empfehlung mitgeben, damit ich ungestört meine Erkundigungen einziehen kann.«

Am Ende hatte Aubrey jedoch nicht mehr als eine Grafschaft zu durchmessen: »Ich begann mit der Besichtigung der Grafschaft Surrey am 1. Juli 1673 und

Landschaft südlich von London
Aquarell von van Dyck

hörte Mitte des folgenden Septembers damit auf.« Zweieinhalb Monate lang schweifte er durch die Grafschaft und beschrieb mit ausgewogenem Interesse »hier eine Schloßruine« und dort ein besonders pfiffig konstruiertes Wasserklo, sett. »Oatelands gehörte früher als Palast zur englischen Krone«, notierte er. »Es war von einem schönen Park mit reichem Wildbestand umgeben, der aber von den jetzigen unrechtmäßigen Besitzern freigelassen wurde. Im Park war einst eine Koppel mit einem erhöhten Standplatz angelegt, von dem aus Königin Elisa, beth I. mit der Armbrust auf das Wild zu schießen pflegte.« Außerdem stolperte er in der Gemeinde Godalming über einen »Landsitz namens Catteshulle, der dem König gehörte und seine Konkubinen beherbergte.«

Seine Hauptaufgabe bestand jedoch darin, aus den Gemeindekirchen die verschiedensten Inschriften zusammenzutragen. »Das Suchen nach Altertümern ist ein anstrengendes Geschäft. Ich wünschte, ich wäre durch die ganzen Kir, chenmonumente schon hindurch«, klagte er erschöpft. »Obwohl mir von all mei, nen Forschertätigkeiten diese am wenigsten gefällt, dünkt mich doch, ich sei wie von einem göttlichen Drange vorangetrieben. Denn außer mir kümmert sich hier keine Menschenseele um diese Dinge, eher noch spottet man darüber. Mir scheint jedoch, daß sich im Wiedererwecken der Erinnerung und der Denkmäler jener frommen und barmherzigen Wohltäter, die lange schon tot und zerfallen sind, eine gewisse Dankbarkeit und Gutmütigkeit ausdrückt.« Und so versammelte Aubrey eine beeindruckende Vielfalt von Inschriften, denn seinerzeit waren die Grabsteine und ,platten noch keineswegs so stereotyp normiert wie heute. Ge, dichte, Witze, ja sogar Werbesprüche fanden damals ihren Weg in die Kirchen, mauern, doch am meisten liebte man es, den Betrachter ein wenig zu schockieren:

> »So schwindet die Jugend, das Alter, die diesseit'ge Welt,
> Wo er gestern stand, bist du heut hingestellt,
> Und wenn morgen ein andrer deinen Platz begehrt,
> Wird er tags drauf von den Würmern verzehrt;
> Andre werden über deine staub'gen Knochen treten,
> Wie du heut stampfst und trampelst auf den Toten,
> Bis weder Stein noch Angedenken davon künden,
> Daß du hienieden jemals warst entbunden.«

Und nicht selten verhöhnte man das Leben selbst, das sich so flüchtig zeigte:

> »Die Welt hier war ihr nur ein tragisch Spiel
> Sie kam und sah – und ging, weil's ihr mißfiel«

so das Epitaph der zehnjährig verstorbenen Susanna Barford.

An den Kirchenmauern spiegelte sich freilich nicht nur die Melancholie des Jahrhunderts, sondern auch sein Wohlstand und sein Stolz. Denn seit die neureichen Londoner Kaufleute ihr Vermögen•gemacht hatten, begannen sie, sich zunehmend aufs Land zurückzuziehen, und mancher üppige Grabstein zum Gedenken an einen »Bürger und Fischhändler« oder einen »Bürger und Posamenter« legt unbefangen vom frisch erworbenen Wohlstand Zeugnis ab. Allein die zu Lebzeiten eingeschliffenen Gewohnheiten waren auch nach dem Ableben ihrer Besitzer nur schwer totzukriegen, und so wird in manchen Inschriften noch aus dem Grab heraus die Werbetrommel gerührt:

> »Hier liegt Lockyer eingegraben und sein Name allein
> Sagt genug, wer könnte im Ruhm ihm gleichrangig sein;
> Sein Name so groß, so verbreitet, so berückend,
> Spottet der Inschriften, die gemeine Gräber schmücken;
> Seine Tugenden und seine Pillen sind so bekannt,
> Daß kein häßlicher Neid sie unter Stein verbannt.
> Diese Verse vergehen, doch seine PILLE verschafft
> Ihm ein bleibendes Gedächtnis, auch ohne Epitaph.«

Eine weitere Eigenheit des Lebens unter den Stuarts, die angesichts der Gräber auffällt, ist die Häufigkeit, mit der sowohl Männer wie Frauen sich verheirateten. In Stretham notierte sich Aubrey folgendes Epitaph: »Hier drunten schlummern in Jesus dem Herrn seine dankbaren Dienerinnen (Frauen von Thomas Hobbes, Esq.)«; und nur ein einziges Mal verheiratet zu sein, galt für so bemerkenswert, daß man es auf seinem Grab vermerken ließ: »Dame Martha, 3. Tochter von Robert Wilson Esq., einzige Frau von Sir Edward Grophy von Brendon in der Grafschaft Durham, Baronet.« Und schon die Zeitgenossen stellten sich die pikante Frage, wer bei wem seine letzte Ruhestätte fand:

> »Daß meinen Leib Du bettest an die Seite
> Der ersten großen Liebe, die ich freite,
> Ich dank's Dir Gatte –
> Jedoch ich stelle eine weitere Bitte:
> Wenn das Verderben bald mit schnellem Schritte
> Dich selbst ereilt (und an Entkommen kein Gedanke),
> So rücke Du an meine andre Flanke.
> Es ist nur billig hier zu lesen,
> Daß Du der zweite in meinem Bett gewesen
> Und warum sollst Du nicht, grad wie im Leben,
> Im zweiten Bett, dem Grab, denselben Platz anstreben?

Der Stein ist wahrlich breit genug für drei
Und untendrunter sind wir schließlich frei,
Nicht Liebe oder Haß und nicht das kleinste Zwängen
Von Eifersucht wird unsern Staub bedrängen,
Denn hier verbringen unsre Leiber ihre Zeit
Mit Warten auf erhabne Ewigkeit.«

Ein Vorschlag, den der Inhaber eines Grabs in Barnes gewiß nicht gutgeheißen
hätte, denn er war »der beste aller Ehegatten, John Squier selig, treuer und (oh,
für welch kurze Zeit!) unverdrossener Pfarrherr dieser Kirchgemeinde«. Aber
das folgende Epitaph hätte ihm noch mehr mißfallen:

»Hier liegt die alte Madam Besse, war vielgereist
Die Frau des ehrbaren Charles Hales, wie es heißt
Sie war seine Liebste, was ich nicht bestreite
Aber meine war's auch, ach läge sie an ihrer Seite!«

Das »anstrengende Geschäft« des Suchens nach Altertümern beanspruchte jedoch nicht Aubreys ganze Zeit. Auf seiner Wanderschaft von Kirche zu Kirche
fand er genügend Muße, Badekurorte wie Epsom zu besuchen, die sich gerade zu
jener Zeit wachsender Beliebtheit erfreuten und die mittelalterlichen Wallfahrts-
orte als Rechtfertigung für den Urlaub, den man sich gönnen wollte, abzulösen
begannen. Außerdem lagen zahlreiche Landhäuser auf seinem Weg, in denen
Aubrey zwischendurch seine Aufwartung machen mußte: »Nicht zu vergessen
der Ruhesitz meines edlen Freundes Mr. Charles Howard, der inmitten einer
ausgedehnten Heide lag. In unruhigen Zeiten zog er sich vor der sündigen Welt
dorthin zurück und genoß die Abgeschiedenheit seines Häuschens, das er sein
Schloß nannte. Es war nur einstöckig und besaß ein kleines Eßzimmer, eine Kü-
che, eine Hauskapelle und ein Laboratorium.« An solchen Orten erfuhr Aubrey
unzählige Geschichten, die er, wie es sich gerade ergab, in seine Schilderung der
Landschaft einfügte.

In Croydon stolperte er über eine, die besonders nach seinem Geschmack
gewesen sein dürfte. »In dem riesigen Forst namens Norwood stand einst eine
Eiche, auf der Misteln wuchsen und die 1657 als Nutzholz gefällt wurde. Einige
Leute schnitten die Misteln für die Londoner Apotheker und verkauften sie für
jeweils zehn Shilling pro Ladung, ließen aber jedes Mal einen Zweig stehen, damit wieder neue Schößlinge nachwüchsen. Eine der beteiligten Personen wurde
kurz darauf lahm und schon bald hatten die anderen je ein Auge verloren. Der
Mann aber, der den Baum umgehauen hatte, erdreistete sich 1678 (obwohl
er durch die Unglücksfälle der anderen gewarnt war), ebenfalls Misteln

abzuschneiden, und brach sich kurz danach ein Bein. Es war, als hätten die Baumnymphen beschlossen, die Unbill, die dieser ehrwürdigen und heiligen Eiche widerfahren war, erbarmungslos zu rächen.« Und an anderer Stelle erklärt er: »Wenn man eine Eiche fällt, so gibt sie (bevor sie niederstürzt) eine Art Schrei oder Stöhnen von sich, das man noch eine Meile weit hört, wie wenn der Geist der Eiche seine Klage anstimmte. Ich kann hier unmöglich von dem großen Un-heil schweigen,« fährt er aufgeregt fort, »das die Familie des Grafen von Winchel-sea auf sich gezogen hat, indem sie bei Eastwell in Kent, ganz in der Nähe ihres edlen Landsitzes einen der raren Eichenhaine rodete. Der Graf selbst tat eigen-händig den ersten Schlag. Nur wenig später verstarb die Gräfin urplötzlich in ihrem Bett und wurde der älteste Sohn, Lord Maidstone, auf See durch eine Ka-nonenkugel getötet. Man hat nicht selten beobachtet, daß das Fällen von Eichen-holz Unglücksfälle nach sich zieht«, beschließt Aubrey seine Ausführungen und gerade die Familie des Grafen hätte sich besonders vor jeder Mißachtung des Übernatürlichen hüten sollen, denn hatte nicht »Lady Seymer von einem Nest mit neun Finken geträumt und dann vom Grafen von Winchelsea, der mit bür-gerlichem Namen Finch [Fink] hieß, ebenso viele Kinder empfangen«?

Gegen Ende seiner Besichtigungstour kehrte Aubrey nach London zurück, wo er zwei interessante Randbemerkungen zur Reformationsgeschichte nieder-schrieb. »Robert Wharton, der letzte Prior des dem Heiland geweihten Klosters von Bermondsey trat den Konvent am 1. Januar 1538 an den König ab und

Die ›Bankside‹ im Jahre 1647, rechts das Globe-Theatre

erhielt dafür eine jährliche Rente von 333 Pfund, sechs Shilling und drei Pence.« Daß solch großzügige Versorgungsregelungen den Thron mitunter einen Haufen Geld kosten konnten, zeigt sich an der geradezu subtilen Rache einer enteigneten und zwangspensionierten Kirchenfrau: »Die letzte Äbtissin von Amesbury war eine Kirton, die nach der Auflösung des Klosters einen Appleton aus Hampshire heiratete«, erzählt Aubrey. »Sie bekam ihren Lebtag lang eine Rente von der Krone und zählte hundertundvierzig Jahre als sie starb.«

Beendet wurde der Reisebericht mit einer Beschreibung des zu Surrey gehörigen Südwestufers der Themse, das der City von London direkt gegenüber liegt. »An der Bankside befanden sich zwei Biergärten, der Alte und der Neue Biergarten, in denen Bären, Bullen, Otter und ähnliches mehr gehalten wurden, die zur Zerstreuung des Publikums und zur Befriedigung der barbarischen und grausamen Gemüter von eigens für diesen Sport gezüchteten Hunden zu Tode gehetzt wurden. Nirgends zeigt sich die Barbarei deutlicher als im behaglichen Vergnügen an der grausamen Vernichtung unschuldiger Kreaturen.

Ganz in der Nähe dieser Gärten lag ein Theater, das als das Spielhaus namens GLOBE bekannt ist, dem Beaumont, Fletcher und Philip Massinger angehörten und für das sie schrieben; aber obschon es der bedeutendste Aufführungsort für Tragödien, Komödien und Zwischenspiele war, konnte es seiner ungünstigen Lage wegen nur in den heißen Sommermonaten genutzt werden.

Nicht weit davon entfernt lagen Pimblico-Path und die Spargelgärten, auf deren feinen und von kühlenden Bäumen gesäumten Wegen die Londoner Bürger und ihre Familien gerne promenierten. Beide sind von den Schauspielern schon Anfang 1600 erwähnt worden, und ›in Pimblico gehen‹ ist zu einer stehenden Redewendung für einen wohlgekleideten Herrn geworden, da außer solchen dort niemand spazieren geht.

Neben dem Biergarten auf dieser Seite des Flusses war früher einmal das Bordello oder die Puffs, so genannt wegen einiger behördlich konzessionierter Freudenhäuser, in denen die Frauen auf alle möglichen liederlichen Personen warteten. Die Tempelritter zum Beispiel waren berüchtigte Hurenjäger und zu ihrer Bequemlichkeit und Nutzen wurden diese Puffs an der Bankside (gegenüber dem Temple*) errichtet und genehmigt. Die Frauen waren verschiedenen Gesetzen und Bestimmungen unterworfen (z. B. daß keine ledige Frau dafür Geld nehmen dürfe, bei einem Manne zu liegen, es sei denn für die ganze Nacht bis zum Morgen), und ihre Lebensweise und ihre Niederlassung wurden von der Krone mehrfach bestätigt, so etwa 1345 von König Eduard III.. 1506 ließ König Heinrich VII. die Freudenhäuser für eine Weile schließen, es waren damals achtzehn an der Zahl, aber es dauerte nicht lange und die Konzessionen wurden erneuert, ihre Anzahl jedoch auf zwölf reduziert. In dieser Stärke existierten sie weiter bis zu ihrem endgültigen, von Trompetenschall begleiteten Verbot im Jahre 1546 durch Heinrich den VIII., dessen zartbesaitetes Gewissen sich über so skandalös und offen betriebene Unzucht empörte. Die ledigen Frauen, die in diesen Häusern ihren Dienst taten oder wohnten, waren exkommuniziert, es war ihnen verboten, zu ihren Lebzeiten der Kirche wieder beizutreten, und falls sie vor ihrem Tod keine Weihe mehr empfangen hatten, erhielten sie auch kein christliches Begräbnis, sondern wurden auf einem gesonderten Grundstück beigesetzt, das ihnen allein vorbehalten war, dem sogenannten *Single-Women's Church-Yard.* Die Freudenhäuser unterschieden sich durch die Schilder an ihrer Stirnseite, als da waren der Eberkopf, der Kranich, der Kardinalshut, der Schwan, die Glocke, der Kreuzschlüssel, das Haupt des Papstes und das Gewehr.«

John Evelyn

John Evelyn versicherte dem Autor nach Durchsicht der Notizen, ›mit welch ungeahnter Befriedigung ich Ihre Naturgeschichte von Surrey etc. studiert habe und daß ich sowohl den Fleiß, den Sie in eine so lobenswerte Unternehmung gesteckt haben, als auch Ihre Urteilskraft, die sich an Ihren verschiedenen Beobachtungen offenbart, außerordentlich bewundere. Das Werk ist so nützlich und zugleich so gefällig, daß ich es gar nicht gebührend zu rühmen weiß. Wie gerne würde ich etwas dazu beitragen, wenn das denn möglich wäre, allein Ihre Sammlung ist so genau, daß Sie für diejenigen, die nach Ihnen kommen, beinahe gar nichts übrig gelassen haben.‹ Als jedoch die Reise abgeschlossen war und der Rohentwurf stand, geschah einmal mehr das Unvermeidliche und achtzehn Jahre später bemerkte Aubrey: »Im Laufe des Jahres 1673 beabsichtigte ich eine Beschreibung der reizvollen Grafschaft von Surrey zu verfassen, aber bedau-erlicherweise habe ich sie nie vollendet.« Sogar die Notizen wären wohl nicht dem Vergessen entronnen, wären sie nicht zufällig Anthony Wood ins Auge ge-stochen, der Aubrey darum bat, »sie in eine leserliche Schrift umzuschreiben, um ihre Erhaltung sicherzustellen. Denn es fänden sich darin viele gute Bemerkun-gen, die besseres verdient hätten, als in Vergessenheit zu geraten. Ich wünschte nur, ich hätte dies schon bald nach meiner Besichtigungstour erledigt, als meine Erinnerung noch frisch und lebendig war,« klagte Aubrey, »dann hätte ich ihnen mehr Pfiff geben können. Die Papiere sind wie Sibyllinische Blätter. Ich werde mir nicht die Mühe machen, sie besser zu ordnen (wozu ich sie ein weiteres Mal abschreiben müßte), sondern lege die Dinge nun so durcheinander nieder, wie sie mir unter die Finger kommen. So finden sich die Altertümer von Menschenhand hier unter die natürlichen Dinge gemischt, als wären sie zusammen aus einem Sack herausgepurzelt. Trotzdem werden die Liebhaber von Altertümern und von Naturgeschichte einen gewissen Nutzen daraus ziehen können, weshalb ich sie dem Blick des geneigten Lesers nicht vorenthalten möchte; möge er beim Durchlesen ihrer Beschreibungen so viel Gefallen daran finden wie ich an ihrer Besichtigung. Wohlan!« Trotz des hoffnungsfrohen Schlusses wurde das Buch erst fünfundzwanzig Jahre nach Aubreys Tod gedruckt, als der gelehrte Dr. Rawlinson das Sammelsurium wenigstens ansatzweise in eine Ordnung gebracht hatte. Er war es, der, hart am Rande der Verzweiflung, aus zwei Manuskripten, ›beide in des Autors eigener Hand und beide äußerst wirr und unmethodisch zusammengewürfelt‹, eine einigermaßen geordnete Abfolge zusammenstellte.

Kaum hatte Aubrey seine Bestandsaufnahme von Surrey abgeschlossen, sah er sich mit vielerlei Spezialaufträgen überhäuft. Namentlich für Woods *Historia et Antiquitates Universitatis Oxoniensis* hatten seine Hilfsdienste ein solches Ausmaß erreicht, daß Wood, neben einer ausgiebigen Danksagung im Buche selbst, sei-nem Freund anläßlich der Veröffentlichung eigens einen Dankesbrief schrieb.

Währenddessen war Aubrey bereits eifrig damit beschäftigt, Anekdoten für Woods zweites Buch *Athenae Oxoniensis* zusammenzutragen, und die Freund-schaft der beiden Antiquare erreichte ihren Zenith.

SCHULDENKRISEN
UND AUSWANDERUNGSPLÄNE

A ber inmitten der vielfältigen Tätigkeiten lauerte die Katastrophe: »1673, am Tage des Jupiter genannt St. Martin, um 9 Uhr 15 abends«, notierte Aubrey mit der Präzision des Schreckens, »J. A. von Wachtmeister Gardiner verhaftet, einem kräftigen, blonden, sonnengeborenem Burschen, stolz, unverschämt und was diesen Menschenschlag sonst noch auszeichnet.« Einmal mehr hatten ihn seine finanziellen Schwierigkeiten eingeholt, und in seiner Not wußte er sich nicht anders zu helfen als seine Freunde von der Royal Society um einen Posten zu bitten, schließlich hatte er ihnen eine Menge nützlicher Dienste geleistet. ›Sie benutzten ihn als ihren Handlanger‹, urteilte ein Zeitgenosse, ›denn sobald irgendein seltsames Experiment durchzuführen war, teilten sie ihm diese Aufgabe zu.‹ Nicht ganz zu Unrecht durfte Aubrey sich demnach von der »unendlichen Freundlichkeit« des Sekretärs der Gesellschaft, Christopher Wren, und ihres Präsidenten, Lord Brouncker, große Dinge erhoffen, zumal er mittlerweile dazu bereit war, jede Art von Arbeit anzunehmen. »Selbst unter den Soldaten gibt es friedliche Nischen«, sinnierte er, »und gerade jetzt, wo die Marine so prächtig gedeiht, dürfte man sich nirgends so gut auf seinem Pöstchen verschanzen können als dort, weitab vom Schuß.« Dieser Gedanke mußte ihm umso attraktiver erscheinen, als sich ein anderes Mitglied der Royal Society, Samuel Pepys*, dort bereits erfolgreich eingenistet hatte.

Das Vorhaben wurde jedoch nie verwirklicht, und 1675 hatte Aubrey selbst daran zu zweifeln begonnen, daß ihm die Rückgewinnung seines Vermögens in England je gelingen würde. Was lag näher, als den Blick auf die Neue Welt zu richten, aber die Entscheidung, wo er sich dort niederlassen sollte, brachte unüberwindliche Probleme mit sich, denn kaum hatte ihm Edmund Wyld ein Gut in New York angeboten, kam auch schon der Graf von Thanet und vergraulte es ihm. ›Ich höre,‹ schrieb der Graf, ›Mr. Wyld steht der Sinn nach einem Landkauf in New York, welchen Landstrich Sie für eine schöne Gegend zu halten scheinen. Sie sind jedoch der einzige Mensch, den ich jemals habe dieses Land als köstlich rühmen hören. Gewiß, wie man mir berichtet, wächst dort wahrhaftig Mais und im Sommer, sagt man, hätten sie fette Rinder und Schafe. Der Winter aber ist äußerst lang und anstrengend, und sie halten es wie die Norweger und leben von Pökelfleisch und Fisch und außerdem fällt der Schnee in solch riesigen Mengen, daß sie sich aus den Häusern graben müssen, weil sie sonst ersticken.‹ Und nachdem er Aubrey auf diese Weise entmutigt hatte, riet Lord Thanet: ›Wenn er denn in Amerika Land kaufen will, so soll es auf den Bermudas sein, wo das üppigste Wohlleben herrscht und man nicht um seine Sicherheit zu fürchten braucht, zwei Dinge, die ein weiser Mann, wie er es ist, keinesfalls geringschätzen sollte – soviel mein bescheidenster Rat, mit der Bitte an Sie, ihn weiterzugeben.‹ Thanets Wink war nicht ganz uneigennützig, denn er besaß selbst Land auf Bermuda und hatte Aubrey schon früher zur Auswanderung dorthin zu überreden versucht. Aber der Graf war nicht der einzige, der einen so umgänglichen Begleiter für seine überseeischen Ländereien zu gewinnen trachtete, denn schon ein Jahr zuvor hatte Aubrey seinen Kollegen Wood durch die Andeutung entsetzt: »Wahrscheinlich verschwinde ich mit Lord Vaugham nach Jamaika. Er ist dort zum Gouverneur ernannt worden und ernsthaft bemüht, mich mitzunehmen, weshalb er sich nach einer Beschäftigung umsieht, die einem Gentleman wie mir würdig ist.« Sir William Petty empfahl Aubrey dringend, das Angebot anzunehmen. »In Jamaika«, erzählte er ihm, »wirft ein Besitz von 500 Pfund einen Gewinn von 100 Pfund pro Jahr ab. Ich soll einen Chemiker mitnehmen,« notierte sich Aubrey, »um Brandy, Zucker etc. herzustellen, und ihm die Hälfte abgeben.«

Aber »Cecil Calvert, Lord Baltimore und oberster Herr und Eigentümer von Maryland und Avalon«, der in Oxford dasselbe College besucht hatte wie Aubrey, machte zweifellos das verlockendste Angebot. »Wenn ich jetzt reich wäre, könnte ich ein Fürst sein«, träumte Aubrey. »Ich könnte nach Maryland auswandern, welches eines der schönsten Länder der Welt ist: Es hat dasselbe Klima wie Frankreich und ist zwischen Virginia und Neuengland gelegen. Ich besitze alle Gunst meines Lord Baltimore, die ich mir wünschen kann. Sein Bruder weilt dort als sein Statthalter und ist ein sehr umgänglicher Gentleman. Alle Dinge im Überfluß, Land auf 2000 Meilen Richtung Westen. Ich bin zuversichtlich, daß ich eine Ansiedlung von Spitzbuben oder von begabten Handwerkern verwalten könnte, und ich hege keinen Zweifel, daß sich dort fünf oder sechs geistreiche Gefährten auftreiben lassen würden, was durchaus ausreichte.«

Doch alle diese Pläne versandeten aus ungeklärten Gründen, mag sein, daß die schiere Anzahl von Offerten Aubrey jeden Entschluß verdarb. Außerdem war die Auswanderung ein gefährliches Unterfangen, denn mehr als drei Viertel der ersten Aussiedler starben vor ihrer Zeit, sei es, daß sie an den Entbehrungen der Überfahrt, sei es, daß sie in ihrer neuen Heimat an Krankheiten, Hunger, Frost oder im Krieg gegen die Indianer zugrunde gingen. »Sir John Dugdale behauptet, John Davenport sei ein Nonkonformist* gewesen«, schrieb Aubrey an Anthony Wood, »und hat bei seinen Verwandten nach seinem Verbleib gefragt. Aber auch sie haben nichts mehr von ihm gehört, weder daß er tot ist, noch daß er lebt, sie glauben jedoch, er sei gestorben. Er schiffte sich ein, um, wie Sir Dugdale meint, zu den Barbadoes oder einer jener Plantagen zu fahren, vielleicht auch nach Holland«, während er in Wirklichkeit als Pfarrer in New Haven in Neu‐england wirkte. Der gesellige Aubrey war gewiß der letzte, seinen Tod auf diese Weise mutwillig heraufzubeschwören. Nicht ganz zu Unrecht fragte er sich: »Warum denn sollte ich, mit meinem mönchischen Gemüt, mich auf meine alten Tage noch zum Sklaven machen und mich um des Reichtums willen rösten lassen?«

Die Freunde zeigten sich über Aubreys fortwährendes Zögern zusehends verärgert. ›Wäre ich selbst unverheiratet,‹ ließ ihn der Graf von Thanet beleidigt wissen, ›und daher nicht mit einem Bein an England gefesselt (zumindest reicht meine Kette nicht weiter als für eine kleine Reise ins Land der Bourbonen oder in die Provence), ich würde auf jeden Fall meinen vortrefflichen Verwandten, Vet‐ter Charles Howard, auf seiner Seefahrt nach den Bermudas begleiten.‹ Doch Aubrey, obschon unverheiratet, fühlte sich deshalb nicht weniger ›mit einem Bein an England gefesselt‹, denn gab es nicht London, Oxford, die Royal So‐ciety und seine Freunde? Überdies schreckte ihn schon der bloße Gedanke an eine unwissenschaftliche Arbeit in Übersee: »Falls es soweit kommen sollte, daß ich Mr. Wyld verlassen muß,« gestand er, »werde ich mich wie ein frisch ent‐wöhntes Kind fühlen; denn wir sind unzertrennlich und sitzen immer bis zwölf oder ein Uhr nachts plaudernd zusammen.«

Sogar als Aubrey selbst zum kolonialen Grundbesitzer avanciert war, ließ er sich nicht aus England fortlocken. »Hauptmann Poyntz überließ mir freundli‐cherweise (für einen Dienst, den ich ihm bei den Grafen von Pembroke und von Abingdon erwiesen habe) am 2. Febr. 1686 tausend acres [400 Hektar] Land auf der Insel Tobago. Er riet mir, Leute hinüberzuschicken, um das Land zu be‐pflanzen, und mir Teilhaber zu suchen, die einen Teil dieser 1000 acres übernäh‐men, da für mich selbst 200 acres ausreichten.« Aber auch nachdem er erfahren hatte, daß »sich auf jener Insel *Lac Lunae* (der Mondsee, die Mutter des Silbers) befindet«, blieb Aubrey unschlüssig.

Noch im selben Jahr traf ihn ein weiterer unverhoffter Glücksfall. »William Penn*, Generaleigentümer von Pennsylvania, übergab mir *ex mero motu et ex gra‐tia speciali* [aus eigenem Antrieb und als Ausdruck seiner besonderen Gunst] un‐ter seinem Siegel ein Landgut von 600 acres in Pennsylvania. Ich hatte weder darum gebeten noch irgendetwas davon geahnt. Er riet mir, es sieben Jahre lang umsonst von französischen Protestanten bepflanzen zu lassen und ihnen danach

William Penn beim Kauf
des Territoriums von Pennsylvania

eine Rente abzuverlangen. Nach Ablauf von drei Jahren, sagte er mir weiter, würden 200 acres auf immer zehn Pfund pro Jahr abwerfen.« Dieses großzügige Geschenk war Penns letzter Versuch, Aubrey zur Teilnahme an seinem Experiment in der Neuen Welt zu überreden. Über Jahre hinweg hatte Penn von Überredungskunst bis zur direkten Einladung alles versucht, um Aubrey zur Überfahrt zu bewegen. Unter seinen Papieren findet sich ein Brief, in dem Penn sein Territorium aus eben diesem Grund in den schillerndsten Farben preist.

Das Schreiben ist mit ›Philadelphia, am 13. des vierten Monats, genannt Juni, 1683‹ datiert und lautet wie folgt: ›Geschätzter Freund, Wir sind das Wunder für unsere Nachbarn, sowohl was unsere Ankunft und unsere Anzahl, als auch für uns selbst was unsere Gesundheit, unser Auskommen und unseren Erfolg betrifft: Alles geht gut, von Gott gesegnet, und in einem Jahr oder zweien werden wir schon beträchtliche Vorräte anlegen können, wenn uns nicht inzwischen große Mengen von Leuten überschwemmen. Die Luft, die Hitze, die Kälte sind ähnlich wie im Herzen von Frankreich; die Böden sind gut, die Quellen zahlreich und köstlich, die Früchte, die Wurzeln, das Getreide und das Fleisch sind so gut wie ich es gewöhnlich in Europa gegessen habe, ja ich möchte behaupten, meistens sogar besser. Im April reifen in den Wäldern die Erdbeeren und im vergangenen Monat konnten wir Erbsen, Bohnen, Kirschen und Maulbeeren ernten. Es gibt hier reichlich schwarze Walnuß- und Kastanienbäume, Zypressen oder weiße Zedern und Maulbeerbäume. Die Fischgründe sind in dieser Gegend ausgezeichnet und vielfältig. Der Stör springt bei Tag und bei

Nacht, und wir hören ihn noch einen Pfeilschuß weit entfernt von unseren Betten. Wir essen ihn sowohl gebraten als auch sauer eingelegt, auf die eine Art bereitet schmeckt er wie Kalbfleisch, auf die andere wie Stör. Es finden sich große Mineralienschätze, und ich werde sogleich einige zur Probe hinüberschicken. Auch Weinreben wachsen hier überall im Überfluß, manche Stämme sind so kräftig wie die Hüften eines Mannes. Ich habe selbst durch zwei Franzosen aus dem Languedoc und aus dem Poitou einen Weinberg anlegen lassen. Eine ganze Reihe von Leuten aus den anderen Kolonien, aus Virginia, Maryland, Neuengland, Rhode Island, New York etc. ziehen sich auf ihr Alter hierher zurück. Ich versuche mein möglichstes, hier eine gesunde Wirtschaft einzurichten, und sitze deshalb zwei Mal jede Woche mit gutem Erfolg im Rat, wofür ich Gott danke. Ich wurde mit all der Freundlichkeit empfangen, die das Land in seinem rohen Zustand aufzubieten vermochte, und nachdem ich die ersten Vollversammlungen abgehalten habe, sind mir die Leute nicht wenig gewogen. Um mir ihre Zuneigung und Dankbarkeit auszudrücken, haben sie mir eine Abgabe im Wert von 500 Pfund pro Jahr angeboten, aber ich gab sie ihnen zurück mit noch einmal soviel Kredit dazu. So stehen die Dinge bei uns zur Zeit. Ich stehe wegen zweier Briefe in der Schuld Deiner Freundlichkeit, ob sie hiermit abgegolten sei oder nicht, bitte versäume nicht, weiterhin dieselbe Reichhaltigkeit und Freizügigkeit zu gewähren, Deinem sehr aufrichtigen Freund William Penn.‹

Aber gehen wir noch einmal zurück ins Jahr 1675. Einmal mehr, so scheint es, bestand Hoffnung, daß Aubrey in England selbst eine Stellung erhalten könnte, denn der Graf von Thanet schrieb: ›Ich freue mich, daß sich Ihnen eine so günstige Gelegenheit bietet, jener außergewöhnlichen Dame, der jüngeren Gräfin Dowager von Pembroke, ihre Aufwartung zu machen. Wenn die Sterne Ihnen gewogen sind, wird sie Ihnen vielleicht über die Verwendung der Herzogin von Portsmouth eine gute Stellung verschaffen können, das heißt, falls Sie es nicht durch die Ihnen innewohnende schlampige Zerstreutheit verderben. Die Freiheit, mit der ich mir auf diesen Umstand hinzuweisen erlaube, werden Sie mir, wie ich hoffe, umso leichter verzeihen, als ich damit keinen Tadel, sondern den freundlichen Rat verbinde, wovor Sie sich bei sich selbst zu hüten haben.‹ Die Aussiedlungsangebote, die Aubrey erhielt, sind ein ausreichender Beweis für seine Tüchtigkeit. Das Leben auf den Plantagen war noch immer so hart, daß niemand außer einem Narren auf die Idee verfallen wäre, einen Begleiter mitzuschleppen, der nicht seinen Teil zum Gelingen beizutragen versprach. Davon waren die ersten Aussiedler gewiß weit entfernt, und so dürfte es am Ende doch an der ›schlampigen Zerstreutheit‹ gelegen haben, daß ihm auch dieser Posten wie alle vorherigen entwischte.

Aubrey steckte einmal mehr in arger finanzieller Bedrängnis (»mein Bruder droht, mich ins Gefängnis zu werfen«), als ihn ein höchst befremdlicher Brief des Grafen von Thanet erreichte. ›J. Aubrey‹, begann er kurzangebunden, ›Hiermit erhalten sie Ihrem Wunsche gemäß meine Protektion. Schicken Sie sie zurück, falls Sie keinen Gebrauch davon machen können. Ich gewähre Sie ihnen unter der Bedingung, daß Sie als mein Sachwalter meine Geschäfte in London beauf-sichtigen; in betreff Ihres Lohns sind wir schon übereingekommen. Meine Mut-ter hat mir leihweise Thanet House Garden überlassen, wo ich zwei oder drei Zimmer herzurichten gedenke, um sie während meiner Privatbesuche in Lon-don zu nutzen, wenn ich nicht allzu lange zu bleiben wünsche. Eines der Zim-mer mögen Sie als mein Hausbesorger selbst nutzen, sobald es hergerichtet ist, ich werde Ihnen noch mitteilen, wann es soweit ist. Ich wünsche, daß Sie sich in Zu-kunft beim Schreiben Ihrer Briefe mehr Zeit nehmen, Ihr letztes Schreiben war so unleserlich abgefaßt, daß ich einen Teil nur mit äußerster Mühe entziffern konnte. Thanet.‹ Aubrey dürfte nicht wenig überrascht gewesen sein, eine derar-tige Order von einem Mann zu erhalten, den er für einen seiner besten Freunde hielt, aber schon mit der nächsten Post klärte sich das Rätsel auf beruhigende Weise. ›Sir‹, hob Lord Thanet darin an, ›Ich bin nicht einfältig genug, nicht zu wissen, daß der Stil meines Schreibens vom dritten dieses Monats sich für einen Gentleman von Ihrer Geburt nicht schickt. Ich gebe mir darin den Anschein ei-nes anmaßenden und schlecht erzogenen Kerls, weil sich so besser verbergen läßt, daß ich Ihnen damit den Gefallen tue, um den Sie mich letzthin ersuchten. Und aus demselben Grunde werden meine zukünftigen Briefe, mit Ihrer freundlichen Erlaubnis, ebenso unhöflich sein, damit, falls jemals etwas an Ihrer Darstellung bezweifelt werden sollte, Sie durch Vorlage eines so anmaßend abgefaßten Briefes jedermann glauben machen können, Ihr Dienstverhältnis zu mir sei, wennschon nicht schicklich, so doch nicht weniger wirklich. Obgleich sich der kleine Dienst, den ich Ihnen damit erweise, kaum unter den Begriff der Gefälligkeit rechnen läßt, möchte ich Ihnen gleichwohl versichern, daß dies der erste Schutzbrief ist, den ich jemals ausgestellt habe, wenngleich schon viele bei mir darum nachge-sucht haben. Wenn es irgendetwas Dringliches geben sollte, mit dem ich Ihnen behilflich sein kann, so zögern Sie nicht, frei über den zu verfügen, der in Wahr-heit Ihr innigst ergebener und gehorsamster Diener ist: Thanet.‹

AUFKLÄRUNG
UND HEIMLICHER KATHOLIZISMUS IN ENGLAND

A ber selbst unter solch machtvoller Protektion fühlte sich Aubrey nicht sicher (»wenn mein Bruder je davon erfährt, stürzt er sich auf mich wie ein wilder Tiger«), und so wechselte er vorsorglich laufend seinen Wohnsitz, um sich einer Verhaftung der Schulden wegen zu entziehen. Lord Thanet schrieb: ›Da Ihr Verbleib, wie der eines verwunschenen Schlosses, nicht mehr aufzuspüren sein soll, werde ich meine Briefe Ihrem Wunsch gemäß in Zukunft an Mr. Hookes Zimmer im Gresham College adressieren.‹

Die Lage hatte sich in der Tat so zugespitzt, daß Aubrey mit dem Gedanken spielte, der Bischofskirche beizutreten. Als ihm der Vorschlag zwei Jahre zuvor zum ersten Mal unterbreitet worden war, hatte er sich noch lautstark dagegen ver-wahrt: »Pah! Der Priesterrock stinkt zum Himmel, der Gedanke ist lachhaft«, aber mittlerweile waren seine Einwände mehr praktischer Natur: »Meine näch-sten Freunde wie Baron Bertie, Sir William Petty, Sir John Hoskyns, der Bischof von Sarum etc. bestürmen mich immer von neuem, ein geistliches Amt zu über-nehmen, aber der König von Frankreich wird mächtiger und mächtiger, und was soll dann aus mir werden, wenn die römische Religion wieder über uns her-einbricht? Was soll schon werden, sagen sie, dann konvertierst du eben! Ihr wißt wohl, antworte ich, daß ich kein Puritaner und auch kein Gegner jenes alten Gentleman auf der anderen Seite der Alpen bin und wenn ich eine Pfarre von 200 oder 300 Pfund jährlich angeboten bekäme (wie ihr es in Aussicht stellt), so wäre das eine arge Versuchung.« Aubrey besaß keine theologische Ausbildung und litt außerdem an einem Stottern, aber das war kein ernstes Hindernis, da die allgemeinen Erwartungen nicht hoch lagen, und er selbst hatte über einen der ge-lehrtesten Geistlichen seiner Zeit, Robert Sanderson, den Lord Bischof von Lin-coln, zu berichten gewußt: »Er besaß kein gutes Gedächtnis und ganz gewiß kein langzeitliches, denn als ich zu studieren begann, hörte ich einen seiner Vor-träge, in dem er das Vaterunser falsch rezitierte.«

Die Frage, ob Aubrey einen Gottesdienst abhalten könnte, stellte sich gar nicht ernsthaft. ›Wenn Sie das Zaudern in Ihrer Aussprache daran hindert,‹ schlug ihm einer seiner Freunde vor, ›besorgen Sie sich einfach eine Pfarre von

400 bis 500 Pfund jährlich und zahlen 100 Pfund an einen Kuraten, der den Gottesdienst für Sie versieht.‹ Der Anteil von einem Fünftel des Pfarreinkommens für den Geistlichen war vergleichsweise großzügig bemessen, denn auf seiner Besichtigungsreise durch Surrey hatte sich Aubrey höchstpersönlich darüber ereifert, daß manche Kuraten für die gesamte in der Gemeinde anfallende Arbeit nur sechzehn oder zwanzig Pfund im Jahr erhielten: »Ich kann hier nicht weiterfahren, ohne den mickrigen und ungerechten Anteil zu rügen, den man dem Vikar beiseite legt, während sich der Laiennutznießer auf die frevelhafteste Weise an den Pfründen der Kirche mästet und sich an Einkünften gütlich tut, die weder dem rechten Verstande noch dem Gewissen nach für die Laien bestimmt und ihnen zugehörig sein können. Könnte

John Hoskins

man die Nutznießer davon überzeugen, einen gerechten Teil für den Altardienst abzuzweigen (denn unser Zeitalter ist schon zu verderbt, als daß man die Herausgabe der ganzen Einkünfte zum frommen Gebrauche erwarten könnte, wie es ursprünglich von den Wohltätern vorgesehen war), so würden sie damit, bis zu einem gewissen Grad, die Plündereien ihrer Vorfahren sühnen.« Als sich Aubrey freilich die Gelegenheit bot, sich »selbst an den Pfründen der Kirche zu mästen«, schien ihm ein nutznießerischer Anteil von vier Fünfteln am Ende überhaupt nicht unangemessen.

Man muß korruptes Verhalten dieser Art vor dem Hintergrund der überragenden Bedeutung sehen, die der Kirche nach wie vor zukam. ›Obwohl das Lesen und Schreiben in jener Zeit beim täglichen Gang der Geschäfte schon eine wichtige Rolle spielte,‹ erläutert Trevelyan, ›bekamen die weniger gebildeten Schichten nur sehr wenig Gedrucktes in die Hände. Umso größer war der Einfluß der Predigt, die sich ebenso freimütig mit politischen wie mit religiösen Fragen beschäftigte.‹ Und obwohl Karl II. seinem vernichtenden Ausspruch, der Presbyterianismus sei keine Religion für einen Gentleman, die Spitze nahm, indem er die Bemerkung hinterherschickte, der Anglikanismus sei keine Religion für einen Christen, tat er ihm doch insofern Unrecht, als er unbezweifelbar großen Unterhaltungswert besaß. Die Wissenschaft hatte die religiösen Ansichten bislang so wenig in Frage gestellt, daß die Kirche ihren Predigern in selbstgefälliger Großmut Erstaunliches erlaubte. ›Mylord, mylord‹, brüllte ein Prediger den eingenickten Lauderdale* an, ›Ihr schnarcht so laut, Ihr weckt am Ende noch den König!‹ Und nicht ohne heimliche Freude notierte Anthony Wood in sein Tagebuch: ›26. August, Sonntag: am Nachmittag in der Marienkirche eine schlüpfrige Predigt‹. Mochten ausgemachte Zoten ein eher seltenes Vergnügen bleiben, Scherze gehörten auf jeden Fall dazu, und die Prediger wetteiferten miteinander, wer mit seinem Vortrag das größere Publikum anzöge. Manch einer predigte im Schlaf, wie jener arme Tropf, der von Jakob I. so erbarmungslos entlarvt wurde, und Meredith Lloyd erzählte Aubrey: »wenn Dr. Powell predigt, steigt Rauch aus seinem Kopf auf, so groß ist seine geistige Erregung«, worauf Aubrey in wahrhaft wissenschaftlichem Geist fragte: »Könnten nicht solche Ereignisse uns Aufschluß darüber geben, warum die Maler den kanonisierten Heiligen einen« Heiligenschein um den Kopf malen?« Als letzten Beweis der außerordentlichen Bedeutung der Predigt für das Alltagsleben jener Tage vermerkt Aubrey: »Sir William Croftes, der älteste Bruder des jetzigen Bischofs von Hereford, baute sich in Leominster ein Haus, um dort zu leben und John Tombes predigen zu hören.« Außerdem hörten die Freuden der Religion nicht am Ausgang der Kirche auf. »In Danby Wisk, im nördlichsten Bezirk von Yorkshire«, berichtet Aubrey, »pflegt die Kirchgemeinde, nachdem sie das Sakrament empfangen hat, direkt von der Kirche ins Bierhaus zu gehen, um dort als Zeichen der Nächstenliebe und Freundschaft gemeinsam zu trinken.«

Doch Aubrey zögerte immer noch; vermutlich hielt er die Übernahme einer Pfarre für unter seiner Würde, denn noch war es dem Klerus nicht gelungen, sich zu den höheren Ständen aufzuschwingen. Dieser Aufstieg sollte sich erst im Laufe der nächsten beiden Jahrhunderte vollziehen und der Graf von Clarendon*, obschon ein unermüdlicher Kämpfer für die anglikanische Kirche, beklagte nach dem Bürgerkrieg noch voller Entrüstung, daß ›die Töchter edler und erhabener Familien sich dazu herablassen, Geistliche zu ehelichen oder andere niedere und unpassende Verbindungen einzugehen‹. Aubreys Skrupel einem Religionswechsel gegenüber wurden jedoch schon bald gegenstandslos.

In Wahrheit, das wußte er sehr wohl, hatte die Katastrophe der Religionskriege inzwischen ein Klima religiöser Toleranz verbreitet, und bereits ein Jahr, nachdem er seine Befürchtungen hinsichtlich der religiösen Entwicklung niedergeschrieben hatte, wurde die Todesstrafe für Ketzerei abgeschafft. ›Da ihr Glaube an widersprüchliche Wahrheiten zugestandenermaßen das Werk göttlicher Offenbarung ist, bleibt es mir, wie ich freimütig bekenne, ein völliges Rätsel, warum man jemanden dafür hängen sollte, daß es Gott noch nicht eingefallen ist, seinen Geist bei ihm vorbeizuschicken‹, hatte Robert Boyle zur Zeit der Republik geschrieben, als das Parlament gerade versuchte, ›die sich ausbreitenden Betrügereien der Sektierer‹ zu unterdrücken. ›Es ist befremdlich‹, resümierte Boyle, ›daß sich die Menschen eher wegen einiger läppischer Ansichtsfragen, über die sie miteinander uneins sind, zerstreiten, als daß sie sich der unzähligen Grundwahrheiten halber, die sie miteinander teilen, in die Arme fallen.‹ Schon bald schloß sich die Mehrzahl der Gebildeten dieser Einstellung Boyles an, wenngleich nicht jeder soweit gehen mochte wie Sir William Davenant, der Aubrey gegenüber einräumte, daß »seiner persönlichen Meinung nach die Religion zuletzt, d. h. in etwa hundert Jahren, zu einem Ausgleich kommen wird, indem sie zu einer Art offenherzigem Quäkerismus findet«. Auch Aubrey selbst pflichtete einer solchen Toleranz von ganzem Herzen bei: »George Webb, der Bischof von Limerick, starb in Limerick und wurde dort beigesetzt. Zwei oder drei Tage danach erober- ten die Iren die Stadt und gruben seine Leiche wieder aus, das war ungefähr 1642. Ich gestehe, daß mir dieser Übereifer in den Kirchengesetzen nicht sonder- lich behagt. Die Leichen der Häretiker nicht in Frieden ruhen zu lassen, scheint mir allzu unmenschlich.«

Selbst der Katholizismus wurde allmählich als Konfession geduldet, wenn- gleich man ihn als politische Waffe noch immer tief verabscheute. Trotz wieder- holter Ausbrüche des Volkszorns, wie sie zuletzt von Titus Oates* inszeniert worden waren, hatte es dem Katholizismus seit der Reformation unter den Ober- schichten nie an Sympathien gefehlt. »Als er im Sterben lag«, berichtet Aubrey über seinen Urgroßvater, »schickte er nach einem ›guten Mann‹. Jeder dachte, er meine Dr. Goodman, den Dekan von St. Pauls, aber er wollte vielmehr einen katholischen Priester sehen, wie mir mein Vetter John Maddock mitteilte. Haupt- mann Pugh pflegte zu sagen, die gelehrteren und adligeren Zivilrechtsprofesso- ren seien naturgemäß eher der Kirche von Rom zugeneigt, während die gewöhn- lichen Anwälte, dumm und bäuerisch wie sie nun mal seien, lieber der Kirche von Genf anhingen.« Und den Baptisten John Tombes, »der ein sehr frommer und eifriger Christ zu sein schien«, hörte Aubrey sagen, »daß er für seinen Teil (obwohl er ein großer Gegner der römischen Religion war) einem jeden armen eifrigen Bruder, den er predigen sehe, seinen Respekt zolle«.

Diese relativ tolerante Einstellung erstaunt umso mehr, wenn man sich verge- genwärtigt, daß der Katholizismus von der breiten Masse der Engländer ähnlich empfunden wurde, wie der Kommunismus heutzutage von den Amerikanern. Der unmittelbare Erfolg der Lutherschen Revolution kam fast noch überraschen- der als derjenige der Marxschen, aber mitnichten weniger gewalttätig. ›Wer kann, soll schlagen, schmeißen, würgen und stechen, sei's insgeheim oder öffent- lich‹, machte Luther es dem Christen zur Pflicht, ›denn so wunderbar sind die Zeiten, daß ein Fürst sich eher den Himmel durch Blutvergießen verdient als durch's Gebet‹; und mit dieser Art von politischem Kalkül erwies er sich als wahrer Deutscher, als der erste jener beklagenswerten Ahnenreihe von neuzeit- lichen Kolossen, die aus dieser Nation hervorgegangen sind. ›Niemand braucht zu glauben, die Welt könne unblutig regiert werden‹, donnerte er, ›das Schwert des Gesetzes muß und wird rot und blutig sein‹. Kein Wunder, daß die Papst-

»Das infernalische Konklave
und die Retter Englands«
Antipapistische Radierung
von Francis Barlow, 1681

kirche mit einiger Heftigkeit auf diese Drohungen reagierte. Zur Verteidigung des Christentums griff sie auf eine Politik zurück, die schon hundert Jahre zuvor der Bischof von Verden propagiert hatte: ›Wenn die Kirche bedroht ist‹, hatte er verlautbart, ›ist sie von allen moralischen Geboten befreit. Mit dem Ziel ihrer Einheit vor Augen wird ihr jedes Mittel zu heiligem Recht und sei es Betrug, Verrat, Gewalt, Gefängnis und Tod. Denn jegliche Ordnung ist zum Wohle der Gemeinschaft, zu deren Gunsten sich das Individuum zu opfern hat‹. Im Gefolge dieser Politik schlug sich die römische Kirche für die nächsten zweihundert Jahre stets auf die Seite der Gegner Englands und betrieb zugleich unablässig den Umsturz von innen. Der Aufstand gegen einen protestantischen Monarchen galt als die Pflicht eines jeden rechtschaffenden Christenmenschen und um die Sache etwas zu beschleunigen, ergoß sich vom Kontinent aus eine stete Prozession jesuitischer Intriganten in die straff organisierten, papsthörigen Familien Englands. Es geschah hauptsächlich aufgrund dieser politischen Motive, daß der Katholizismus noch lange, nachdem jede andere Sekte in ihren Genuß gekommen war, von allen Toleranzbestimmungen ausgeschlossen blieb. Und es waren die politischen Konsequenzen, vor denen Aubrey sich fürchtete, als seine eigenen Sympathien mit dem Katholizismus ruchbar wurden. »Einmal, als ich aus dem All Souls College herauskam, standen einige Leute am Tor und hielten Maulaffen feil«, schrieb er 1688 an Anthony Wood. »Einer davon zeigte auf mich und rief: ›ein Römisch-Katholischer!‹ Ich bete zu Gott, daß er Ihnen eine solche Schande ersparen möge.«

» Wenn ein gelehrter Mann stirbt, sagt man,
stirbt eine Menge Wissen mit ihm«

EIN DENKMAL FÜR THOMAS HOBBES

Aber noch immer konnte er sich nicht für eine Pfarre entscheiden, und dies, obwohl seine Notlage ihn schon seit 1677 zum Äußersten zwang: Er mußte seine Bücher verkaufen.
1683 schließlich traf ihn ein vernichtender Schlag: »Gott geruhte, mich während der letzten Pfingstwoche eines lieben, nützlichen und treuen Freundes zu berau, ben (Mr. Johnson). Er war Anwärter auf den Posten des Oberarchivars gewesen und hatte mir aus Gründen der Freundschaft und Nachbarschaft (wir sind in der selben Woche nur vier Meilen voneinander entfernt geboren und wurden zusam, men erzogen) versprochen, mich zu einem seiner Sekretäre zu ernennen. Er war ein starker und kräftiger Mann und starb an einem bösen Fieber, mit dem er sich angesteckt hatte, als er den letzten Willen von Lord Abingdons Bruder nieder, schrieb. So eine Gelegenheit wird sich mir nie mehr bieten«, jammerte Aubrey. »Sein Tod ist ein außerordentlich großer Verlust für mich, denn hätte er es bis zum Oberarchivar gebracht und mich zu einem seiner Sekretäre gemacht, ich hätte 600 Pfund oder mehr verdient.«

Durch diese neuerliche Enttäuschung scheint sich Aubrey erstmals seines fortgeschrittenen Lebensalters bewußt geworden zu sein (er war achtundfünf, zig), denn fortan finden sich keine weiteren Eintragungen mehr über in Aussicht stehende Stellungen. Aber alte Gewohnheiten sterben langsam, und so skizzierte er in seinem *Faber Fortunae* weiterhin den einen oder anderen Einfall, wie er sein Vermögen zurückgewinnen könnte. »Jemanden auf einen Verbindungskanal zwischen Themse und Avon ansetzen und mir selbst einen Anteil daran sichern«, notierte er hoffnungsfroh, oder »ein Patent für den Abbau der Kohlevor, kommen beantragen, die ich in Slyfield Common bei Gilford in Surrey entdeckt habe«. Insgesamt zweiundsechzig Projekte wurden hier verewigt, doch der letzte Eintrag ist gewiß der interessanteste, denn mit ihm eilte Aubrey seiner Zeit um Längen voraus: Er schlägt »ein allgemeines Register der Menschen, Ansiedlun, gen und des Handels von England« vor, wozu »ein Registeramt eingerichtet werden muß, in dem Verzeichnisse und Listen über verschiedene Dinge geführt werden, und zwar:

1. Alle Geburten, Heiraten, Todesfälle in ganz England sollten getreulich aufgezeichnet werden, damit seine Majestät einen jährlichen Bericht über die Zunahme oder Abnahme seiner Untertanen erhält.

2. Ein Verzeichnis aller Herde und Häuser Englands, wie auch von den Menschen, nach ihrem Alter, Geschlecht, Beruf, ihren Titeln und Ämtern.

3. Ein Bericht über den Handel, ausgehend von den Rechnungen der Zollhäuser, den laufenden Preisen (wie sie im Tausch erzielt werden).

4. Ein gesondertes Verzeichnis der Verbrauchssteuern, wie sie zuletzt von den Kleinbauern eingezogen wurden.

5. Ein Verzeichnis der verschiedenen Einkünfte, die durch die Landabgaben, Kopfsteuer, Kriegssubsidien, Zwangsanleihen und andere Abgaben zusammenkommen.

6. Ein Verzeichnis aller Kircheneinkünfte.

7. Ein *Villare Anglicanum*, d. h. ein Verzeichnis aller Bischofs- und anderen Städte und Dörfer, sowie der stattlichen Gebäude, der Landstraßen und Fuhrwege, der wichtigsten Paläste und Familiensitze Englands, mit den zugehörigen Poststationen.

8. Ein Verzeichnis aller Gelehrten an den Universitäten und an den höheren Schulen.

9. Von Zeit zu Zeit ein Verzeichnis aller Gefangenen, und aller Hinrichtungen.

10. Ein gesondertes Verzeichnis des Schiffsverkehrs zwischen England und allen anderen Ländern, sowie der Seeleute, die in jedem Hafen ansässig sind.

11. Die Preise der wichtigsten Waren, wie sie auf den verschiedenen Märkten Englands erzielt werden.

12. Die wahre Zahl an irischem Vieh, das eingeführt wird.

13. Die Anzahl der Abgeordneten in jeder Grafschaft, heute und früher.«

»Der Sinn der Sache ist«, faßte Aubrey zusammen, »einen Abriß von allen genannten Einzelheiten zu erhalten, um sie miteinander zu vergleichen, so daß sie dem König jederzeit einen Überblick über den wahren Zustand der Nation geben.« Und sich selbst zur Erinnerung fügte Aubrey hinzu: »Bei Sir Leoline Jenkins wegen einer Ermächtigung vorsprechen, die mich autorisiert, alle gesetzlichen Wege und Mittel auszuschöpfen, um die vorgenannten Informationen heranzuschaffen, und die mir den kostenlosen Beistand aller königlichen Amtsträger zusichert. Sir William Petty hat mir ebenfalls seine Hilfe versprochen.«

Die Durchführung dieser genialen Projekte wurde jedoch hinter das literarische Tagewerk zurückgestellt und als 1679 Thomas Hobbes starb, setzte sich Aubrey, immerhin sein ältester Freund, unverzüglich an eine formlose Biographie des Philosophen, um die recht unpersönliche lateinische Vita, die Hobbes auf Aubreys Bitte hin eigenhändig verfaßt hatte, zu ergänzen.* »Es ist die

fromme Pflicht, den Willen der Toten auszuführen«, schreibt Aubrey im Vorwort zu seinem Buch, »deren ich mich hier entledige. Ich hatte meinem alten
Freunde (1667) versprochen, ihm den letzten Dienst zu erweisen und eine Biographie meines geschätzten Freundes Mr. Thomas Hobbes zu verfassen, da ich
ihn von Kindesbeinen an kannte, wir Landsleute waren und in derselben
Hundertschaft von Malmesbury geboren wurden und auch bei demselben Lehrer zur Schule gingen.

Da niemand so viele Einzelheiten aus seinem Leben kannte wie ich, bat er
mich, falls ich ihn überleben sollte, daß die Nachwelt die Geschichte seines Lebens aus meinen Händen erführe, und ich erkläre hier, daß ich seinem Wunsche
offen und unparteiisch entsprochen habe, um jedem falschen Zeugnis zuvorzu-
kommen und all jenen die Augen zu öffnen, die ihn bisher verschmähten.

Wenn ein gelehrter Mann stirbt, sagt man, stirbt eine Menge Wissen mit ihm.
Er war eine Quelle des Geistes, die nie versiegte. Was immer von einer so gelehrten Person verbleibt, ist wertvoll, aber von den unzähligen Denkwürdigkeiten,
die es verdient hätten festgehalten zu werden, kann ich meinen Zeitgenossen und
Nachfahren in aller Bescheidenheit nur die wenigen überliefern, die ich in Erinnerung behalten habe. Wie bei einem Schiffbruch schwimmen die Planken und
leichteren Überreste an der Oberfläche, während die gewichtigeren Dinge auf
den Meeresgrund gesunken und für immer verloren sind. Und wie das Licht, das
nach dem Sonnenuntergang zuerst noch hell scheint, allmählich von der Däm-
merung getrübt wird, bis die völlige Finsternis hereinbricht, genau so verhält es
sich auch mit den Dingen der Vergangenheit. Da jeder sich eines denkwürdigen
Ereignisses noch bestens besinnt, wenn es erst kürzlich geschah, glauben die
Menschen, es könne niemals vergessen werden, und so versäumt man, es festzuhalten, bis es zuletzt für immer der Vergessenheit anheimfällt. Diese Überlegung
war mir (der ich inzwischen selbst schon betagt bin) Anlaß genug, aus eigenen
Mitteln so viele Altertümer wie möglich zu erretten und bewahren – die sonst
hoffnungslos verloren und vergessen worden wären.

Daher rührt meine Ausführlichkeit, die ich selbst, wie ich versichere, nicht
gewollt habe. Ich hatte in meinem ersten Entwurf jede Einzelheit mit der Absicht
niedergeschrieben, das Überflüssige und Triviale bei der Durchsicht herauszu-
streichen, aber als ich den Entwurf einigen meiner Freunde zeigte, die auch Mr.
Hobbes gekannt hatten und deren Urteil ich sehr schätze, äußerten sie einhellig
die Ansicht, ich solle alles stehen lassen. Denn manches von dem, was heute für
allzu trivial gilt, wird von späteren Zeiten nicht mehr verspottet, sondern als historische Denkwürdigkeit geachtet werden.

Abgesehen davon kann ich Präzedenzfälle ehrwürdiger Autoren zu meinen
Gunsten anführen, die in ihren Biographien mindestens ebenso triviale Dinge

berichten, ja sie schildern sogar die Reden und Taten frommer Weiber (Dekan Fell hat in seiner Autobiographie die einfältigen Reden und Taten seiner Mutter und noch die unbedeutendsten Bemerkungen von Dr. Hammond kolportiert).

Schließlich muß ich den Leser wegen zweier langer Abschweifungen über Malmesbury und Gorambery um Nachsicht bitten, aber es schien auch hier die einzige Möglichkeit, sie im Interesse der Altertumsliebhaber vor dem Vergessen zu bewahren. Ich hoffe, ihre Neuheit und Gefälligkeit werden den Leser für ihre Länge entschädigen.«

Als Anthony Wood von Aubreys neuem Unternehmen Wind bekommen hatte, warnte er sogleich, daß ›er acht geben muß, was er tut und worin er seine Finger steckt – daß er nur nette Dinge schreibt, sonst verdirbt er sich's mit irgend‑ wem‹. Denn ausgerechnet in Sachen Hobbes hatte Wood selbst vor einigen Jah‑ ren unerquickliche Erfahrungen machen müssen. »Anno Domini 1674«, berich‑ tet Aubrey, »veröffentlichte Mr. Anthony Wood unter dem Titel *Die Geschichte und Altertümer der Universität Oxford* ein umfangreiches Werk, das ihn elf Jahre Ar‑ beit gekostet hatte. Darin waren für jedes College gesondert die Schriftsteller auf‑ geführt, die dort ausgebildet worden waren, und welche Bücher sie geschrieben hatten. Der Dekan des Christ Church College (Dr. John Fell) überprüfte als Druckereibevollmächtigter jede Seite, bevor sie in die Presse ging, und gegen den Willen des Autors und zu seinem großen Mißvergnügen tilgte er Stellen in der Biographie von Mr. Hobbes und fügte nach eigenem Gutdünken neues hinzu.

Diese Geschehnisse wurden dann vom Autor dem Korrespondenten von Mr. Hobbes, John Aubrey, zur Kenntnis gebracht, der sie an Mr. Hobbes weiter‑ leitete. Mr. Hobbes war darüber erbost und beschloß, sich in einem Brief an den Autor dagegen zu verwahren. Dementsprechend wurde dem Autor ein vom 20. April 1674 datierter handschriftlicher Brief übersandt, mit der Absicht, ihn beim Erscheinen der ›Geschichte von Oxford‹ zu veröffentlichen. Als Mr. Anthony Wood das Sendschreiben von Mr. Hobbes empfangen hatte, begab er sich so‑ gleich ehrlich bemüht und ohne böse Absicht zum Dekan von Christ Church, um es ihm vorzulegen. Der Dekan überflog es kurz und nicht ohne Spott und bat Mr. Wood, als er fertig war, Mr. Hobbes sinngemäß mitzuteilen, er sei schon ein alter Greis mit einem Bein im Grabe und solle sich lieber auf sein Todesstünd‑ chen vorbereiten als weiterhin die diesseitige Welt mit seinen Schriften zu behelli‑ gen etc.

Inzwischen war Mr. Hobbes auf dem Pall Mall im St. James Park dem Kö‑ nig begegnet, hatte ihm erzählt, wie er vom Dekan von Christ Church behandelt worden war und Seine Majestät um die Erlaubnis gebeten, dagegen einschreiten zu dürfen. Der König schien über die Behandlung, die Mr. Hobbes widerfahren war, verärgert zu sein und gewährte seine Erlaubnis unter der Bedingung, daß

Thomas Hobbes

Mr. Hobbes niemand anderen angreife als den, der ihn hintergangen habe, und insbesondere nichts Nachteiliges über die Universitäten äußere.*

Mr. Hobbes ging davon aus, die Universitätsgeschichte würde zu den Universitätsfeierlichkeiten am 11. Juli des genannten Jahres 1674 veröffentlicht werden, ließ in London einen offenen Brief drucken und ihn in mehreren Kopien nach Oxford schicken, wo er in Kaffeehäusern und Buchhandlungen ausgelegt wurde. Sogleich fiel auch dem Dekan eine Kopie in die Hände, und er schäumte und tobte über diese üble Schmähschrift, wie er es nannte. Er schickte nach dem Autor der ›Geschichte‹, schalt ihn rüde aus und bezichtigte ihn obendrein, mit seinem Feind (Mr. Hobbes) korrespondiert zu haben. Der Autor erwiderte, er – der Dekan – könne gewiß nicht sein eigenes Tun und Lassen vergessen haben, schließlich habe er ihm schon vor geraumer Zeit die mündliche und schriftliche Antwort von Mr. Hobbes mitgeteilt, worauf sich der Dekan wieder faßte und Mr. Hobbes ausrichten ließ, er werde noch von ihm hören. Der letzte Bogen Papier des umstrittenen Werks war noch im Druck und auf die eine Seite, die frei geblieben war, schrieb der Dekan nun seine Erwiderung.

Der alte Gentleman würdigte diese pöbelhafte Erwiderung keiner weiteren Antwort, sondern ging großzügig über des Doktors ausfällige Leidenschaft hinweg. Aber man nimmt an, diese Episode sei der Grund dafür gewesen, daß Mr. Hobbes danach mit den Universitäten weniger nachsichtig war und mit seiner Meinung nicht hinter dem Berg hielt, wie sehr sie mit ihren Lehren und Methoden zu den vergangenen Unruhen beigetragen hätten.«

Aubrey, der selbst im Mittelpunkt dieser Kontroverse stand, war sich durchaus der Vorurteile bewußt, die eine Biographie von Hobbes auf den Plan zu rufen drohte. Sogar der König fühlte sich im Umgang mit dem Philosophen zu Vorsichtsmaßnahmen bemüßigt, wie Aubrey oben berichtete. Hobbes hatte Karl II. eine Ausgabe seiner »Geschichte Englands von 1640 bis 1660*« überreicht, »die der König gelesen hat und außerordentlich schätzt, doch es stünde so viel Wahres darin, daß er sein Einverständnis [zur Veröffentlichung] nicht zu erteilen wage, aus Angst, es könnte den Bischöfen mißfallen.« Aubrey hatte also allen Grund, Vorsicht walten zu lassen, zumal es auch in seiner eigenen Familie ein abschreckendes Beispiel für das drastische Schicksal manch eines Autoren gab. »Zur Zeit von Königin Elisabeth«, erzählt er, »schrieb ein gewisser Penry aus Wales ein Buch mit dem Titel *Martin Mar Prelate*. Er war ein Verwandter meines Urgroßvaters und wurde dafür gehängt.« Und zu Aubreys Zeit hatte sich der Fall »George Withers« zugetragen, der »ein lockerer Verseschmied mit satirischem Humor, aber kein sehr guter Poet« gewesen war. »Ich glaube«, schreibt Aubrey, »die *Aufdeckung und Geißelung der Mißbräuche* war sein erstes Werk. Er wurde dafür ins Gefängnis von Newgate geworfen.«

Was immer ihn dazu bewogen haben mag, Aubrey schickte sein *Leben des Thomas Hobbes*, ohne es noch einmal durchgelesen zu haben, an Anthony Wood, der es, nachdem er exzerpiert hatte, was er selbst davon brauchen konnte, an einen gewissen Richard Blackburn weiterverlieh, »einen umfassend gebildeten Gelehrten von erstaunlichem Gedächtnis und klugem Urteil, aber erst 30 Jahre alt«. Blackburn verfaßte sogleich eine lateinische Biographie des Philosophen, die weitgehend auf Aubreys Material beruhte, und würdigte den eigentlichen Vater des Werks, indem er unter anderen Freunden von Hobbes auch ›John Aubrey, Esq. von der Royal Society‹ erwähnte, ›einen Mann, der mehr für das öffentliche als für sein privates Wohl lebt und der mich sehr zu diesem Werk ermutigte und mir freundlicherweise einiges Material überließ.‹

Aber im Unterschied zu Silas Taylor*, der unter vergleichbaren Umständen geflucht hatte: »Ich also soll mich mit der abgestandenen Milch begnügen, während er sich mit dem Rahm von dannen macht und noch dazu unter seinem Namen!«, schien Aubrey nur wenig Groll gegen die Plagiatoren zu hegen, die so skrupellos die Früchte seiner Arbeit einheimsten.

»Es ist eine schlechte Angewohnheit,
Kindern zu widersprechen«

EIN UNZEITGEMÄSSES SCHULPROJEKT

Anthony Wood gegenüber empfand Aubrey nichts als Dankbarkeit. »Es wird eine hübsche Sache und ich bin froh, daß sie mich darauf angesetzt haben«, schrieb er über seine Kurzbiographien, »ich bin ganz spielerisch dabei«. Und später: »Meine biographischen Erinnerungen sind inzwischen auf zwei Stapel eng beschriebenes Papier angewachsen. Als ich ein‿ mal damit begonnen hatte, ließ es mich nicht mehr los, bis ich damit fertig war. Ich glaube, noch niemals sind in England Lebensläufe so getreulich und wahr‿ haftig niedergeschrieben worden.«

Am Himmelfahrtstag 1680 schickte Aubrey die Entwürfe seiner gesammel‿ ten Kurzbiographien nach Oxford und während zwölf weiterer Jahre pendelten die Bände zwischen den beiden hin und her, wurden die Lebensläufe immer ver‿ wickelter und die Seiten immer fleckiger. Aubrey fühlte sich jedoch wieder frei genug, ein Vorhaben zu verfolgen, dessen erster Keim auf das Jahr 1669 zurück‿ ging: »Eine Schrift zur Erziehung junger Gentlemen, und zwar vom 9. oder 10. Lebensjahr bis zum 17. oder 18.« Seine Ansichten zu diesem Thema waren sei‿ ner Zeit so weit voraus, daß man sie erst in unserem Jahrhundert einer ernsthaften Erprobung für wert hielt.

Den Grundgedanken seiner Schule skizzierte er wie folgt: »Plato sagt, daß die Erziehung der Kinder das Fundament einer jeden Regierung ist; woraus folgt, daß die Erziehung der Adligen ihre Tragpfeiler und Zierde darstellt, denn sie sind die Atlasse, auf deren Schultern das Gewicht der Regierung liegt. Nun sind zwar unsere beiden Universitäten reichlich um die Ausbildung von Kleri‿ kern besorgt, aber um die rechte Erziehung qualifizierter Gentlemen hat sich bislang niemand gekümmert.«

Die Erziehungsmethoden, mit denen Aubrey die aufstrebenden Gentlemen Englands auf ihre Regierungstätigkeit vorbereiten wollte, waren erstaunlich liberal. »Die übliche Unterrichtsform ist so langweilig, beschwerlich und wider‿ natürlich«, schimpfte er, »daß sie den Lebensgeist der zarten und begabten Jugendlichen bricht und ihnen jede Bildung verhaßt macht«, und besonders wetterte er gegen »die tyrannischen Schläge, die von gemeinen Schulmeistern aus‿

geteilt werden und die Kinder so einschüchtern, daß sich viele zarte und begabte unter ihnen nie mehr davon erholen. Dr. Busby mag eine Reihe von guten Gelehrten hervorgebracht haben, aber ich habe von mehreren seiner Schüler gehört, daß er mit seiner Strenge mehr verdorben als hervorgebracht hat«, eine Anschuldigung, die umso schwerer wog, als Busby während seiner Zeit in der Westminster School nicht nur den größten Architekten der Epoche, Sir Christopher Wren, den größten Dichter, John Dryden, und den größten Philosophen, John Locke, erzogen hatte, sondern seine Schüler auch die höchsten Stellungen in der Kirche so monopolisiert hatten, daß der Bischof von Rochester Gott dafür danken konnte ›ein Bischof geworden zu sein, ohne Westminster besucht zu haben‹.

Aubrey jedoch hielt unbeirrt an seiner Auffassung fest, daß »der Jugend alle gesetzlichen Vergnügungen erlaubt sein sollten«, und entwickelte überdies die Theorie, es sei »eine sehr schlechte Angewohnheit, Kindern zu widersprechen; es macht sie bösartig, weswegen man ihnen in Dingen, wo es nichts ausmacht, nicht widersprechen sollte.«

Aubrey hatte sich dem revolutionären Gedanken verschrieben, daß »eine Schule ein Haus des Spiels und der Freude, und nicht der Furcht und Knechtschaft« sein sollte, und als Ziel stand ihm vor Augen, daß die Schüler »eine solche Freude an ihren Studien haben, daß sie schneller lernen als man sie unterrichten kann«. Zu diesem Zwecke, beschloß er, muß dafür Sorge getragen werden, »ihr empfindliches Gedächtnis nicht zu überfrachten, sondern sie, sobald sie Zeichen der Ermüdung zeigen, die Globen drehen zu lassen und mit ihnen zu spielen«. Auch anstrengendere Formen der Leibesertüchtigung sollten nicht vernachlässigt werden. »Junge Männer brauchen viel frische Luft«, meinte Aubrey, »besonders jene von schwefliger Hautfarbe; in ihnen erregt sich leicht ein Fieber, ohne daß sie es merken«, und so wurden Reittouren durch das umliegende Land angeregt, die gleichzeitig der Gesundheit und der Disziplin dienten, denn als angemessene Strafe für Regelverstöße war der Ausschluß von solchen Ausflügen vorgesehen. Schwere Vergehen »könnten mit dem Verbot bestraft werden, Törtchen und Früchte zu essen oder Wein zu trinken.« Hinsichtlich der Brauchbarkeit der letzten Methode blieben ihm allerdings gewisse Zweifel: »Man hat beobachtet, daß Kinder, denen mit aller Strenge verboten wird, Wein zu trinken, im allgemeinen zu Säufern werden«, und außerdem mußte natürlich bedacht werden, daß »Wein eine gute Arznei gegen Würmer ist«. Gewissenhaft auf die Einhaltung seiner Regel bedacht, »die Schüler nicht auf den Kopf zu schlagen«, blieb Aubrey in den gravierendsten Fällen von Ungezogenheit nichts anderes übrig, als zum Abschreckungsmittel der Daumenschrauben zu greifen. Was hingegen die Gesundheit betraf, mußte besonders darauf geachtet werden, »die Kinder vollständig ausschlafen zu lassen. Kein Schüler soll zu früh aufstehen (vor allem im Winter nicht)«, lautet einer seiner Grundsätze, »weil es die Perspiration hemmt und die Kinder dadurch dumm macht; außerdem bringt es ihr Wachstum ins Stocken. Manche meiner Freunde führen ihr Elend auf das zu frühe Aufstehen in Westminster zurück.« Im Garten sollte nach Aubreys Vorstellung »ein stattliches Becken« für die Schüler zur Verfügung stehen, »in dem sie die Kunst des Schwimmens lernen und sich bei warmem Wetter waschen«.

Dr. Ezreel Tongue, einer von Aubreys Freunden, der selbst eine »hervorragende Schule« leitete, erlangte dadurch unsterblichen Ruhm, daß er »eine Lehrmethode erfand, mit der man den Kindern in zwanzig Tagen die Schönschrift beibringen kann: Er ließ sie die in roter Farbe gedruckten Abzüge in Kupfer gestochener Schriftvorlagen mit schwarzer Tinte nachzeichnen, was bei den Knaben zu erstaunlichen Lernerfolgen führte«. Tongues Schule »folgte genau den Unterrichtsmethoden der Jesuiten, wodurch die Knaben auf wundervollste Weise gefördert wurden, ganz wie es sich gehört.« In den Fußstapfen seines erfolgreichen Freundes entschied sich Aubrey, den Unterricht ganz jesuitisch auf die modernen Fächer zu beschränken, zu denen »Kochen, Chemie, Kartenspiel (man kann ihnen erlauben, das Geld, das sie jede Nacht gewinnen, in Wein anzulegen), Handelsbuchführung, Mathematik und Tanz« zählten, in der festen Überzeugung, daß die Anwesenheit von »zehn oder zwölf schweizerischen, holländischen oder schottischen Jungen im Alter von ungefähr fünfzehn Jahren« seine Schüler automatisch dazu bringen würde, Latein zu lernen. Die Ausländer sollten ihre Ausbildung umsonst erhalten, wenn sie versprachen, sich ausschließlich auf Lateinisch zu unterhalten. Auch der Koch, die Küchenjungen und der Pförtner (»ein kräftiger Schweizer mit einem langen Schwert«) sollten nach Möglichkeit darauf verpflichtet werden, nur Latein zu sprechen. Allein auf eine der naheliegendsten Optionen mußte leider verzichtet werden, denn »französische Jungs taugen nichts, sie sind wie zweijährige Schafe, machen beim Scheren viel Lärm und geben wenig Wolle, weil sie dauernd die Fortpflanzung ihrer Rasse im Sinn haben.«

Auf diese Weise, so hoffte Aubrey, würden die Knaben die lateinische Sprache trotz aller Widerstände nebenher aufschnappen. Demselben Zweck sollte eine Einrichtung dienen, die er unmittelbar von Dr. Tongue abgeschaut hatte: in dessen Schule »befand sich eine lange Galerie, in der mehrere Stiche der Häupter von Caesar und anderen hingen, so daß unter dem einen Bild ein vom Dativ regiertes Verb stand, unter dem nächsten ein vom Ablativ regiertes etc. Die Knaben hatten die Formen so gut präsent wie man es sich nur wünschen kann.« Bis auf seine alten Tage blieb Aubrey vom Wert der bildlichen Lehrmethoden felsenfest überzeugt. »Sir Ralph Hopton (inzwischen Lord) pflegte daran zu erinnern, daß ihn ein farbiges Tuch in einem Bierhaus mehr Philosophie gelehrt habe als alle Bücher, die er je gelesen hatte, denn darauf stand geschrieben: ›Beklage dich niemals und laß das Gestöhne, denn entweder 's gibt Abhilfe, oder 's gibt keine‹.«

Eine weitere Regel lautete: »Die Schüler sollen bis zur Essenszeit keinesfalls á la mode gekleidet gehen«, denn seit sein Freund, Mr. J. Ward, ihn darüber aufgeklärt hatte, daß »aller Erfahrung nach die Kinder nur zwischen neun und sechzehn Jahren unterrichtet werden können, weil danach die Tyrannei des Cupido beginnt«, war sich Aubrey bewußt, daß er einen Wettlauf mit der Zeit zu gewinnen hatte. Und damit niemand darüber im Unklaren bliebe, was Mr. Ward mit seiner mythologischen Umschreibung gemeint haben könnte, schob er folgende Geschichte nach: »Mr. Hobbes erzählte mir, George Villiers, der Zweite Herzog

George Villiers,
zweiter Herzog von Buckingham

von Buckingham, habe ihn im Alter von etwa zwanzig Jahren in Paris darum gebeten, ihm über die Geometrie vorzutragen. Seine Gnaden waren von Natur aus mit einer raschen Auffassungsgabe und großen Talenten ausgestattet, so daß sich Mr. Hobbes wunderte, als Seine Gnaden seinem Vortrag nicht folgen konnten; zuletzt bemerkte Mr. Hobbes, daß Seine Gnaden am Masturbieren waren (mit der Hand im Hosenlatz). Deshalb ist dies Alter zum Lernen so ungeeignet.«

Aubrey machte sich keine Illusionen über die Widerstände, auf die sein Projekt stoßen würde, und zweifelte auch keine Sekunde, aus welcher Richtung sie zu erwarten seien: »Doch nun, dünkt mich, seh ich unter der Führung eines Krummstabs (d.h. von John Fell, dem Bischof von Oxford) eine schwarze Schwadron von Oxford heraufmarschieren, um meiner friedlichen Herde den

Garaus zu machen, und so kommt denn mein gefälliger Traum zu seinem Ende.«

Obschon es als »Ein ganz privater Essay« überschrieben war, bemühte sich Aubrey mehr um dieses Werk als um jedes seiner früheren Bücher. Er wählte die Standorte aus, an denen seine Schulen gebaut werden sollten – ein halbes Dutzend über das Land verteilt, rechnete er, müßten die Nachfrage decken – und über Jahre hinweg versuchte er unermüdlich einen oder vielmehr sechs Gönner und Schirmherren aufzutreiben, die seine Pläne in die Praxis umsetzen würden. »Sir«, schrieb er 1694 an Anthony Henley, »ich hoffe meines Geistes Kind wird Ihnen zu einer günstigen Stunde vorgestellt. Ich bin hocherfreut über den ausgezeichneten Leumund, den sie dem Grafen von Leicester ausstellen, und vielleicht könnte er bei der Verwirklichung des beiliegenden Vorhabens von Nutzen sein. Der Graf von Pembroke hat es durchgelesen und sich einiges daraus exzerpiert; er ist der Sache wohlgesonnen, will selbst aber nicht aktiv werden. Ich hege außerdem einige Hoffnung, daß der Marquis von Worcester (dem mein Bruder bestens bekannt ist) das Vorhaben in Wales fördern wird; nur was Lord Weymouth betrifft, bin ich mir nicht völlig sicher.« Aber zu seinem Pech hatte er das öffentliche Engagement der Aristokraten, in die er so hohe Erwartungen gesteckt hatte, ein wenig überschätzt, denn obwohl ein jeder sein Projekt bewunderte, unternahm doch keiner von ihnen einen praktischen Schritt zu seiner Durchführung. »Gottes Wille geschehe«, bemerkte Aubrey lakonisch: »Wenn die Adligen ihre Kinder lieber in den Taschen der Kirche verschwinden sehen, wohl bekomm's ihnen!« Und so gab er zuletzt jede Hoffnung preis, seine »Idee« noch in die Praxis umgesetzt zu sehen: »Ich sehe schon, sie wird begraben werden und keiner wird die Größe besitzen, dieses herrliche Projekt auf die Beine zu stellen.«

Elias Ashmole

DIE SORGE UM DEN NACHRUHM
UND DAS ENDE EINER FREUNDSCHAFT

L ieber Freund«, schrieb Aubrey am 11. Mai 1686 an Anthony Wood. »Nach einer langen schmerzvollen Niedergeschlagenheit riß ich mich im vergangenen Januar zusammen und schrieb Ihnen einen Brief. Dann stürzte ich mich sogleich in die Arbeit an meiner *Naturgeschichte von Wiltshire*, mit deren letztem Kapitel ich gerade, grob gezimmert, am 21. April fertig geworden war, als ich am Abend die traurige Nachricht vom Ableben meiner lieben und ewig verehrten Mutter erhielt. Sie starb in Chalke, aber mein Bruder hat sie bei meinem Vater in Nord Wiltshire (Kington St. Michael) begraben. Mein Kopf war ein Tränenbrunnen und es ist dies der erste (nicht geschäftliche) Brief, den ich seit meinem großen Kummer schreibe. Ich habe jetzt viel um die Ohren und Chalke muß verkauft werden, doch hoffe ich, für mich selbst dabei etwas zurückbehalten zu können und Ihnen noch vor meinem Ableben ein ehrenhaftes Geschenk zu machen; denn ich bin von der Art der Spanier, d.h. ich möchte es vermeiden, die Vollstreckung meines Testaments meiner entfleuchten Seele zu überlassen. Ich werde demnächst nach Chalke reisen, um den Gang der Dinge dort in Augenschein zu nehmen, und sobald ich wieder ein wenig Geld beisammen habe, will ich Sie in Oxford besuchen, und es wird, denke ich, nicht mehr allzu lange dauern, bis ich bei Ihnen bin. Gott segne Sie und schenke mir den Trost, die Veröffentlichung meiner Papiere noch zu erleben.

Tuissimus, J. A.

Ich bitte Sie inständig, mir mit der nächsten Post zu antworten und mir zu berichten, wie es Ihnen geht; Ihr Brief wird meinem Herzen eine Labsal sein, daher vergessen Sie es bitte nicht. Fabian Philips gehört Ihnen. Ich bedaure den Verlust unseres drolligen Freundes Pfarrer Hodges. Ich muß mich mit meinen Papieren beeilen, ich bin schon 60.«

»Deborah Aubrey war 15 Jahre alt und hatte gleichsam schon von Januar bis Juni gelebt, als sie heiratete«, berichtet Aubrey über seine Mutter, und als ihr erstes Kind stand er ihr dem Alter nach näher als seinem Bruder William. Was Wunder also, wenn der Tod seiner Mutter ihm sowohl sein eigenes Alter als auch die drohende Vergänglichkeit seiner Schriften eindringlich vor Augen führte. »Seine Schriften erlitten das Schicksal, das den meisten Werken droht, die nicht zu Lebzeiten des Autors veröffentlicht werden«, hatte Aubrey vor Jahren über Nicholas Hill geschrieben und seine *Lebensentwürfe* strotzen geradezu vor solchen Andeutungen: »George Herbert verfaßte einen Folio in Latein«, notierte er, »den seine Witwe ihrem Haushalt opferte, weil der Pfarrer von Hineham ihn nicht lesen konnte«, und es wird von zahllosen Manuskripten berichtet, die »inzwischen zum Einwickeln von Heringen« oder »als Backpapier« Verwendung gefunden hatten. Die Beispiele sind ohne Ende.

Eines, das Parallelen zu seinem eigenen Fall aufwies, gab Aubrey ganz besonders zu denken. »Ein Mr. Gerard von Schloß Carey in Somerset hatte die Altertümer der Grafschaften Somerset, Dorset und Devon aufgezeichnet und ich würde sie für mein Leben gern wiederauffinden«, schrieb Aubrey. »Sie lagen bei seinem Testamentsvollstrecker, als dessen Gut wegen Verschuldung beschlagnahmt wurde und sind seither für immer verloren.« Es wäre demnach äußerst leichtsinnig gewesen, nach Wiltshire aufzubrechen, um den mütterlichen Nachlaß zu ordnen, ohne zuerst sein eigenes Testament aufgesetzt zu haben. Außer Anweisungen, wie mit seinen Manuskripten zu verfahren sei, hatte Aubrey zwar nichts zu vererben, aber er konnte immerhin Robert Hooke damit beauftragen, seine Notizen über Wiltshire für den Druck vorzubereiten. Der Nachruf war für die Menschen des siebzehnten Jahrhunderts eine Sache von größter Bedeutung und obwohl nicht jeder so weit ging wie Machiavelli, der den Ruhm für die einzige Art von Unsterblichkeit hielt, die das Individuum erlangen könne, so war der Wunsch nach einem guten und langlebigen Ruf doch weit verbreitet. Umso mehr wunderte sich Aubrey über die Antwort, die Karl I. einem Mr. Ross gab, als der ihn um einen Druckkostenzuschuß für sein Manuskript bat, mit der Begründung, »es werde nach dem Tode Seiner Majestät zu Ihrem Ruhm in der Geschichte beitragen. Pah,« hatte der König überraschend erwidert, »was kümmert mich, was sie in der Geschichte von mir sagen, wenn ich tot bin!«

Aubrey dagegen kümmerte es außerordentlich, und als Elias Ashmole ihm vorschlug, seine Manuskripte dem neu gegründeten Ashmolean Museum in Oxford anzuvertrauen, sagte er begeistert zu. Aber nicht alle seine Freunde waren gleichermaßen von dieser Idee angetan, wie der folgende Brief beweist. »Mr. Wood«, beginnt Aubrey kühl, »letzten Dienstag besuchte ich Mr. Ashmole, der gerade krank lag. Wegen der Sachen, die ich nach Oxford geschickt habe, empfing er kürzlich einen Brief von Dr. Plot, der behauptet, er habe Sie darum gebeten, die Sachen ins Museum hinüberzuschicken, aber sie hätten sich geweigert und ihm nicht einmal das Verzeichnis gezeigt, das ich Ihnen gesandt habe. Mr. Ashmole wünschte, mit mir darüber zu sprechen; er ist ganz außer sich vor Zorn

und forderte mich auf, Ihnen so bald wie möglich zu schreiben und Sie anzuwei-
sen, die Kiste ins Museum zu bringen. Er hält Sie für einen Papisten, wie die gesamte Universität es tue, und ein anderer Oxforder Gelehrter (ich glaube, es war
ein Verwandter von ihm), der bei seinem Wutanfall anwesend war, bestätigte
dies vollauf. Mr. Ashmole versicherte mir, daß die Bücher im Museum sorgfältig
und ordentlich verwahrt werden und dort heutzutage sicherer sind als in Bibliotheken oder Archiven, und er erwartet geradezu die Nachricht, daß bei Ihnen
geplündert wurde und Ihre Papiere verbrannt wurden, wie es dem Spanischen
Botschafter in Wild House geschah, wo Manuskripte und Antiquitäten von un-
schätzbarem Wert verbrannt wurden, wie die Welt sie nicht zweimal besitzt.
Falls Sie sich weiterhin weigern sollten, die Sachen herauszurücken, die ich nach
Oxford geschickt habe, dann, läßt er Ihnen ausrichten, wird er Ihnen die
Freundschaft aufkündigen und der Universität Oxford keinen einzigen Heller
mehr stiften. So wie die Lage ist, wünsche ich und weise ich Sie an, meine Kiste
umgehend in das Museum zu schicken (den Schlüssel können Sie behalten). Die
Gefahr ist zu groß, daß alle meine Manuskripte etc. unter Ihrem Dach vom Mob
geplündert werden (was Gott behüte, aber sowohl Mr. Ashmole wie ich selbst
außerordentlich fürchten); außerdem macht mein Legat mehr her, wenn es nicht
auf zwei Orte verteilt ist. Einige weitere Manuskripte von mir und von Mr. Mercator habe ich bereits abgeschickt. Am meisten bedeuten mir darunter die *Gedanken zur Erziehung junger Gentlemen*, die sich in einer Schachtel von der Größe der
schon gesandten Kiste befinden, zusammen mit alten und modernen Grammati-
ken zum Studium und Gebrauch für die Lehrer. Wenn ich hier sterbe, gehen sie
entweder verloren oder sie werden von Mr. Kents Sohn beschlagnahmt; schicke
ich sie ins Museum, werden sie von den Universitätstutoren verbrannt, deren Interessen sie radikal zuwiderlaufen; lege ich sie in Ihre Hände, wird nach Ihrem
Tod Ihr Neffe damit seine Gewehre stopfen. Ich dachte an den Grafen von
Abingdon, aber der hat inzwischen andere Fische zu braten. Ich glaube, der
Graf von Pembroke würde sich am besten eignen, aber wenn ich das Geld hätte,
um einen Amanuensis zu bezahlen, würde ich jedem der beiden Edelleute eine
Abschrift anvertrauen. *Tuissimus*, J. Aubrey.«
    Auf diese Weise gelangten fast alle seine Werke ins Ashmolean Museum, mit
Ausnahme der *Lebensentwürfe*, die noch bei Anthony Wood lagen, und der *Über-
reste des Gentilismus und Judaismus*, die Aubrey erst 1686 beendet und »Seinem ewig
verehrten Freund Edmund Wyld Esq. als kleines Zeichen einer langjährigen
Freundschaft« gewidmet hatte. Und wie um Aubreys scharfen Brief an Anthony
Wood Lügen zu strafen, wurde das Museum ausgeraubt, kaum daß das Vermächtnis dort angekommen war. Aus seinem Legat verschwanden unter anderem »eine Miniatur von mir, gemalt von Mr. S. Cowper (die auf einer Auktion

zwanzig Guineen [21 Pfund] bringt), und eine weitere von Erzbischof Bancroft, die von Hillyard, dem berühmten Illustrator aus Königin Elisabeths Zeit, gemalt wurde«, an seine Papiere aber hatte niemand gerührt.

Es war nur recht und billig, daß Aubrey sein Lebenswerk noch vor seinem Tod in sicherer und ordentlicher Verwahrung wissen durfte, immerhin hatte er sich Zeit seines Lebens unermüdlich dafür eingesetzt, die Bibliotheken anderer Leute vor der Auflösung zu bewahren. 1683 hatte er versucht, die Royal Society oder die Universität Oxford dafür zu gewinnen, die mathematischen Sammlungen seines alten Freundes Sir Jonas Moore* aufzukaufen, und als er von keiner der beiden Körperschaften eine Antwort erhielt, wandte er sich an Isaac Newton. Aber auch dort hatte er kein Glück, denn Newton teilte ihm mit, daß sich das Trinity College durch seine Neubauten so tief verschuldet habe, daß ein Erwerb der Sammlung nicht in Frage komme, und auch die Universität Cambridge verspreche keinen besseren Erfolg, da ›ihr Haushalt gegenwärtig ziemlich erschöpft‹ sei.

Nun, da Aubrey seine Werke in sicherer Verwahrung wußte, konnte er sie in Ruhe überarbeiten. Da dies jedoch ausschließlich darauf hinauslief, immer mehr willkürliche Erinnerungsfragmente hinzuzufügen, rückten sie einer Veröffentlichung keinen Fingerbreit näher, bis sich schließlich 1692 Thomas Tanner, der spätere Bischof von St. Asaph, dazu bereit erklärte, die *Naturgeschichte von Wiltshire* druckfertig zu machen. ›Nächstes Wochenende werde ich nach Lavington gehen‹, schrieb ihm der neunzehnjährige Tanner. ›Der Hauptzweck meiner Reise ist unser gemeinsames Ziel, d. h. die Altertümer von Wiltshire, und ich hoffe, damit einigen Widerhall zu finden. Falls nicht, werde ich nie mehr etwas für die Öffentlichkeit tun. Ich bin von Herzen betrübt, daß Ihre *Monumenta* in diesen Zeiten nicht mehr Ermutigung erfahren, aber ich mag sie deswegen nicht weniger gern. Es war das Schicksal der besten Bücher, daß sie nicht einmal ihre Druckkosten eingebracht haben. Jedermann weiß, daß Sir Henry Spelman für sein Glossar von keinem Buchhändler den Gegenwert von fünf Pfund in Büchern bekommen würde, und Sie wissen gewiß, daß Sir Walter Raleigh den zweiten Teil seiner bewundernswerten Weltgeschichte verbrannte, weil sein Drucker am ersten Teil bankrott gegangen war. Weder die *Christlichen Schriften* noch das *Monasticon*, Bände, die heute in altem Gold aufgewogen werden, hätten je veröffentlicht werden können, wäre nicht ersterer aus öffentlichen Geldern und letzterer allein vom Verleger finanziert worden. Hoffentlich erlebe ich noch, daß Ihr *Monumenta Britannica* dieselbe Beliebtheit findet, wie das beste jener Bücher.‹ Aber obschon Tanner noch vierzig Jahre lebte, war es ihm nicht einmal vergönnt, Aubreys Buch gedruckt zu sehen, von Beliebtheit ganz zu schweigen. Nur wenige Bücher erschienen ohne einen Sponsor, der für die Druckkosten aufkam, und wenn man endlich einen Gönner aufgetrieben hatte, hatte man sich nur allzu oft seiner Einmischung zu erwehren, wie Anthony Wood im Zwist mit John Fell zu seinem Ärger erfahren mußte. Aubrey dagegen bekam weder die Vorteile noch die Nachteile dieses Systems zu spüren. Seine Schriften blieben sämtlich unveröffentlicht, ganz als hätte er in jener Zeit gelebt »als das Drucken noch nicht gebräuchlich war und der Preis für das Abschreiben von Manuskripten 1000 Shilling pro Bogen betrug.«

Die *Monumenta Britannica*, die Tanner erwähnte, gingen auf den Befehl Karls II. zurück, die Beschreibung der Ruinen von Avebury drucken zu lassen. Die Arbeit war jedoch so schleppend vorangegangen, daß Aubrey im Laufe der Jahre fünf verschiedene Widmungen aufsetzen mußte, weil ein Schirmherr nach dem anderen hinwegstarb, ehe das Buch in den Druck kam. Inzwischen wurden jedoch endlich ›Subscriptionen zum Druck von *Monumenta Britannica*, geschrieben von John Aubrey, Mitglied der Royal Society‹, zur Zeichnung angeboten.

Das Buch erschien dennoch nie auf dem Markt. Vielleicht kam Edmund Gibson, der das Manuskript gesehen hatte, dem wahren Grund dafür recht nahe, als er einige Jahre später an Thomas Tanner schrieb: ›Mr. Aubreys Bücher haben meine Erwartungen enttäuscht‹, urteilte er rückblickend. ›Die Beschreibungen der Dinge sind so bruchstückhaft und kurz, die einzelnen Teile so durcheinander und das ganze Werk ist eine so wirre Rhapsodie, daß ich nur darüber staunen kann, wie der alte Herr eine Veröffentlichung in diesem Zustand auch nur in Erwägung ziehen konnte. Gewiß,‹ gibt Gibson zu, ›man wird sie in jenen Grafschaften gebrauchen können, über die man sonst nicht viel weiß; aber davon abgesehen sehe ich nicht, wie wir einen Nutzen daraus ziehen können.‹

Im selben Jahr, 1692, kam es zu einem kurzen Aufleben des Briefwechsels mit Anthony Wood.

Aubrey hatte sich zunächst bei Wood über einige Indiskretionen in dessen inzwischen im ersten Band erschienenen *Athenae Oxoniensis* beschwert, aber im Vergleich zu dem, was folgen sollte, war dies nur ein Sturm im Wasserglas, und nach dem Erscheinen des zweiten Bandes von Woods Werk fand die langjährige Zusammenarbeit der beiden großen Antiquare ein jähes und unerquickliches Ende, denn als Anthony Woods Werk veröffentlicht war, erhielt Aubrey seine *Lebensentwürfe* verstümmelt und unvollständig von ihm zurück. »Undankbarkeit!«, schrieb der bedenkenlos ausgenutzte Aubrey mahnend auf die erste der verbliebenen Seiten. »Dies ist der zweite Teil«, fuhr er fort; »Mr. Wood hat die Seiten 1 bis 44 unterschlagen und es fehlen noch weitere Seiten, auf denen wahre Begebenheiten geschildert wurden, die ich niemand anderem anvertraut hätte als ihm, von dem ich glaubte, ich könnte ihm sogar mein Leben anvertrauen. Mehrere der verschwundenen Papiere könnten mich meinen Kopf kosten. Zu spät muß ich erkennen, daß das Sprichwort *memento diffidere* [Vergiß nicht zu mißtrauen] eines großen Weisen würdig wäre. Er hat auch den Index veruntreut – und zu guter Letzt: Ich hatte es ihm in gebundenem Zustand übergeben! 29. November 1692.« Aubreys Sorgen waren wohlbegründet: Anthony Wood hatte unter anderem auch die Biographien von Karl I. und dem Herzog von Monmouth herausgeschnitten und sich letzthin seinem ergebenen Mitarbeiter gegenüber so brüsk verhalten, daß dieser zu Recht um die Sicherheit seines Kopfes fürchten durfte.

Der Grund für Woods unverzeihliches Benehmen wurde jedoch bald offenbar, denn kaum war der zweite Band seiner *Athenae Oxoniensis* erschienen, sah er sich mit den verschiedensten Drohungen konfrontiert. ›Mr. Henry Cruttenden berichtet mir‹, vertraute er seinem Tagebuch an, ›daß sich im Gemeinschaftsraum des New College mehrere Fellows darüber beklagten, ich hätte ihre Bekanntschaft ausgenutzt, und sie drohten, mich im Dunkel der Nacht zu verprügeln.‹ Und aus London kam das Gerücht, ›die Presbyterianer wollen für den König eine Steuer eintreiben (zweihunderttausend Pfund), damit er mich aufknüpft‹. Wood war in seinem Buch nicht davor zurückgeschreckt, die Wahrheit zu schreiben, und zwar umso weniger, je unangenehmer sie war, und es war ausgerechnet eine Bemerkung, die er von Aubrey abgeschrieben hatte, an der sich der Sturm entfesselte. In seiner Lebensbeschreibung von Richter Jenkins hatte Wood unbedacht eine Anekdote von Aubrey wiedergegeben, in der von der Korruption des Lordkanzlers Hyde* die Rede war, und obwohl Hyde tatsächlich achtundzwanzig Jahre zuvor wegen korrupter Amtsführung verbannt worden und seit zwanzig Jahren tot war, reichte sein Sohn, Lord Clarendon*, gegen Anthony Wood eine Verleumdungsklage ein.

Die Affäre führte zu einem dauerhaften Wandel in Woods Einstellung John Aubrey gegenüber. Ihre Freundschaft war früher von heiterem Charakter gewesen, Thomas Hearne z. B. berichtet: ›Anthony pflegte, wenn er in Begleitung war, über ihn zu spaßen: Man braucht nur zu rufen »Schauen Sie, dort drüben geht einer, der diese und jene Geschichte zu erzählen weiß«, und ich garantiere, daß Mr. Aubrey sich eher auf der Treppe das Genick bricht, als daß er die Gelegenheit versäumt.‹ Mit solch freundschaftlichen Witzen war es nun für immer vorbei, und Aubrey galt fortan in Woods Einschätzung als ›schwärmerisch und voller Grillen im Kopf und manchmal der Tollheit nahe‹.

Man hat Anthony Wood stets zugute gehalten, daß er seine Anschuldigungen gegen Aubrey allein auf sein Tagebuch beschränkte und niemals vor Gericht die Quelle seiner verleumderischen Behauptung preisgab, obwohl doch seine gesamte Verteidigung darauf beruhte, ›daß jene Aussagen, gegen die hier

Sir Edward Hydes Entlassung

Beschwerde geführt wird, nicht aus der Einbildung des Autors stammen, sondern aus Briefen, die dieser von achtbaren Personen erhielt, was er jederzeit vor jedem Gerichtshof zu beschwören bereit ist. Diese Briefe sind ausschweifend geschrie‚ ben, und der Autor hat sie zu seiner eigenen Sicherheit gekürzt und auf ihren jet‚ zigen Umfang verdichtet, ohne den Namen jener Person anzugeben. Aber nichtsdestotrotz wird nun dagegen Beschwerde geführt.‹ Und nichtsdestotrotz wurde Anthony Wood zu einer Buße von vierzig Pfund verurteilt, aus der Uni‚ versität ausgeschlossen und mußte am letzten Julitag 1693 mit ansehen, wie sein Buch in Oxford vom Henker öffentlich verbrannt wurde.

Doch unter Tanners Notizen findet sich ein Brief, den Aubrey im Dezember 1692 an Anthony Wood geschrieben hatte. »Die ganze letzte Woche war ich krank«, begann er, »aber am Sonntag besuchte ich meinen Lord Abingdon, der mich mit trauriger Mine begrüßte und mir noch traurigeres ankündigte, nämlich daß eine Menge Verdruß auf mich zukäme, was ihn zutiefst betrübe. Ich war nicht schlecht überrascht, als er fortfuhr, der Graf von Clarendon habe ihm mitgeteilt, daß Mr. Wood ihm gestanden habe, die Verleumdung wie auch andere Informationen habe er von mir. Ich muß mich doch sehr wundern, wie lieblos Sie mit mir umspringen, der ich Ihnen seit 1665 als ein treuer Freund gedient habe, indem sie mir die Verleumdung anhängen. Jene Schmähung wurde immerhin gedruckt und war recht verbreitet; hätten Sie nicht sagen können, sie hätten die Schmähschrift gekauft oder sie von George Ent oder von sonst jemandem, der schon tot ist, erhalten? – Um es kurz zu machen, Clarendon ist entschlossen, mich zu ruinieren; also lassen Sie mich bitte mit der nächsten Post wissen, was Sie alles gegen mich ausgesagt haben, damit ich meine Verteidigung besser vorbereiten kann. Mein Herz ist beinahe gebrochen. In der Hoffnung, von Ihnen zu hören, verbleibe ich Ihr J. Aubrey.« Aber es kam keine Antwort, achtzehn lange Monate ließ sie auf sich warten, und Aubreys Biograph fühlt sich in der Meinung bestärkt, daß Anthony Wood ihn wirklich verraten hat.

Zu Beginn des neuen Jahres hinterlegte Aubrey seine kostbaren Biographien im Ashmolean Museum, mit der ausdrücklichen Anweisung, daß Anthony Wood niemals von diesem Vermächtnis erfahren dürfe. Aber seine Sanftmütigkeit machte es ihm unmöglich, Wood seinen schäbigen Mißbrauch der *Lebensentwürfe* über längere Zeit nachzutragen, und gute anderthalb Jahre nach dem Debakel, das er ohne sein Wissen ausgelöst hatte, nahm er seinem eigenen Vorwurf die Spitze, indem er sich um die Wiederaufnahme ihrer Freundschaft bemühte. »Mr. Wood«, schrieb er am 2. September 1694 aus Boarstall, »mich dünkt, ich hätte inzwischen schon von Ihnen hören sollen. Seit ich nach Oxford kam und bis vor fünf Tagen litt ich an einer Übersättigung an Pfirsichen etc., so daß ich nach Kit White schicken mußte, um mich kräftig erbrechen zu können. Sechs Tage lang konnte ich keinen Bissen Fleisch essen, aber die Abstinenz hat mich einigermaßen wiederhergestellt. Ihre Unfreundlichkeit und cholerische Stimmung hat erheblich zu meiner Erkrankung beigetragen. Sie wissen, daß ich Sie immer geliebt habe und mich nie genug habe für Sie einsetzen können, aber hier in Oxford mußte ich von mehreren Leuten wie letztes Jahr schon erfahren, daß Sie kein gutes Wort über mich verlieren. Dabei haben Sie vierzig Seiten und den Index aus einem meiner Bände herausgeschnitten (Ist jemals einer so lieblos gewesen?) und ich erinnere mich, wie Sie selbst, als Sie von Hedington kamen, mir erzählten, daß darin einige Stellen stünden, die mich den Hals kosten könnten. Ich dachte, ich hätte an Ihnen einen so guten Freund, daß ich sogar mein Leben in Ihre Hände gelegt hätte, und nun bricht mir Ihre Unfreundlichkeit beinahe das Herz.« Nachdem er auf diese Weise seine Verletztheit deutlich gemacht hatte, war sein Groll jedoch schon fast gänzlich verpufft. »Ich möchte, daß Sie nächste Woche vorbeikommen«, fuhr er fort, »weil Sir John Aubrey [ein Cousin 2. Grades] in vierzehn Tagen nach Glamorganshire aufbricht und mich bei sich haben möchte. Sie machen sich keine Vorstellung, wie sehr mich Ihre Unfreundlichkeit getroffen und verärgert hat. Gott segne Sie. *Tuissimus*, J. A.«; und als Postskriptum schickte er hinterher: »Kommen Sie bitte so früh Sie können, damit wir das

Manuskript durchgehen und Sie den Garten bewundern können, bevor wir den Nachmittag in guter Gesellschaft verbringen.«

Dieser Brief bewegte Anthony Wood endlich doch, zu Aubreys früheren Anwürfen Stellung zu nehmen. ›Ich muß Ihnen sagen‹, schrieb er, ›daß Sie in Ihrem Brief vom 3. Dezember 1692 bedenkenlos damit fortfahren, meine Gedanken zu belästigen und zu peinigen. Jetzt, wo Sie ein Jahr danach in die Stadt kommen, erzählen Sie mir, das Ganze sei eine Bagatelle. Ich frage alle Welt, ob das nicht unwürdig von Ihnen war, mich nie zur Beruhigung meiner Gedanken brieflich darüber zu informieren, sondern es mir ein Jahr später mündlich zu sagen, und noch dazu aus purem Zufall?‹ Und nach der Konstruktion dieser entlastenden Gegenbeschuldigung konnte Anthony Wood seinen Vorwürfen freien Lauf lassen. Während er sich selbst ins Licht des netten und treuen Freundes rückt, beklagt er sich immer wieder über ›Ihren bösartigen und törichten Brief‹, was den Biographen an Woods Version der Affäre zweifeln läßt. Da Aubrey sich zudem mit seinem Angebot in die Defensive begeben hatte, nutzte Wood die Gelegenheit, ihm jeden Verdruß unter die Nase zu reiben, der ihm jemals bereitet worden war. Aubrey hatte ihn in Zeiten der Not im Stich gelassen, Aubrey hatte dem Trinity College ein Buch hinterlassen, daß in Wahrheit ihm, Anthony Wood, gehörte, und der Gipfel von allem: in ›jenem schurkischen Brief, der in Ihrer Tasche mit Bier getränkt worden war‹, hatte Aubrey ihn zu Unrecht bezichtigt, seine *Lebensentwürfe* zerschnetzelt zu haben. Mit dieser schriftlichen Zurechtweisung allein nicht zufrieden, begrüßte Anthony Wood das vorgeschlagene Treffen als eine günstige Gelegenheit, den Streit persönlich fortzusetzen. ›Falls Sie jemanden mitbringen‹, warnte er dunkel, ›soll es nur ein Diener sein, denn ich habe Ihnen noch einiges zu sagen!‹ Und mit dieser Note endete diese sonderbare Freundschaft. Es wurde kein weiterer Brief zwischen den beiden gewechselt und am 28. November 1695 starb Anthony Wood in seiner Dachstube.

»Ich bin über den Tod meines lieben Freundes und alten Korrespondenten Anthony Wood außerordentlich bekümmert«, schrieb Aubrey an Tanner, als ihn die Nachricht in Llantrithid erreichte. »Wir waren unzertrennlich (wenngleich er mich wegen seiner Hypochondrie, die ihm selbst Verdruß bereitete, manchmal ankeifte) und wenn er mich in meiner Unterkunft besuchte, trug er immer seine finstere Laterne mit sich, die man als Andenken aufbewahren sollte. Ich hatte gehofft, er würde lange genug leben, um seines Amtes zu walten und den Ort meines Ablebens und meines Grabes festzuhalten. Ich hoffe, es wird hier sein, wo die Erde ein feines Rot hat und nicht tief ist. Ich bin froh, daß alle seine Papiere bei Ihnen sind, der Sie ihm treu bleiben und sein unvollendetes Werk zu Ende führen werden.«

John Aubrey Esqr.
The Original is at Oxford.

Sarum. Aug: 30. 1669.

right glad to enjoyyou in Wiltshire

for Mr Ant. y[r] most affectionate

Wood M.A. & humble servant

Oxon. Jo: Awbrey

ERSTE UND EINZIGE VERÖFFENTLICHUNG, AUBREYS TOD

Aubrey hatte das siebzigste Lebensjahr erreicht. Da er seine gesammelten Notizen Thomas Tanner zur treuhänderischen Verwendung übergeben hatte, fand er endlich die Muße, eines seiner vielen Werke für den Druck vorzubereiten. ›John Aubrey droht skrupellos damit, seine *Monumenta Britannica* drucken zu lassen‹, schrieb Edmund Gibson, aber am Ende war es ein ganz anderes Werk, das dem Urteil der Öffentlichkeit übergeben wurde. »Mylord«, beginnt die Widmung an den Grafen von Abingdon, »Als ich vergangenen Sommer in Ihren Gärten und Spazierwegen zu Lavington in den Genuß der Abgeschiedenheit kam, sichtete ich die zerstreuten Papiere, die ich seit Jahren hatte ruhen lassen. Ich erkühnte mich zu dem Gedanken, daß sie, auf die rechte Weise zusammengestellt, durchaus ergötzlich sein könnten; also gab ich ihnen ihre jetzige Anordnung, in der ich sie Eurer Lordschaft überreiche. Ich hatte beabsichtigt, meine Landeskunde von Wiltshire (die schon halb fertig ist) zu vollenden und Eurer Lordschaft zuzueignen, allein mein Alter ist für ein solches Unterfangen bereits zu fortgeschritten, und so habe ich diese Aufgabe auf einen meiner Landsleute, Mr. T. Tanner, übertragen, der jung genug ist, alles durchzusehen, und die richtigen Voraussetzungen für dieses Unternehmen mitbringt. Deshalb ersuche ich Eure Lordschaft in aller Bescheidenheit, stattdessen diese kleine Gabe anzunehmen, als ein dankbares Zeichen der tiefen Hochachtung, die ich für Euch empfinde, der Ihr mir viele Jahre lang Eure Gunst und Euren Schutz gewährt habt. Mögen die glückbringenden Engel Eure ständigen Behüter sein! darum betet Eurer Lordschaft gehorsamster und bescheidenster Diener, J. Aubrey.«

Dieses Buch, das seine einzige Veröffentlichung zu Lebzeiten blieb, trug Aubrey den bleibenden Ruf eines abergläubischen Narren ein. »Ich weiß wohl«, hatte er an anderer Stelle geschrieben, »daß manche diese alten Fabeln verabscheuen, aber ich für meinen Teil halte sie für eine der bedeutendsten Antiquitäten, die ich gesammelt habe. Sie gehören für die Nachfahren aufgezeichnet, damit sie begreifen, welche Unwissenheit einst die Menschheit beherrschte und wie man den Menschen durch Sitte und Erziehung dazu bringen kann, die absonderlichsten Absurditäten zu glauben.« Doch dem Buch selbst stellte er keinen solchen Vorbehalt voran, der umso unverzichtbarer gewesen wäre, als es sich dabei um ein grandioses Durcheinander aus Mythen, aufgeschnappten Bräuchen und Phantastereien handelt. Sein Titel lautete:

MISZELLEN

Nämlich

i.	*Verhängnisvolle Tage*	xii.	*Wunder*
ii.	*Verhängnisvolle Orte*	xiii.	*Magie*
iii.	*Vorzeichen*	xiv.	*Bewegungen durch die Luft*
iv.	*Omina*	xv.	*Visionen im Beryll oder im Glas*
v.	*Träume*	xvi.	*Gespräche mit Engeln und Geistern*
vi.	*Erscheinungen*	xvii.	*Totenlichter in Wales*
vii.	*Stimmen*	xviii.	*Orakel*
viii.	*Eingebungen*	xix.	*Extasen*
ix.	*Klopfen und Poltern*	xx.	*Blicke* { *der Liebe* / *des Neids* }
x.	*Unsichtbare Hiebe*		
xi.	*Prophezeiungen*	xxi.	*Personen mit zweitem Gesicht*

Gesammelt von J. Aubrey, Esq.

Obwohl unter diesen verheißungsvollen Überschriften eine Menge langweiliger Zufälle ausgewalzt werden, schildert Aubrey faszinierende Geschichten, von denen manche einen unmittelbaren Einblick in die Vorstellungswelt seiner Zeitgenossen gestatten:»Wenn es in Paris zu donnern und blitzen anfängt, läuten sie sogleich die große Glocke der Abtei von St. Germain, weil sie dadurch das Unwetter zu besänftigen glauben. Denselben Brauch pflegte man auch hier in Wiltshire: Wenn es donnerte und blitzte, läutete man die St. Adelmas-Glocke der Abtei von Malmesbury. Die Leichtgläubigen sagen, daß das Glockenläuten die Geister vertreibt (...) Es ist weit verbreitet, ein Hufeisen auf die Türschwelle zu nageln, weil es die Macht der Hexen vermindert, die das Haus betreten. Die meisten Häuser im Westend von London haben ein Hufeisen auf ihrer Schwelle. Es sollte allerdings ein Hufeisen sein, das man zufällig gefunden hat.« Andere Passagen sind rein deskriptiv:»In Livorno und anderen italienischen Häfen kommen bei Ankunft der Schiffe die Kurtisanen mit Lauten und Gitarren zu den Seeleuten gelaufen und spielen und tanzen mit aufgelöstem Haar und nackten Brüsten, um sie anzulocken. Ganz ähnlich verhält es sich auch in Gosprit bei Portsmouth, wo die Seeleute vor Anker liegen; die Stadt ist voller

lüsterner Dirnen, in keinem einzigen Haus findet sich eine Jungfrau und (so erzählen sie) es gibt kaum drei ehrbare Frauen in der Stadt.«

»Bei Letterkenny in der Grafschaft Donegall«, kehrt Aubrey zum Übersinn-
lichen zurück, »wäre eine Gruppe von Protestanten von den irischen Papisten im
Schlaf überrascht worden, hätten nicht einige Zaunkönige beim Anmarsch des
Feindes Alarm geschlagen, indem sie auf den Trommeln umherhüpften und
pickten. Deswegen hegen die wilden Iren bis auf den heutigen Tag einen furcht-
baren Haß gegen diese Vögel, nennen sie Teufelsdiener und töten sie, wo immer
sie einen finden. Sie lehren ihre Kinder, mit Dornen nach ihnen zu stechen, und
an manchen Feiertagen kann man eine ganze Kirchgemeinde beobachten, wie sie
wie die Irren von Hecke zu Hecke die Zaunkönige jagen.« Im Kapitel über Ein-
gebungen erfahren wir, daß »Oliver Cromwell mit Sicherheit das zweite Gesicht
besaß. Ich kannte einen, der bei der Schlacht von Dunbar* dabei war, und der
berichtete mir, daß Oliver von einer göttlichen Eingebung heimgesucht wurde:
Er lachte so übermäßig, als wäre er betrunken, und seine Augen funkelten wie
von Geistern besessen. Er errang einen großen Sieg, obwohl das Unternehmen
gegen alle menschliche Vernunft durchgeführt wurde. Dieselbe Art Lachanfall
überwältigte Oliver Cromwell kurz vor der Schlacht von Naseby*, was mir einer meiner Verwandten, Oberst J. P., der bei Oliver in besonderer Gunst stand
und der dem Anfall beiwohnte, bestätigte. Cardinal Mezarine hingegen meinte,
Cromwell sei nichts als ein vom Zufall begünstigter Narr.«

Bisweilen schlägt auch Aubreys Sinn für Ironie durch:»Dies ist eine alte Geschichte über den Priesterbetrug«, fängt er an. »Ein Bildnis der Jungfrau nickte
dem heiligen Bernhard zu und sprach ›Guten Morgen, Vater Bernhard‹ (in
Wirklichkeit rief der Meßknabe, der hinter der Statue versteckt war, durch eine
Röhre). ›Ich danke Euer Gnaden,‹ antwortete der Pater, ›aber Paulus hat es für
ungesetzlich erklärt, daß Frauen in der Kirche sprechen.‹«

»Über einen von Lord Duffus' Vorfahren (aus der Grafschaft Murray) wird
berichtet, er sei dereinst von einem Gang über die Felder bei seinem Haus plötzlich durch die Luft hinweggehoben und am nächsten Tag im Weinkeller des
französischen Königs mit einem silbernen Becher in der Hand aufgefunden worden. Er wurde zur Rechenschaft vor den König gebracht und gefragt, wer er sei
und wie er dorthin gelangt sei. Er sagte seinen Namen, gab sein Heimatland und
seinen Wohnort an und erzählte, er sei am soundsovielten Tag des Monats (es
war, wie sich herausstellte, der vorige Tag gewesen) auf die Felder gegangen und
habe dort das Geräusch eines Wirbelwinds und außerdem Stimmen vernom-
men, die ›Horse‹ und ›Hattock‹ riefen (letzteres, sagt man, ist das Wort, mit dem
sich die Elfen von einem Ort zum anderen bewegen). Er habe daraufhin selbst
dasselbe gerufen und sei sofort von den Elfen ergriffen und durch die Luft in

jenen Keller getragen worden, wo er nach einigen herzhaften Schlucken in den Schlaf gesunken sei. Der Rest der Gesellschaft sei vor seinem Erwachen verschwunden und habe ihn in dem Zustand verlassen, in dem man ihn entdeckt habe. Man sagt, der König habe ihm den Becher geschenkt, der in seiner Hand gefunden wurde, und ihn entlassen.« Aber nicht jede Luftreise ging so glücklich aus wie diese: »Ein Gentleman aus meinem Bekanntenkreis weilte anno 1665 in Portugal«, berichtet er, »als ein Mann von der Inquisition dafür verbrannt wurde, daß er in unglaublich kurzer Zeit von Goa in Ostindien durch die Luft nach Portugal transportiert wurde.« Aubrey war vom Thema des Fliegens außerordentlich fasziniert und beschrieb zahlreiche Fälle von »Bewegungen durch die Luft.« Doch mit grauer Theorie allein gab er sich nie zufrieden; unter seinen Notizen findet sich folgende Erfindung verzeichnet: »Fülle oder drücke Rauch in eine Blase und sieh zu, ob die Blase nicht in der Luft aufsteigt. Wenn ja, könnten mehrere Blasen einen Mann bis zu einer gewissen Höhe in die Luft ziehen, so wie die Beeren der Stechpalme in die Mitte eines mit Wasser gefüllten Glases aufsteigen. Memorandum: Ausprobieren, bis zu welcher Höhe sie in einem tiefen Gefäß steigen; auch bei anderen Beeren probieren, ob sie sich gleich verhalten.« Ja, er schlug sogar den Bau einer Flugmaschine vor, wenn er auch, weise wie er war, keinen Probeflug ohne Fallschirm unternehmen wollte: »Memorandum: Vorschlagen, Mr. Packer zu jenem Gentleman nach Norfolk oder Suffolk zu schicken, der mit großer Sorgfalt das Gewicht der Flugfedern von verschiedenen Vögeln gewogen, ihre Proportionen gemessen und das Gewicht der Vogelkörper festgestellt hat; und Mr. Francis Potter nach seinen Gedanken über das Fliegen fragen und wie man sich aus großen Höhen mit Hilfe eines Tuchs sicher auf den Boden herabläßt etc.«

Nachdem dieses Werk vollendet war – so vollendet wie Aubrey es eben zustande brachte, denn selbst das gedruckte Buch blieb voller Lücken, Hinweise und Andeutungen für weitere Forschungen –, machte sich Aubrey auf seine letzte Reise. Er war zweiundsiebzig Jahre alt und mittlerweile recht schwach auf den Beinen: »5. Januar 1693/4«, hatte er drei Jahre zuvor vermerkt, »ein apoplektisches Fieber, ungefähr um vier Uhr nachmittags«. Und als er auf dem Weg zum Landsitz von Lady Long in Wiltshire durch sein geliebtes Oxford kam, ereilte ihn zuletzt der Tod.

Aubrey fürchtete sich nicht vor dem Tod: »Wenn Salomon den Tag unseres Todes für besser ansieht als den Tag unserer Geburt«, schreibt er in seinen *Miszellen,* »was läßt sich dann dagegen einwenden, jenen Tag zu den bemerkenswertesten und glücklichsten Tagen unseres Lebens zu rechnen?!« Seine Erlösung vom Leben kam überraschend und fand gewiß seine freudige Zustimmung, sorgte er sich doch sehr um das drohende Elend des Greisenalters. Über »Gideon de Laune, den Apotheker Marias, der Königinmutter, einen sehr klugen Mann (was man daran sieht, daß er ein Vermögen von 80 000 Pfund hinterließ)« wußte er Tragisches zu berichten: »Sir William Davenant war einer seiner dicksten Freunde und erzählte mir, daß de Laune ihn nach seiner Rückkehr nach England besuchte. Er war in den Achtzig und von der Gicht gebeugt, aber von klarem Auge und bei hellem Verstand. Obschon er Herr über ein so riesiges Gut war, hatte man ihn auf einen Platz am Küchenkamin verbannt, und Sir William sah mit eigenen Augen, wie er nicht nur von seiner Schwiegertochter, sondern sogar von der Küchenmagd verächtlich gemacht wurde, was ihn mächtig kränkte – Welch ein Elend ist das Greisenalter!« Und wenn schon die Reichen geringschätzig behandelt wurden, um wieviel übler mußte das Schicksal eines hoffnungslos verarmten Gentleman ausfallen? Immer wieder verfolgte ihn der Gedanke an John Rushworth, ein Historiker wie er selbst und außerdem ein ziemlicher Trinker. »Gestern bin ich Mr. Rushworth begegnet«, hatte er noch 1689 an Anthony Wood geschrieben, »es war außerordentlich demütigend. Er hat vor lauter Brandy sein Gedächtnis verloren und erinnerte sich nicht an mich und auch sonst an nichts. Seine Zimmerwirtin mußte ihm wie einem Kind die Nase putzen. Er war 83 und ging auf die 84 zu. Vor seinem Tod hat er sogar seine Kinder vergessen.«

Aber wie dankbar Aubrey auch dafür gewesen wäre, rüstig sterben zu dürfen, er hätte sich doch sehr darüber gegrämt, daß sein Ableben nicht die gebührende Aufmerksamkeit fand. Zwar wurde er von seinem jungen Freund Thomas Tanner, inzwischen Fellow des All Souls College, bestattet, aber trotz der Anweisungen und Vorkehrungen, die er feinsäuberlich getroffen hatte, zierte kein Grabmahl die Ruhestätte seiner leiblichen Überreste. »Ich wünsche mir, daß die Inschrift in einen Stein von der Größe eines Blattes Royalpapier gehauen wird, also etwa zwei Fuß im Quadrat. Mr. Reynolds von Lambeth, Steinmetz (in Foxhall), der die Witwe von Mr. Elias Ashmole heiratete, wird mir für acht Shilling zu einem Marmor von der Fläche eines Imperialpapiers verhelfen.«

Viele Jahre zuvor hatte Aubrey auf seinem Hof in Broad Chalke ein Hünengrab entdeckt, das Gawen's Barrow genannt wurde. »Ich habe nie das Sakrileg begangen, diese Gruft zu stören oder auszurauben«, sagte er. »Mögen seine Gebeine in Frieden ruhen. Aber ich habe mir oftmals gewünscht, mein eigener Leichnam könnte neben dem seinen begraben werden, was die kirchlichen Gesetze jedoch verbieten. Unsere Knochen bleiben nämlich in der geweihten Erde niemals in Frieden liegen; in London wird die Erde gar alle zehn (oder so) Jahre auf die Dunghaufen am Fluß gekarrt.« Obwohl Aubrey nicht seinem Wunsch gemäß in Wiltshire beerdigt werden konnte, durfte er lange ungestört in seinem

Grab verweilen, denn Zeit und Ort seiner Bestattung blieben hundertfünfzig Jahre lang im Dunkeln, bis man endlich im Register der Kirche von St. Maria Magdalena eine Eintragung aufspürte: ›1697, JOHN AUBERY, ein Fremder, wurde am 7. Juni begraben.‹

Und so blieb dieser berühmte Mann bis heute in Oxford ohne jedes Denk‑mal, es sei denn man zählte dasjenige mit, das er sich auf der anderen Straßenseite selbst gesetzt hat: sein sicher in Sir Thomas Bodleys Bibliothek verwahrtes Lebenswerk.

»Ich habe Ihrem Wunsch gemäß diese Lebensentwürfe so verworren
niedergeschrieben, wie sie mir in den Sinn kamen.«

AUBREY ALS BIOGRAPH UND HISTORIKER

Aubreys umfangreicher, ursprünglich im Ashmolean Museum hinter-
legter Nachlaß widerlegt ein für alle Mal den Vorwurf, er habe sein
Leben verplempert. Wenngleich seit seinem Tod mehrere Manu-
skriptbände abhanden gekommen sind, gebührt ihm immer noch das Verdienst,
neben vielen weniger wichtigen Schriften neun große Werke verfaßt zu haben.

Nicht wenige Gelehrte haben sich von Anthony Woods Diktum beeinflussen lassen und Aubrey jede eigenständige Bedeutung abgesprochen. In Wirklichkeit liegt seine Schwäche jedoch weniger in einem Mangel an Begabung als
darin, daß die Nachwelt seine Talente falsch eingeschätzt hat. Die Historiker
wollten in Aubrey um jeden Preis einen der ihren sehen und kritisierten ihn
dann, weil er ihren wissenschaftlichen Anforderungen nicht gerecht wurde. Ak-
zeptiert man jedoch James Bryces Ausspruch, daß ›das Geheimnis der Ge-
schichtsschreibung darin besteht zu wissen, was vernachlässigt werden kann‹,
wer käme noch auf den Gedanken, Aubrey als einen Historiker zu reklamieren,
lag doch seine Stärke viel mehr im Zusammentragen als im Auswählen. Aber
auch wer für die kritische Geschichtsbetrachtung nicht taugt, kann dennoch ein
Meister antiquarischer Gelehrsamkeit sein und an der Lebendigkeit seiner Geschichten und der Treffsicherheit seiner Zitate beweist sich das hohe Geschick,
mit dem Aubrey an seine Aufgabe heranging. Zwar hat man ihn mehrfach der
Unzuverlässigkeit geziehen, aber dieser Vorwurf beruht einmal mehr auf einer
Verdrehung der Tatsachen: Gewiß, es fehlte ihm manchmal an Genauigkeit,
aber niemals an Wahrhaftigkeit – und das ist ein entscheidender Unterschied.
Aubreys Vertrauen in die Astrologie beeinträchtigt keineswegs seine Glaubhaf-
tigkeit in anderen Fragen, wie Malone im darauffolgenden Jahrhundert so deutlich hervorhob: ›Wenn die Darstellung, die dieser geniale und unglückselige
Gentleman erfahren hat, begründet und gerechtfertigt wäre‹, gab er zu bedenken,
›wenn mithin jeder, der an einer Stelle Schwächen zeigt, zwangsläufig in allen
Bereichen für unzuverlässig gehalten werden muß, dann müßte man konsequen-
terweise alle Leute für Toren halten, die im letzten Jahrhundert so einfältig waren,
an Astrologie und übersinnliche Erscheinungen von Toten zu glauben; worüber

sie sich auch immer geäußert haben mögen und wie wenig dies auch mit ihrer Schwäche in Beziehung steht, ihr Urteil und ihr Zeugnis wäre ein für alle Mal diskreditiert.‹

Niemand hat allerdings je Aubreys schriftstellerisches Können bestritten und als er selbst zweifelte, »Ist der Stil meines Englisch gut genug?«, konnte sogar Anthony Wood nicht umhin, sich ein ›Er ist gut‹ abzuringen, anstatt seinen Freund wie üblich mit Nachforschungen zu löchern. ›So etwas sollten Sie sich nicht fragen, sondern einfach drauflos schreiben. Sie haben Zeit genug‹, war die häufigere, zurückhaltende Antwort.

Langsam streicht Aubrey durch das Dämmerlicht seines längst versunkenen Jahrhunderts und führt eine Person nach der anderen in die Helligkeit seines Scheinwerfers, während die zahllosen, zufällig hingeworfenen Kleinigkeiten das Hintergrundrauschen eines ganzen Zeitalters hörbar machen. Es sind die kleinen Detailbeobachtungen, die uns in die Vergangenheit greifen lassen als sei sie gegenwärtig. Mit untrüglichem Gespür wählt er genau jene Episoden aus dem Leben eines jeden Menschen aus, in denen ihre Persönlichkeit die ausgefallensten Blüten treibt. Diese Blitzlichter seiner Beobachtung verleihen noch der kürzesten seiner Kurzbiographien eine Lebendigkeit, die ihresgleichen sucht. »Thomas Fuller«, schreibt er, »war von mittlerer Statur; untersetzt; gelocktes Haar; sein Kopf ständig in Betrieb; er konnte vor dem Mittagessen beim Spazierengehen gedankenverloren einen Laib Brot aufessen, ohne es selbst zu merken. Sein Gedächtnis war von Natur aus gewaltig, aber er erweiterte es noch durch die Kunst der Erinnerung: er konnte einem alle Schilder zwischen Ludgate und Charing Cross vorwärts und rückwärts aufsagen.« Und der Einsatz seiner Stilmittel war so perfekt, daß er genau die beabsichtigte Wirkung erzielte, und sei es in einem einzigen Satz. »William Cartwrights Sohn hatte viele Kinder, lebte nicht angenehm und vergaß, was er gelernt hatte«, schrieb er, und ähnlich subtile wie kurze Beispiele für sein sprachliches Geschick finden sich in großer Zahl. »Mr. Philips, der Autor von *Montelion* und *Don Juan Lamberto*, fühlte sich am glücklichsten bei Tanzgedichten und Zigeunerballaden. – Mariana Morgan ist eine unersättliche, kräftige Frau. – Nicholas Mercator besitzt ein sanftes Gemüt von großer Mäßigung *(amat Veneram aliquantum)* [ab und zu pflegt er ein wenig der Liebe]; er ist von erstaunlicher Erfindungsgabe und mit niemandem (näher) befreundet. – Mr. Gore, ein fummliger, mürrischer Kauz. – Thomas Willis, Doktor der Medizin, war von mittlerer Statur, hatte dunkle, scheckige Haare (wie ein rotes Schwein) und stammelte häufig. – Die Mutter des Herzogs von Monmouth, Mrs. Lucy Walters, konnte niemandem etwas abschlagen. – Robert Greville, Lord Brookes, wurde am 2. März (dem St. Chads-Tag) 1643 bei der Erstürmung von Lichfield direkt vor der Kirche (die dem heiligen Chad geweiht ist)

vom taubstummen Sohn des Predigers getötet. Er war von Kopf bis Fuß in Rü-
stung, nur das Visier seines Helms stand offen. – William Sanderson starb in
Whitehall (ich war damals dabei); er verlöschte wie ein ausgebranntes Kerzen-
licht und war tot, bevor Dr. Holder ihm das Sakrament erteilen konnte. – William Outram war ein großer, dürrer, bleicher, schwindsüchtiger Mann; ich vermute, er verausgabte sich durch zu häufiges Predigen. George Sandys, Dichter,
liegt nahe der Tür in der Südseite des hohen Chors begraben, aber ohne jedes
Denkmal und Stein; wie schade, daß ein so hübscher Schwan so unrühmlich begraben liegt.«

Aubreys Geschick war so unübertroffen, daß er durch die bloße Anreihung
von Tatsachen ein lebendiges Wesen heraufbeschwören konnte.

»Mrs. Abigail Sloper wurde A. D. 1648 in Broad Chalke bei Salisbury geboren. Stolz, lüstern, undankbar gegen ihren Vater, Heirat, wurde wahnsinnig
und ist wieder genesen.« Und: »Richard Stokes, Doktor der Medizin. Sein Vater
war Fellow des Eton College. Er wurde erst dort aufgezogen und dann im
King's College. Schüler von Mr. W. Oughtred in Mathematik (Algebra). Er
machte sich damit verrückt, wurde aber wieder normal, behielt allerdings, wie
ich fürchte, einen Sprung in der Schüssel. Konvertierte zum Römisch-Katholischen; heiratete unglücklich nach Lüttich, Hund und Katze etc. Wurde zum
Säufer und starb wegen Schulden im April 1681 im Gefängnis von Newgate.«

Je länger die Geschichten werden, desto stärker beeindrucken die Portraits.
»John Partridge war der Sohn eines rechtschaffenen Fährmannes in Putney in
Surrey. Er lernte lesen und ein wenig schreiben. Er wurde bei einem Schuhmacher in die Lehre gegeben und mußte tüchtig in seinem Gewerbe arbeiten. Mit 18
besorgte er sich eine Grammatik von Lillie, ein Goldman's Wörterbuch, eine lateinische Bibel und die Metamorphosen des Ovid. Er war von unermüdlichem
Fleiß und nach wenigen Jahren beherrschte er die lateinische Sprache gut genug,
um jedes Astrologiebuch lesen zu können; und so wurde er zum Meister in dieser
Wissenschaft. Dann studierte er die griechische und auch die hebräische Sprache,
bis er mit beiden vertraut war. Dann studierte er die guten medizinischen Autoren, in der Absicht, die Medizin zu seinem Beruf und Broterwerb zu machen;
aber er ist heute (1680) noch Schuhmacher in Covent Garden. – Generalstaatsanwalt Noy war ein großer Jurist und Spaßvogel in einem. Man erzählt sich
haufenweise lustige Geschichten über ihn. Ein Bauerntölpel fragte ihn einmal
nach einem guten Inn [Wirtshaus], worauf ihn der Staatsanwalt ins Lincoln's
Inn [eine der vier Londoner Advokateninnungen] schickte und ihn mit einem
Blick auf sein Pferd spöttisch fragte, ob er es ins Heu oder ins Gras beißen lasse.
Ein ander Mal ließ er den Hosenbund eines der Seniorenmitglieder von Lincoln's Inn von einem Schneider enger machen, damit der Alte glaube, er habe die

Wassersucht. Wieder ein ander Mal gingen Noy und Pine von Lincoln's Inn zu Fuß nach Barnet und hatten sich, wie einfache Landburschen, mit Stöcken bewaffnet. Als sie im Gasthaus ›Zum roten Löwen‹ einkehrten, traute man ihnen nicht über den Weg und fürchtete, sie könnten vielleicht nicht bezahlen. – Richard Meritons richtiger Name lautete Head. Er lebte unter Zigeunern und sah mit seinen rollenden Augen wie ein Spitzbube aus und konnte sich in jede erdenkliche Gestalt verwandeln. Er ging zwei oder drei Mal bankrott. Zuletzt oder jedenfalls gegen Ende seiner Tage war er Buchhändler in der Bretagne. Er verdiente seinen Lebensunterhalt mit Schreibarbeiten, zwanzig Shilling pro Blatt. Er ertrank um 1676 auf dem Seeweg nach Plymouth als er ungefähr fünfzig Jahre alt war. – Der heilige Dunstan war ein Gentleman aus Somersetshire und ein großer Chemiker. Die Geschichte, wie er den Teufel in seinem Laboratorium mit den Feuerzangen an der Nase zog, wurde auf vielen Kirchenfenstern abgebildet. Meredith Lloyd besaß zu Beginn der Bürgerkriege ein Manuskript des Heiligen über die Chemie und sagte, es gäbe über England verstreut noch mehr Manuskripte. Er konnte aus Gold ein Feuer hervorbringen, mit dem er über weite Entfernungen hin jeden beliebigen brennbaren Gegenstand entzünden konnte. Meredith Lloyd versichert mir, daß die Chemie vor drei- oder vierhundert Jahren vollkommener war als heutzutage: Ihre Verfahren seien universeller und seraphischer gewesen, während sie heute nur an Arzneien interessiert sind«.

Gelegentlich schmückte Aubrey eine seiner nüchternen Tatsachenbiographien mit einer einzigen Anekdote aus und zeichnete so mit wenigen Strichen das vollendete Portrait einer Persönlichkeit. »Sir Mathew Hale, Richter«, notierte er, »geboren am Abend des 1. Novembers 1609, als sein Vater beim Gebet war. 1640 heiratete er zum ersten Mal (er war ein großer Hahnrei). 1656 zweite Heirat mit seiner Dienstmagd Mary. 1660 zum Lord Chief Baron [Präsident am Schatzkammergericht] ernannt. Am 18. Mai 1671 zum Lord Oberrichter von England. Er starb am Weihnachtstag 1676. Ich erinnere mich«, erzählte Aubrey einige Jahre später Anthony Wood, »wie 1646 (oder 1647) Mr. John Maynard (inzwischen Sir John und Sergeant der Rechte) von den Geschäften ermattet und hungrig aus Westminster-Hall in den Speisesaal des Middle Temple kam. Er setzte sich zu Mr. Bennet Hoskyns (dem einzigen Sohn des Dichters Sergeant Hoskyns und seither Baronet) und einigen anderen, die gerade ihr gemeinsames Essen beendet hatten und sich über verschiedene Dinge zu unterhalten begannen. Unter anderem wurde gefragt, wie jene Stelle aus den Römerbriefen zu verstehen sei (Röm. 5,7): ›Denn kaum wird jemand für einen Gerechten sterben; denn für den Gütigen zu sterben nimmt vielleicht noch jemand auf sich‹. Sie fragten Mr. Maynard nach dem Unterschied zwischen einem gerechten und einem gütigen Mann. Der aber wollte gerade anfangen zu essen und rief: ›Hah! Ihr habt euer

Essen bereits verspiesen und habt nun Muße, große Debatten zu führen, ich aber nicht‹. Und als er einen Bissen oder zwei genommen hatte, erwiderte er: ›Jetzt will ich euch den Unterschied erklären: Sergeant Rolle ist ein gerechter Mann, aber Mathew Hale ist ein gütiger Mann‹, sprachs und fiel wieder über sein Mahl her. Und wahrlich, es konnte gar keine bessere Interpretation dieser Stelle geben, denn Sergeant Rolle war zwar gerecht, aber von Natur aus knauserig, ein Zug, den seine Frau noch verstärkte. Mathew Hale dagegen war nicht nur gerecht, sondern zugleich bewundernswert barmherzig und wohltätig, was er jedoch nicht an die große Glocke hängte wie es die Heuchler tun.«

Aubreys Biographien waren die ersten, die keine Moral zum Ziel und Ge‑ genstand hatten, ja, im Grunde waren sie nichts anderes als die Aufzeichnungen seiner unbefangenen Schwatzhaftigkeit und der seiner Freunde. Von ganzem Herzen hätte er William Hazlitt zugestimmt, der ›einen Freund umso lieber mochte, wenn man über seine Fehler reden durfte‹, und er besaß, wie W. H. Mallock, ›die höchste Meinung von Skandalgeschichten. Denn der Skandal ist auf das Heiligste – die Wahrheit – gegründet und wird aus dem Schönsten – der Phantasie – zusammengezimmert‹. Aubrey war jedoch ein so sanftmütiger Mann, daß sich sein Klatsch selten zum Skandal auswuchs, und sein Witz war ausgesprochen harmlos. John Ray gab den richtigen Rat: ›Was immer Sie sich denken, kann Anstoß erregen, und mögen Sie die Formulierung auch noch so abschwächen und versüßen, um nirgends anzuecken, wie man Pillen vergoldet, damit sie weniger widerlich aussehen‹.

Londoner Kaffeehaus um 1690

Als Aubrey 1680 zum ersten Mal seine biographischen Entwürfe an Anthony Wood übersandte, legte er einen Brief dazu, indem er seine diesbezüglichen Ab‑ sichten und Wünsche erläuterte: »Sir!« hatte er begonnen, »Ich habe Ihrem Wunsche gemäß diese *Lebensentwürfe* so verworren niedergeschrieben, wie sie mir in den Sinn kamen oder wie sie mir gelegentlich zwischendurch mitgeteilt wur‑ den. Sie können leicht nach Ihren Bedürfnissen geordnet werden, indem Sie sie mit roten Zahlen nach Zeit und Ort etc. numerieren. Ich wäre nie auf ein solches Unternehmen verfallen, hätten Sie es mir nicht mit dem Hinweis auf meinen weiten Bekanntenkreis aufgedrängt. Und wirklich, nicht nur weil ich nun mehr als ein halbes Jahrhundert in dieser Welt, sondern ich bin auch mächtig herumge‚ kommen, was mich recht bekannt gemacht hat; außerdem gibt es in dieser großen Stadt den modernen Vorzug von Kaffeehäusern, vor deren Aufkommen die Männer sich mit niemandem außer ihren eigenen Verwandten oder Clubmitglie‚ dern bekannt machen konnten. Hinzu kommt, daß ich einem langlebigem Ge‚ schlecht entstamme.

Ich breite hier (aufgrund der freundschaftlichen Verbindung zwischen uns) die Wahrheit vor Ihnen aus und – so sehr ich irgend kann und, religiös gespro‚ chen, wie der Büßer seinem Beichtvater gegenüber – nichts als die Wahrheit, die nackte und offene Wahrheit, die hier so unverhüllt ausgesprochen wird, daß noch nicht einmal ihre Schamteile bedeckt sind, und die in mancher Passage einer jungfräulichen Maid die Röte auf die Wangen treiben dürfte. Ich muß Sie daher darum bitten, nach Ihrer Durchsicht des Manuskripts eine Kastration vorzuneh‚ men und einige Feigenblätter aufzunähen, mit anderen Worten, sich als mein *In‚ dex expurgatoris* zu betätigen.

Welche Irrtümer findet man nicht in den gedruckten Geschichten! entweder sind die Autoren der Wahrheit so nah auf den Fersen, daß sie sie nicht deutlich auszusprechen trauen, oder aber sie bleibt aus Mangel an Informationen (wenn die Dinge schon lange her sind) im Dunkeln und unbekannt! Ich käue hier nichts wieder, was (meinem besten Wissen nach) schon einmal veröffentlicht wurde und die ganze Zeit über male ich mir aus, wie ich mit Ihnen darüber rede und Ihnen meine Verwandten und Bekannten (die auch Sie gekannt oder von denen Sie gehört haben) am glaubhaftesten vorführe und so helfen Sie mir, meine Erinnerung an alte und verstorbene Freunde aufzufrischen und verjüngen mich gleichsam, wie es die alten Männer so lieben. Wie schade, daß vor hundert oder mehr Jahren niemand solche kurzen Lebensgeschichten verfaßt hat, denn durch diesen Mangel sind die Namen und Gedanken vieler würdiger alter Männer von der Vergessenheit verschluckt, wie es auch diesen hier ergangen wäre, hätten Sie mich nicht angestiftet. Vielleicht gehört es zu den sinnvollsten Dingen, die ich je zusammengekritzelt habe.

Ich erinnere mich an einen Ausspruch von General Lambert, die Besten der Männer seien doch nichts anderes als gewöhnliche Männer in ihren besten Mo‚ menten, und dafür werden Sie in dieser holprigen und übereilten Sammlung manches Beispiel finden. Doch sollten diese Geheimnisse heute noch nicht frei fliegen gelassen werden, sondern erst in ungefähr dreißig Jahren, wenn der Autor und die geschilderten Personen (wie Mispeln) gehörig verrottet sind.«

JOHN AUBREY: FÜNF BIOGRAPHIEN

Der ehrenwerte Robert Boyle

*1627. Naturphilosoph und Chemiker. Er war das vierzehnte Kind von Ri⁄
chard Boyle, dem großen Grafen von Cork. Seine umfangreichen Schriften sind
ein leuchtendes Beispiel für die Fruchtbarkeit der experimentellen Methode und
seine empirischen Beobachtungen haben viel zu unserem Wissen, vor allem auf
dem Gebiet der Gastheorie, beigetragen. Er erbrachte einen experimentellen Be⁄
weis für das Verhältnis zwischen dem Druck und Volumen von Gasen, das noch
heute als Boylesches Gesetz bekannt ist. In seinem 1661 erschienenen *Skepticall
Chymist* widerlegte er die Elemententheorie der Antike und begründete den mo⁄
dernen Begriff eines chemischen Elements. Er gehörte zu den Gründungsmitglie⁄
dern der Royal Society, lehnte jedoch ihren Vorsitz ab, weil er ganz allgemein Be⁄
denken gegen Eide hegte. Er nahm ein starkes Interesse an der Religion und
brachte sich ›soviel Griechisch und Hebräisch bei, wie ich benötigte um das Alte
und das Neue Testament zu lesen‹, ohne auf Übersetzungen zurückzugreifen.
›Ich machte mir auch die Mühe, die chaldäische Grammatik zu lernen‹, erklärte
er weiter, ›um den entsprechenden Teil aus Daniel und die wenigen anderen
Stücke in der Heiligen Schrift zu verstehen, die in jener Sprache geschrieben
wurden. Der syrischen Grammatik habe ich mich allein deshalb befleißigt, um
dereinst die göttlichen Reden unseres Heiland in seiner eigenen Sprache lesen
zu können.‹ Von 1661 bis 1689 war Boyle Vorsitzender der Gesellschaft zur
Verbreitung des Evangeliums in Neuengland und zeitweilig gehörte er dem
Direktorium der Ostindischen Handelsgesellschaft an. † 1691.

DER EHRENWERTE ROBERT BOYLE, Esquire, jener tiefsinnige Philosoph, vollen⁄
dete Humanist und ausgezeichnete Theologe (fast hätte ich Laien⁄Bischof gesagt,
wie man Sir Henry Savil zu nennen pflegte), wurde in Lismor in der Grafschaft
Cork geboren. Er wurde von einer Irischen Amme nach Irischem Brauch aufge⁄

zogen, wo sie die Kinder (statt in einer Wiege) in eine frei schwingende Leinen-
tasche stecken, mit einem Schlitz, aus dem der Kopf des Kindes hervorlugt.
Als Junge in Eton war er sehr kränklich und blaß. Dann ging er an die Universität von Leiden und bereiste Frankreich, Italien und die Schweiz. Ich habe
ihn oftmals sagen hören, nachdem er die Altertümer und Architektur Roms gesehen habe, könne er sich für keine anderen mehr erwärmen.

Er spricht fließend Latein und tut es gern, wie die meisten, die ich kenne. Ich
hörte ihn sagen, er habe als Junge Cowpers Wörterbuch durchgelesen, was er,
wie ich denke, sehr gründlich getan hat, und ich glaube, er fühlt sich diesem
Werk für seine Meisterschaft in jener Sprache sehr verbunden.

Sein Vater schreibt in seinem Testament, wo es sich um das Vermächtnis und
die Vorkehrungen für seinen Sohn Robert dreht, folgendes: ›Item, meinem Sohn
Robert, für den ich von Gott einen besonderen Segen erbitte, hinterlasse ich
...etc.‹ Mr. Robert Hooke, der das Rentenregister gesehen hat, sagte, es seien
3000 Pfund pro Jahr; der größte Teil der Güter liegt in Irland.

Er ist sehr großgewachsen (ungefähr sechs Fuß lang) und aufrecht, sehr ent-
haltsam, tugendhaft und sparsam; ein Junggeselle; hält sich eine Kutsche; wohnt
zeitweilig bei seiner Schwester, der Lady Ranulagh. Sein größtes Vergnügen ist
die Chemie. Bei seiner Schwester unterhält er ein herrschaftliches Laboratorium
und verfügt über mehrere Diener (seine Lehrlinge), die danach schauen. Er ist
großen Geistern gegenüber, die in Not geraten sind, sehr wohltätig, und mancher
ausländische Chemiker empfing einen stattlichen Beweis seiner Großzügigkeit,
denn er scheut keine Kosten, ein seltenes Geheimnis zu erfahren; siehe Oliver
Hills Buch, in dem er grober Plagiate beschuldigt wird.

Auf eigene Kosten und Rechnung ließ er das Neue Testament auf Arabisch
übersetzen, um es in die mohammedanischen Länder zu schicken. Er ist nicht
nur in England berühmt, sondern auch im Ausland, und wenn die Fremden
hierher kommen, zählt ein Besuch bei ihm zu ihren Sehenswürdigkeiten.

Seine Werke füllen allein eine Bibliothek.

James Harrington

*1611. Politischer Philosoph. Er verließ Oxford ohne einen Abschluß, reiste
nach Holland und schloß sich dem Hof des pfälzischen Kurfürsten an. Dann reiste er durch Frankreich nach Rom, wo er sich weigerte, dem Papst den Fuß zu
küssen. Später entschuldigte er sich Karl I. gegenüber damit, daß er niemals irgendeines Fürsten Fuß küssen könnte, nachdem er die Hand des Königs geküßt

habe. Er besichtigte auch Venedig, dessen Staatsform ihn sehr beeindruckte. 1656 veröffentlichte er unter dem Titel *Oceana* sein Modell einer republikanischen Regierung. Harringtons wichtigster Grundsatz lautete, daß das politische Kräftegleichgewicht von der Verteilung des Eigentums (d. h. vor allem des Grundbesitzes) abhängig ist. In seiner Republik arbeitete ein Senat die Gesetze aus, die dem Volk zur Abstimmung vorgelegt und dann von einer aus Magistraten [Friedensrichtern] bestehenden Exekutive durchgesetzt würden. Außerdem entwickelt er in seinem Traktat detaillierte Rotations- und Wahlsysteme, deren Fortbestand jeweils durch ein Gleichgewicht aller beteiligten Interessen garantiert würde. Seine Republik entspricht einer gemäßigten Aristokratie. † 1677.

SEIN GENIE NEIGTE HAUPTSÄCHLICH der Politik und der demokratischen Regierungsform zu.

Anno 1647, wenn nicht 1646, wurde er kraft einer Parlamentsorder zum Kammerherrn seiner Majestät ernannt. Mr. Harrington und der König stritten sich häufig über die richtige Regierungsform. Der König liebte seine Gesellschaft, wollte aber von einer Republik nichts hören; und auch Mr. Harrington war seiner Majestät leidenschaftlich zugetan. Er begleitete den König auf das Schafott, als er enthauptet wurde. Ich habe ihn oft mit der größten Wärme und Leidenschaft, die man sich vorstellen kann, von König Karl I. sprechen hören: sein Tod habe ihn in einen so tiefen Kummer gestürzt, daß er sich eine Krankheit davon geholt habe, und niemals sei ihm eine Sache je wieder so nahe gegangen.

Er versuchte sich mehrfach in der Dichtkunst, mit Liebesversen und ähnlichem, aber seine Muse war hölzern, und Mr. Henry Nevill, ein geistreicher und wohlerzogener Gentleman, ein Mitglied des Unterhauses und ein hervorragender (wenngleich heimlicher) Poet, der Harrington sehr gut kannte und sein vertraulichster Freund war, riet ihm, sich nicht länger mit der Dichtkunst abzugeben, was er *invita Minerva* [gegen Minervas Willen] auch tat, sondern sich statt dessen auf seine eigentliche Berufung zu besinnen, nämlich die politische Reflexion.

Worauf er seine *Oceana* verfaßte, die 1656 in London gedruckt wurde. Mr. Hobbes pflegte zu sagen, daß auch Henry Nevill seinen Finger in diesem Kuchen stecken habe, was wahrscheinlich genug ist. Dieser scharfsinnige Traktat und die klugen und einprägsamen Reden und Gespräche, die er und Mr. Nevill täglich in den Kaffeehäusern führten, verschafften ihm viele Proselyten.

Das ging so weit, daß er anno 1659 zu Beginn des Herbsttrimesters jeden Abend im ›Türkenkopf‹ im New Pallace Yard eine Versammlung abhielt. Dort hatte man absichtlich einen großen ovalen Tisch zusammengestellt, der in der

Mitte eine Gasse frei ließ, damit Miles den Kaffee ausschenken konnte. Rundher-
um saßen die Anhänger und die beiden Meister. Die Diskussionen dort waren
das scharfsinnigste und klügste, das ich je gehört habe oder zu hören hoffen kann,
und Rede und Widerrede wurden mit solchem Eifer ausgetauscht, daß die Parla-
mentsdebatten dagegen ein seichtes Gewäsch sind.

Wir hatten dort (sehr förmlich) eine Wahlurne stehen und stimmten ver-
suchsweise darüber ab, wie die Dinge geregelt werden sollten. Der Raum war jeden Abend gerammelt voll. Einmal stürmten Mr. Stafford und seine Bande voll-
trunken aus dem Schankraum herauf und beschimpften die Versammlung (Mr.
Stafford zerriß die Traktandenliste und das Protokoll). Die anwesenden Soldaten wollten sie die Treppe hinunterwerfen und es war nur der Mäßigung und
Überredungskunst von Mr. Harrington zu danken, daß es nicht dazu kam.

Die Lehre selbst war sehr überzeugend, und zwar umso mehr, als an die
Rückkehr des Königs nach menschlichem Ermessen nicht zu denken war. Die
Mehrzahl der Parlamentarier haßte jedoch nichts mehr, als die Idee einer Rotation per Losverfahren; denn sie waren verfluchte Tyrannen und in ihre Macht
verliebt. Mr. Nevill stellte die Idee im Unterhaus vor und machte den Abgeordneten recht deutlich, wie übel es herauskäme, wenn sie diesem Regierungsmodell
nicht zustimmten. Aber sie wußten wohl, daß die Rotation das Ende ihrer Macht
bedeutete, und so fanden sich nur acht oder zehn Befürworter.

Der Hochmut der Senatoren auf Lebenszeit war unerträglich gewesen, und
sie konnten jeden, dem sie übel wollten, zu Mus zermalmen. Sie waren in der
Armee, und in der Nation, die sie vertraten, gleichermaßen verhaßt, und ihr
Name und Andenken stinken zum Himmel – es war schlimmer als die Tyrannei. Das Rotationsmodell sah vor, in jedem Wahljahr ein Drittel des Senats
durch Neuwahlen auszutauschen, so daß alle neun Jahre ein völlig neues Parlament zusammenträte.* Kein Magistrat [Friedensrichter] sollte länger als drei
Jahre im Amt bleiben, und alle sollten durch eine Abstimmung gewählt werden.
Ein gerechteres und unparteilicheres Entscheidungsverfahren läßt sich gar nicht
ausdenken.

Nun, diese Zusammentreffen währten vom November bis zum 20. oder 21.
Februar; aber der Einmarsch von General Monk* führte eine überraschende
Wendung der Ereignisse herbei und alle die luftigen Modelle lösten sich in Nichts
auf. Es war damals nicht mehr opportun, ja sogar Hochverrat, solche Versammlungen abzuhalten, aber ich erinnere mich gut, wie Harrington (bei der Auflösung) mehrfach sagte: ›Nun gut, so kommt der König eben zurück. Laßt ihn
kommen und sein Parlament mit den überzeugtesten Royalisten Englands beset-
zen, solange sie Landbesitzer sind, und laßt sie sieben Jahre beraten; dann wird
sich ein jeder von ihnen zur Republik bekennen.‹

Anno Domini 1660 wurde er als Gefangener in den Tower geworfen und später ins Schloß von Portsey verlegt. Diese Gefängnishaft löste bei ihm, der ein sehr stolzer und hitzköpfiger Gentleman war, einen Wahn oder eine Verrücktheit aus, die sich jedoch in Maßen hielt, denn er konnte sich recht vernünftig unterhalten und ein sehr witziger Gesellschafter sein. Allein, er steigerte sich in den Wahn hinein, daß sich sein Schweiß in Fliegen verwandle und manchmal sogar in Bienen. Er ließ sich eine drehbare Holzhütte bauen und in Mr. Harts Garten (gegenüber dem St. James Park) aufstellen, um es experimentell zu beweisen. Er drehte das Häuschen zur Sonne hin und setzte sich hinein; dann griff er nach seinen Fliegenwedeln, um alle Fliegen und Bienen zu verjagen und niederzumetzeln, die sich darin aufhielten, und verhing die Fenster. Das Experiment konnte allerdings nur im Sommer durchgeführt werden. Einige Fliegen hatten sich in den Ritzen oder in den Tüchern versteckt, so daß man sie nicht sehen konnte. Es dauerte vielleicht eine Viertelstunde, bis eine oder zwei, manchmal auch mehr Fliegen durch die Wärme aus ihren Schlupflöchern hervorgelockt wurden, worauf Harrington sogleich ausrief: ›Sehen Sie nicht, daß diese Fliegen ganz offensichtlich von mir kommen?‹ Das war der befremdlichste Wahnsinn, der mir je an irgendeinem Menschen begegnet ist; denn sobald man von etwas anderem zu sprechen begann, wußte er die geistreichsten und witzigsten Reden zu führen.

Er tadelte unsere Staatsverfassung für ihre Sprunghaftigkeit und erzählte von einem Cavaliero, den er auf dem Karneval in Italien gesehen hatte. Er ritt ein hervorragend dressiertes Pferd, das sich auf eine Berührung seiner Sporen im Nu halb herumdrehte. Sein Anzug war auf der einen Seite spanisch, auf der anderen französisch, und die plötzliche Veränderung derselben Person ergötzte die Zuschauer. Genauso, sagte er, verhält es sich mit uns selbst: Entweder wir haben kein Parlament, sondern eine absolute Monarchie; oder wir haben ein Parlament, dann läuft es gleich auf eine Republik hinaus.

Er pflegte außerdem zu sagen, daß die rechte Vernunft im Denken dasselbe sei wie Tugend im Handeln und umgekehrt. *Vivere secundum naturam* [der Natur gemäß zu leben] bedeute, tugendhaft zu leben, auch wenn es die Geistlichen nicht zugeben wollten; und wo die Theologen uns ein Inch über der Tugend wähnten, lägen wir in Wirklichkeit um eine Elle darunter.

Er heiratete seine alte Liebe Mistreß Dayrell, eine anmutige und besonnene Dame. Aus persönlichen Gründen war es ihm jedoch nicht vergönnt, seine Liebste in der Blüte und Hitze seiner Jugend zu genießen; er schlief nie mit ihr, aber liebte und bewunderte sie sehr. Sie war *vengentibus annis* [ging schon auf das Greisenalter zu], als er sie heiratete, und hatte ihren Liebreiz verloren.

Die letzten zwanzig Jahre bevor er starb (seine Haftzeit ausgenommen), wohnte er in einem hübschen Haus in Westminster, auf der linken Seite von

Little-Ambry und mit Blick in den Dekansgarten. Im Obergeschoß erstreckte sich eine schöne Galerie, von der aus man in den Garten sah. Dort nahm er gewöhnlich sein Essen ein, meditierte und rauchte seinen Tabak. Henry Nevill, Esq., blieb ihm bis zu seinem Todestag treu. Durch eine Krankheit verlor Harrington fast ein volles Jahr vor seinem Tod sein Gedächtnis und seine Sprache (was war das für ein trauriger Anblick, jemanden so hinfällig zu sehen, den ich unlängst noch als forschen und lebhaften Kavalier gekannt hatte). Trotzdem hielt ihm jener Gentleman, Mr. Nevill, die Freundschaft und besuchte ihn so getreulich und respektvoll, wie in den Tagen, als sein Freund noch bei vollem Verstand gewesen war – er war ein wahrer Freund.

William Harvey

*1578. Anatom und Physiologe. Er studierte am Caius College in Cambridge und an der Universität von Padua, die damals als die berühmteste medizinische Fakultät galt. 1616 stellte er dem Ärztekolleg seine Theorie über den Kreislauf des Blutes im Körper vor, aber seine Abhandlung zu diesem Thema wurde erst 1628 veröffentlicht. † 1657.

WILLIAM HARVEY, Doktor der Medizin und Chirurgie, Entdecker des Blut-kreislaufs, wurde in jenem schönen Steinhaus geboren, das er zusammen mit ei-nigen Ländereien dem Caius College in Cambridge schenkte und das heute als Postamt dient. Sein Bruder Eliab hatte ihm jede Summe oder Gegenleistung da-für geboten, weil es der Sitz seiner Väter gewesen war und sie alle dort geboren wurden, aber der Doktor dachte sich (zu Recht), daß sein Andenken auf diese Weise besser bewahrt werde. Sein Bruder besaß überdies andere stattliche Land-sitze und mindestens 3000 Pfund pro Jahr.

William Harvey war seit jeher von nachdenklichem Gemüt und der erste, von dem ich gehört habe, der sich in England für Anatomie interessierte. Ich erin-nere mich, wie er erzählte, er habe ein Buch *De Insectis* geschrieben, mit denen er sich viele Jahre beschäftigt hatte. Er hatte Frösche und Kröten und verschiedene andere Tiere seziert und bemerkenswerte Beobachtungen darüber angestellt, aber diese Papiere sind zu Beginn der Rebellion zusammen mit seinem andern Hab und Gut in seiner Wohnung in Whitehall geplündert worden, weil er für den

König eingetreten und mit ihm nach Oxford gegangen war. Oftmals klagte er, daß keiner von all den Verlusten, die er erlitten habe, ihn so bekümmere, wie das Verschwinden jener Schriften, die er weder mit Geld noch mit guten Worten je wieder auftreiben und zurückerhalten konnte.

Er begleitete Karl I., als er wegen der Tumulte London verließ, wohnte auch der Schlacht von Edge-hill* bei und mußte während der Kämpfe auf den Prinzen und den Herzog von York aufpassen. Er erzählte mir, daß er sich mit ihnen unter einer Hecke versteckt hielt und kaum ein Buch aus seiner Tasche gezogen und zu lesen begonnen hatte, als eine große Kanonenkugel in seiner Nähe auf dem Boden aufschlug, so daß er seinen Standort wechseln mußte.

Ich sah ihn zum ersten Mal 1642 in Oxford, nach der Schlacht von Edge-hill, aber ich war damals noch zu jung, um mit einem so berühmten Doktor bekannt gemacht zu werden. Ich erinnere mich, daß er mehrmals ins Trinity College zu George Bathurst, einem Bakkalaureus der Theologie, kam, der sich eine Legehenne auf seinem Zimmer hielt. Gemeinsam öffneten sie täglich die Eier, die sie ausbrüteten, um den Fortgang und die Art ihrer Entwicklung zu untersuchen. Ich hatte erst 1651 die Ehre, ihm vorgestellt zu werden; er war der Arzt und Freund meiner Cousine Montague. Ich war damals im Aufbruch nach Italien begriffen (ließ mich aber zu meinem großen Bedauern durch das Drängen meiner Mutter wieder davon abbringen). Mr. Harvey erwies sich als sehr gesprächig und war bereit, jedem zu helfen, der ihm bescheiden und respektvoll entgegentrat. Er beriet mich im Hinblick auf meine Reise, d. h. er diktierte mir, was ich mir ansehen, welche Bücher ich lesen und wie ich meine Studien gestalten solle; er empfahl mir, kurz gesagt, auf die Ursprünge zurückzugehen und Aristoteles, Cicero und Avicenna zu lesen, und schimpfte die ganzen modernen Neuerer Hosenscheißer.

Er besaß eine lausige Handschrift, die ich (nach einiger Übung) recht gut entziffern konnte. Er verstand leidlich Griechisch und Latein, war jedoch als Philologe nicht berühmt und schrieb selbst ein sehr schlechtes Latein. Sein *Circuitis Sanguinis* [Der Kreislauf des Blutes] wurde, wie ich vermute, von Sir George Ent ins Lateinische übersetzt.

In Oxford lernte er Dr. Charles Scarborough kennen, der damals noch ein junger Arzt war (inzwischen wurde er von König Karl II. geadelt) und in der Armee durch die Lande marschierte. Harvey fand an seiner Unterhaltung Gefallen, quartierte ihn in seinem Zimmer ein und sagte zu ihm: Ich bitt dich, laß das Schießen und bleib hier, ich werde dich in die ärztliche Praxis einführen.

Seine Majestät König Karl I. überließ ihm als Belohnung für seine Dienste das Rektorat des Merton College in Oxford, aber die Zeiten erlaubten nicht, daß er irgendein Vergnügen oder einen Nutzen davon hatte.

Nachdem sich Oxford am 24. Juli 1646 ergeben hatte, siedelte er nach London über und lebte bei seinem Bruder Eliab, einem reichen Londoner Kaufmann, der um 1654 herum Cockaine-House kaufte (heute – 1680 – der Sitz des Steueramts). Es war ein stattliches Gebäude, und der Doktor saß gern sinnierend auf dem Flachdach, und zwar an verschiedenen Orten, je nach Sonne und Wind.

Er liebte es besonders, im Dunkeln zu verweilen, weil er dort, wie er mir sagte, am besten nachdenken konnte. Vordem besaß er ein Haus in Combe in Surrey, das inmitten guter Luft und eines schönen Landstrichs gelegen war. Dort ließ er Höhlen in die Erde graben, in denen er im Sommer zu meditieren liebte.

Ach, mein alter Freund Dr. Harvey – wie gut kannte ich ihn doch! Manchmal lud er mich ein, zwei oder drei Stunden mit ihm in seinem Meditationszimmer zu sitzen und zu diskutieren. Wenn er so steif, förmlich und reserviert gewesen wäre wie die anderen, herkömmlichen Doktoren, nie hätte er sie mit seinem Wissen überflügelt. Denn noch von der gemeinsten Person kann der gelehrteste Mann auf die eine oder andere Weise etwas lernen. Der Stolz ist eines der größten Hemmnisse für die Fortentwicklung des Wissens.

Jede falsche Frömmigkeit lag ihm fern.

Der Mensch, pflegte er zu sagen, ist nichts als ein großer, bösartiger Pavian.

Er war der Leibarzt von Lordkanzler Bacon gewesen, den er sehr für seinen Witz und Stil schätzte, aber als großen Philosophen wollte er ihn keinesfalls gelten lassen. Einmal sagte er zu mir: ›Seine Philosophie war eine ausgesprochene Kanzlerphilosophie‹, und spöttisch fügte er hinzu: ›Aber ich habe ihn kuriert‹.

Als Doktor Harvey noch ein junger Mann war und am Ärztekolleg in London studierte, machte er sich auf die Reise nach Padua. Zusammen mit einigen anderen kam er in Dover an und zeigte dem Hafenvorsteher seinen Paß, wie die anderen auch. Der Hafenvorsteher sagte ihm, er dürfe sich nicht einschiffen, sondern werde ins Gefängnis gesetzt. Der Doktor wollte den Grund dafür wissen und was er verbrochen habe, aber der Vorsteher erwiderte nur, so sei es sein Wille. Am Abend, der Himmel war ganz klar, hißte das Paketboot die Segel und fuhr mit des Doktors Gefährten von dannen. In der Nacht aber erhob sich ein furchtbarer Sturm, in dem das Frachtboot mitsamt den Passagieren jämmerlich versank, wie man am folgenden Tag in Dover erfuhr. Der Doktor war dem Hafenvorstand weder vom Namen noch vom Sehen her bekannt gewesen, doch hatte der in der vorangegangenen Nacht im Traum eine Vision des Doktors gesehen, wie er nach Calais übersetzen wollte, und daß er es verhindern solle. So wurde es dem Doktor am nächsten Tag vom Hafenmeister berichtet. Er war ein frommer und guter Mann und hat diese Geschichte verschiedenen Freunden von mir wiederholt erzählt.

Dr. Harvey hat mich darauf aufmerksam gemacht – und jeder, der sich selbst prüft, wird es bestätigen können –, daß es wahrhaftig niemandem gefällt, an irgendeinem Teil seines Körpers unvollkommen zu sein, sei es nun an den Zähnen, den Augen, der Zunge oder an der Wirbelsäule etc. Die Natur strebt nach Vollkommenheit, und deshalb sollten wir in Fragen der Abstammung mehr auf unsere Sinne und unseren Instinkt hören, statt auf unsere Vernunft und Klugheit, auf die jeweilige Mode des Landes oder auf den Nutzen. Wir haben ja vor Augen, zu welch verächtlichen Ergebnissen eine kluge Heiratspolitik führt: Schwächlinge, Blöde und rachitische Kinder, eine Beleidigung der Natur und der Nation. Die Genealogen sind die reinsten Toren: *tota errant via* [sie folgen einer vollkommen falschen Spur]. Gesegnet sei jede Heirat aus Liebe und Leidenschaft.

Wer jedoch eine Witwe heiratet, setzt sich selber Hörner auf. Wenn man zum Beispiel eine gute Hündin zuerst von einem räudigen Köter decken läßt, so kann man sie danach lange mit einem Rassehund decken, sie wird immer wieder nur Köter zu Welt bringen, weil ihr Schoß zuerst von einem Köter befleckt wurde. Ebenso werden auch die Kinder einer Frau ihrem ersten Gatten gleichen (und man zieht gleichsam die Kinder seines Bruders groß). Und obschon der Ehebrecher vom Gesetz bestraft wird, werden die Kinder dennoch dem rechtmäßigen Gatten gleichen.

Der Doktor pflegte zu sagen, wir Europäer wüßten nicht, wie wir unsere Frauen zu führen und regieren haben; die Türken seien das einzige Volk, das sie geschickt zu benutzen wisse.

Ich erinnere mich, daß er sich ein hübsches junges Ding als Aufwärterin hielt, und nehme an, daß er sich ihrer, wie König David, auch der Wärme willen bediente; er bedachte sie in seinem Testament, wie auch seinen Diener.

Er war ein großer Choleriker. In seinen jungen Jahren trug er stets einen Dolch bei sich, wie es allgemein Mode war, aber dieser Doktor zückte ihn bei der geringsten Gelegenheit.

Ich habe ihn sagen hören, daß seit der Veröffentlichung seines Buches über den Blutkreislauf der Zulauf zu seiner Praxis erheblich abgenommen habe, weil das Volk glaubte, er habe einen Dachschaden. Alle anderen Ärzte waren gegen seine Ansichten und grollten ihm, und manch einer verfaßte eine Widerlegung. Es dauerte zwanzig oder dreißig Jahre bis seine Lehre nach vielem Gezänk von allen Universitäten der Welt angenommen wurde, und Mr. Hobbes schreibt in seinem Buch *De corpore:* ›Er ist vermutlich der einzige Mensch, der je lange genug lebte, um seine Lehre allgemein anerkannt zu sehen.‹

Er war Leibarzt und Günstling des Oberzeremonienmeisters Thomas Howard, Graf von Arundel und Surrey, den er als Arzt auf seiner Mission an den kaiserlichen Hof in Wien begleitete. Während der Reise verschwand er bisweilen auf Exkursion in die Wälder, um fremdländische Bäume, Pflanzen, Erden und sonstigen Naturdinge zu untersuchen, und ging dabei manchmal verloren. Seine Lordschaft, der Botschafter, war darüber sehr erzürnt, denn in den Wäldern drohte ihm nicht nur von Räubern, sondern auch von wilden Tieren Gefahr.

Er litt häufig an schmerzhaften Gichtanfällen und hatte dagegen folgende Kur entwickelt: Wenn es draußen fror, setzte er sich mit nackten Beinen auf das Bleidach von Cockaine-House und steckte sie in einen Kübel Wasser, bis er fast umkam vor Kälte; dann taute er sich am Ofen wieder auf und der Schmerz war verschwunden.

Er war ein rechter Hitzkopf, und der Gedankenflug hielt ihn oft vom Schlaf ab. Dann stand er gewöhnlich aus dem Bett auf und ging in seinem Nachthemd im Zimmer umher, bis er sich einigermaßen abgekühlt hatte, d. h. zu schauern begann, wie er mir erzählte. Danach stieg er ins Bett zurück und schlief prächtig.

Er war nicht groß, sondern von niedrigster Statur, hatte ein rundes Gesicht und einen olivefarbenen Teint; seine Augen waren klein, rund, sehr schwarz und voll lebendiger Ausdruckskraft; sein Haar war schwarz wie ein Rabe, aber schon zwanzig Jahre vor seinem Tod war es weiß geworden.

Ich entsinne mich, daß er gerne Kaffee trank. Er und sein Bruder Eliab hatten damit angefangen, bevor noch in London die ersten Kaffeehäuser in Mode gekommen waren.

Seine Praxis ließ mit den Jahren immer mehr nach. Er lehnte alle Aufträge ab, außer es handelte sich um besondere Freunde wie zum Beispiel Lady Howland, die einen Krebs in der Brust hatte. Er schnitt sie ab und versengte die Wunde, aber am Ende starb sie dennoch daran. Er ritt zu Pferde und mit einer schmucken Satteldecke zu seinen Patienten, sein Diener folgte zu Fuß hinterher, wie es damals Mode war. Es war sehr schicklich, ist aber heute nicht mehr Brauch. (Sogar die Richter ritten bis zum Tod des Lord Oberrichters Sir Robert Hyde mit ihren Satteldecken zur Westminster-Hall. Anthony, Graf von Shafton, versuchte den Brauch wiederzubeleben, aber einige Richter waren schon alt und überdies miserable Reiter, so daß sie es ablehnten.)

Der ganze Berufsstand gestand ihm gerne zu, was für ein ausgezeichneter Anatom er sei, aber seine Behandlungsmethoden habe ich nie jemanden loben hören. Ich kannte verschiedene praktische Ärzte in London, die nicht drei Pence für seine Rezepturen hergegeben hätten, und seinen Verschreibungen war kaum zu entnehmen, was er eigentlich damit bezweckte. (Er hielt nichts von der Chemie und pflegte geringschätzig über sie zu sprechen.)

Gegen Ende seines Lebens hatte er ein Präparat aus Opium und ich-weiß-nicht-was bei sich im Studierzimmer liegen, um es einzunehmen, wenn es die Situation erforderte, und ihn ein für alle Mal von den Schmerzen zu befreien. Sir

Charles Scarborough hatte versprochen, es ihm nötigenfalls zu verabreichen, was ich durchaus für wahr halte; aber ich glaube keinesfalls, daß er es ihm tatsächlich gegeben hat.

William Harvey

Nicht daß Sir Charles nicht dazu bereit gewesen wäre, es ihm zu geben, wenn er große Schmerzen gelitten hätte; ich will also nicht bestreiten, daß er es unter außergewöhnlichen Umständen mit seinen Grundsätzen hätte vereinbaren können. Aber in Wirklichkeit hat sich Dr. Harveys Ableben folgendermaßen zugetragen: Am Morgen seines Todestages, es war gegen zehn Uhr, wollte er etwas sagen und entdeckte, daß seine Zunge gelähmt war. Er sah voraus, was weiter mit ihm geschehen würde, und wußte, daß auf eine Genesung nicht zu hoffen war. Er schickte nach seinem Bruder und seinen jungen Neffen, sie sollten zu ihm hoch kommen. Einem von ihnen vermachte er seine Uhr (es war die Uhr mit Minutenzeiger, mit der er seine Experimente gemessen hatte), einem anderen ein anderes Geschenk etc., damit sie ihn nicht vergessen würden. Dann bedeutete er seinem Apotheker Sambroke, er solle ihm an der Zunge zur Ader lassen, was jedoch wenig oder gar nicht half; und so beschloß er seine Tage. Der Gichtbruch erleichterte ihm seinen Übertritt.

Die letzten zwanzig Jahre vor seinem Tod hatte er sich nicht im geringsten um seine weltlichen Geschäfte gekümmert, aber sein Bruder Eliab, der ein sehr geschickter und kluger Geschäftsmann war, ordnete alles in seinem Sinn und besser als er es selbst gekonnt hätte. Er besaß bei seinem Tod ein Vermögen von 20 000 Pfund, das er seinem Bruder Eliab hinterließ. Seinem Freund, Mr. Thomas Hobbes, vermachte er in seinem Testament zehn Pfund als Zeichen seiner Freundschaft.

Er liegt in einer Gruft bei Hempsted in Essex beigesetzt, die sein Bruder Eliab Harvey errichten ließ. Seine sterblichen Überreste wurden in Blei gehüllt und auf seiner Brust steht geschrieben:

DR. WILLIAM HARVEY

Ich war bei seiner Bestattung dabei und half, ihn in die Gruft zu tragen.

Robert Hooke

*1635. Experimentalphilosoph. Ab 1662 Experimentleiter, 1663 Mitglied und von 1667–1682 Sekretär der Royal Society. 1665 Professor für Geometrie am Gresham College in London. Entwarf das Bethlehemskrankenhaus, Montague-House und das Ärztekolleg (alle in London). Newton erhielt von ihm wertvolle Anregungen für seine Optik und erkannte auch seine Vorwegnahme des Gravitationsgesetzes an. 1665 wies er auf die wahre Natur chemischer Verbrennungsprozesse hin, und 1666 schlug er vor, die Erdgravitation mit Hilfe eines schwingenden Pendels zu messen. Außerdem erschloß er indirekt die Eigenrotation des Jupiter, entdeckte 1664 einen Stern im Orion, beobachtete einen Stern bei Tageslicht und unternahm den ersten Versuch einer teleskopischen Bestimmung der jährlichen trigonometrischen Parallaxe eines Fixsterns. Er benutzte zum ersten Mal eine Spiralfeder als Unruh in einer Uhr und entwickelte 1678 die gültige Theorie über die Elastizität von festen Körpern und die kinetischen Eigenschaften von Gasen. 1674 konstruierte er das erste Gregory-Spiegelteleskop. 1684 beschrieb er ein Fernschreibsystem und die Prinzipien der Bogenkonstruktion in der Architektur. Daneben erfand er den Schiffsbarometer und andere Instrumente. †1703.

MR. ROBERT HOOKE, Kurator der Royal Society in London, wurde in Freshwater auf der Isle of Wight geboren. Sein Vater war dort Pfarrer und stammte aus der Familie Hooke aus Hooke in Hampshire an der Straße zwischen London und Sarum. Es ist eine sehr alte Familie, die schon seit vielen (drei- oder mehr) hundert Jahren dort ansässig ist. Sein Vater starb, indem er sich aufhängte.

Als John Hoskyns, der Maler, einmal zum Zeichnen in Freshwater weilte, beobachtete Mr. Hooke sein Treiben und dachte bei sich: Warum soll ich das nicht auch können? Also besorgte er sich Kreide, Rötel und Kohle, zerstieß sie fein auf einem Schneidebrett, machte sich an die Arbeit und zeichnete ein Bild. Dann kopierte er auf dieselbe Weise die Gemälde, die im Wohnzimmer hingen. Außerdem bastelte er als Junge in Freshwater eine Sonnenuhr auf einem runden Teller, ohne daß es ihm jemand beigebracht hatte. Denn sein Vater hatte überhaupt keine mathematische Begabung.

Als sein Vater starb, war er erst 13 Jahre alt. Er hinterließ ihm einhundert Pfund, mit denen er nach London geschickt wurde, um bei Mr. Lilly*, dem Kunstmaler, eine Lehre zu beginnen. Er wurde für eine Weile auf Probe genommen und gefiel dem Meister wohl, aber Mr. Hooke hatte rasch herausgefunden,

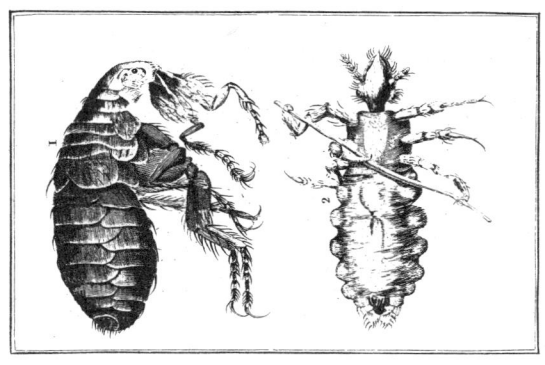

Mikrographien von Robert Hooke:
ein Floh und eine Laus mit Haar

wie der Hase lief, und dachte bei sich: Warum kann ich mir das nicht selbst beibringen und meine hundert Pfund behalten?

Er ging zu Mr. Busby, dem Schulmeister von Westminster, kam bei ihm unter und wurde von ihm hoch geschätzt. Dort investierte er nun seine hundert Pfund. Er lernte zwanzig Lektionen auf der Orgel zu spielen und zur Bewunderung von Mr. Busby brachte er sich in einer Woche die ersten sechs Bücher des Euklid bei. An dieser Schule bewies er ein großes mechanisches Geschick und erfand (neben anderen Dingen) dreißig verschiedene Flugmethoden.

Er war nie ein königlicher Schüler, und ich habe seinen Schulkameraden Sir Richard Knight sagen hören, daß er ihn nur selten im Unterricht gesehen habe.

Anno Domini 1658 wurde er jedoch an das Christ Church College in Oxford geschickt, wo er (in jenen Tagen, als es mit der Kirchenmusik bergab ging!) eine Stelle als Chorsänger bekam, von der er sich leidlich ernähren konnte. Er wohnte im Christ Church College in Mr. Burtons ehemaligem Zimmer, von dem man munkelt, er habe sich, trotz all seiner Astrologie und seines Buchs über Melancholie, in diesem Zimmer selbst das Leben genommen, indem er sich aufhängte.

Dort wurde Mr. Hooke dann zum chemischen Assistenten von Dr. Thomas Willis, der ihn später an den ehrenwerten Robert Boyle, Esq. weiterempfahl, um ihm bei seinen chemischen Versuchen zur Hand zu gehen. Anno Domini 1662 schlug ihn Mr. Robert Boyle zum Experimentleiter an der Royal Society vor, womit er der Gemeinschaft der Gelehrten eine bewundernswerte Wohltat erwies, weil er ihnen mit Mr. Hooke die geeignetste Person auf der ganzen Welt empfahl.

Nach der großen Feuersbrunst von London im Jahre 1666 wurde er zu einem der beiden Bauinspektoren für die City von London ernannt, wodurch er ein großes Vermögen machte. Er baute Bedlam [Bethlehem], das Ärztekolleg, Montague-House, errichtete die Säule auf dem Fish Street Hill [zum Gedenken an das Feuer, heute *the Monument* genannt] und das Theater dort in der Nähe; als Gebäudearchitekt ist er sehr gefragt.

Er ist von nur mittlerer Statur, leicht bucklig, bleichgesichtig, sein Gesicht ein wenig nach unten gedreht, aber mit großem Schädel; er hat volle, hervorstehende Augen von grauer Farbe, nicht flink. Er besitzt einen köstlichen, braunen Haarschopf, der in wunderschön glänzenden Locken herabfällt. Seit jeher war er sehr nüchtern und mäßig im Essen und Trinken etc.

Da er einen so ungeheuer erfinderischen Kopf hat, ist er ein Mensch von großem Verdienst und viel Güte. Und insofern ich soeben seine Erfindungsgabe gepriesen habe, wird niemand von ihm ein ausgezeichnetes Erinnerungsvermögen erwarten, denn diese beiden Vermögen sind wie die Schalen einer Waage: hebt sich die eine, so senkt sich die andere. Und ganz gewiß ist er der größte lebende Mechaniker auf der Welt.

Mr. Robert Hooke hat die Pendeluhr erfunden, die so viel nützlicher ist als alle anderen Uhren. Außerdem hat er eine Maschine erfunden, mit der man schneller dividieren etc. beziehungsweise den Divisor schnell und unverzüglich eruieren kann.

Bevor ich die Stadt verlasse, werde ich von ihm ein Verzeichnis aller seiner Schriften und so vieler seiner Erfindungen wie nur möglich zu erhalten versuchen. Es sind jedoch viele hunderte, er glaubt sogar, nicht weniger als ein Tausend. Es ist so mühsam, die Leute dazu zu bringen, sich selbst gerecht zu werden.

Anno 1670 schrieb Mr. Robert Hooke eine Abhandlung mit dem Titel *Ein Versuch, die Bewegung der Erde zu beweisen,* die er vor der Royal Society vortrug. Darin verkündete er eine Theorie zur mechanischen Erklärung der Himmelsbewegungen und dies waren seine Worte: ›Ich möchte hier ein Weltsystem erläutern, das sich in vielen Einzelheiten von jedem bisher bekannten unterscheidet und in jedem Punkt den gewöhnlichen Gesetzen der mechanischen Bewegung gehorcht. Es hängt von drei Voraussetzungen ab: Erstens, daß alle Himmelskörper jeglicher Art eine auf ihren Mittelpunkt gerichtete Anziehungs- oder Gravitationskraft besitzen, mit der sie nicht nur ihre eigenen Teile anziehen und davor bewahren davonzufliegen, wie wir es an der Erde beobachten, sondern mit der sie auch alle anderen Himmelskörper anziehen, die sich in der Reichweite ihrer Aktivität befinden, so daß folglich nicht nur die Sonne und der Mond einen Einfluß auf den Körper und die Bewegung der Erde ausüben, und die Erde auf sie, sondern daß vielmehr auch Merkur, Venus, Mars, Saturn und Jupiter durch ihre Anziehungskraft einen beachtlichen Einfluß auf ihre Bewegung ausüben, wie auf dieselbe Weise die entsprechende Anziehungskraft der Erde einen ansehnlichen Einfluß auf jede ihrer Bewegungen ausübt. Die zweite Voraussetzung lautet, daß alle Körper jeglicher Art, die in eine gerade und einfache Bewegung versetzt werden, sich auf einer geraden Linie weiterbewegen, bis sie von einer wirksamen Kraft abgelenkt und in eine kreisförmige, elliptische oder eine andere nicht zusammengesetzte, gekrümmte Bewegung abgebogen werden. Die dritte Voraussetzung lautet, daß jene Anziehungskräfte um so stärker wirken, je näher der Körper, auf den sie einwirken, sich an ihrem eigenen Mittelpunkt befindet.‹ Vor ungefähr neun oder zehn Jahren schrieb Mr. Hooke an Mr. Isaac New‑ ton vom Trinity College in Cambridge, um ihm seine Theorie darzulegen, ohne ihm anfangs jedoch zu verraten, in welchem Verhältnis die Gravitation zur Entfernung steht und welche gekrümmte Linie dadurch zustande käme. Mr. Newton gestand in seiner Antwort auf diesen Brief ein, daß er daran noch nicht gedacht hatte, und ging bei seinem ersten Versuch zur Berechnung der Kurve da‑ von aus, daß die Anziehung bei jeder Entfernung dieselbe sei; worauf Mr. Hooke ihm in seinem nächsten Brief seine ganze Hypothese schickte, nämlich daß die Gravitation umgekehrt proportional zum Quadrat der Entfernung sei. Dies aber ist die ganze Himmelstheorie, die Mr. Newton selbst vorgelegt hat, ohne aller‑ dings dabei zuzugeben, daß er die erste Mitteilung darüber von Mr. Hooke erhal‑ ten hatte. Ebenso hat Mr. Newton im selben Buch noch andere Theorien und Experimente von Mr. Hooke abgedruckt, ohne zu bekennen, von wem er sie hatte.

Dies war die größte Entdeckung in der Natur seit der Erschaffung der Welt. Noch niemals zuvor hatte einer auch nur andeutungsweise darauf hingewiesen. Ich wünschte, er hätte es klarer niedergeschrieben und sich mehr Papier gegönnt.

Sir William Petty

*1623. Politischer Ökonom. Er fuhr schon als Junge zur See, aber seine frührei‑ fen Fähigkeiten entfachten die Mißgunst seiner Matrosenkameraden, die ihn mit einem gebrochenen Bein an der französischen Küste aussetzten. Statt nach Hause zurückzukehren, studierte er auf dem Kontinent. Er veröffentlichte mehrere Ab‑ handlungen zur Nationalökonomie, als deren wichtigste die *Politische Arithmetik* gilt, die sich hauptsächlich mit Statistik befaßt (sie erschien posthum in der Werkausgabe von 1690). †1687.

SEIN VATER WAR TUCHMACHER von Beruf und färbte seine Stoffe auch selbst ein. Er hinterließ Sir William nur wenig oder gar kein Vermögen. Mit zwölf oder dreizehn Jahren, jedenfalls bevor er fünfzehn war, so erzählte er mir, stieß ihm die

bemerkenswerteste Begebenheit seines Lebens zu. Durch sie seien die Funda-
mente für seine spätere Größe und seinen Reichtum gelegt worden, aber er hat sie
mir leider nie erzählt. Er betonte, daß er nie eine Erbschaft gemacht habe, außer
über zehn Pfund, und die sei ihm nicht ausbezahlt worden.

Er berichtete mir, daß er mit fünfzehn Jahren im März mit dem Schiff nach
Caen in die Normandie kam. Er verfügte nur über eine kleine Barschaft, begann
jedoch sogleich, den Kaufmann zu spielen, und war damit so erfolgreich, daß er
sich nicht nur selbst am Leben erhielt, sondern darüber hinaus noch die Zeit zum
Studieren fand. Dies war vermutlich jene bemerkenswerte Begebenheit, die er gemeint hatte. Er lernte dort die französische Sprache, vervollkommnete sein Latein
(worin er bislang nur oberflächliche Kenntnisse besessen hatte) und lernte soviel
Griechisch, wie er für seine Zwecke brauchte. Ebenfalls in Caen studierte er die
Künste und später ging er eine Weile ans Jesuitenkolleg von La Flèche. Mit 18
war er ein besserer Mathematiker als er es heute ist (habe ich ihn sagen hören),
aber wenn es die Umstände erfordern, weiß er sich seine früheren Kenntnisse wieder zu erschließen. In Paris studierte er die Anatomie und las mit Mr. Thomas
Hobbes zusammen Vesalius. Mr. Hobbes liebte seine Gesellschaft, und da er gerade an seiner Optik schrieb und Sir William beim Zeichnen und Skizzieren
eine sichere Hand hatte, ließ er sich gerne seine optischen Darstellungen von ihm
ins Reine zeichnen. Einmal geriet er in Paris in arge finanzielle Nöte und mußte
eine Woche lang von Walnüssen für zwei Penny (oder drei, ich habe vergessen,
welches von beiden, aber ich glaube, es waren zwei) leben.

Als er nach Oxford kam, trat ins Brasenose College ein und unterrichtete
dort die jungen Studenten in der Anatomie. Diese Wissenschaft wurde damals
an der Universität noch kaum verstanden, und ich erinnere mich, wie er eine
Weile lang von Reading eine Leiche heranschiffte, die er irgendwie eingelegt oder
gepökelt hatte, um darüber zu dozieren. Es war jene dunkle Zeit, in der die Experimentalphilosophie, von den großen Geistern kultiviert, ihre ersten Blüten-
knospen trieb.

Anno 1650 trug sich jenes denkwürdige Ereignis und Experiment zu, bei
dem die Dienstmagd Nan Green wiedererweckt wurde. Sie war im Schloß von
Oxford für den Mord an ihrem unehelichen Kind aufgehängt worden. Nachdem das Urteil an ihr vollstreckt worden war, schnitt man sie herunter und trug
sie fort, damit sie von jungen Ärzten seziert werden könnte. Als Sir William
Petty jedoch noch Leben in ihr entdeckte, stellte er keinen anderen Versuch mit
ihr an als den, ihr Leben zurückzugewinnen. Und da man es für ein großes
Wunder hielt, wurde eine Schilderung ihrer Erweckung gedruckt, der am Ende
verschiedene Gedichte beigeheftet waren, die die Nachwuchspoeten der Universität verfaßt hatten.

Um 1650 wurde er auf Betreiben seines Freundes, Hauptmann John Graunt (dem Verfasser der Beobachtungen zum Sterberegister) zum Professor für Musik am Gresham College in London ernannt. Er besaß zu jener Zeit nicht mehr als vierzig Pfund auf der Welt.

Wenig später wurde er dem Parlament als Landvermesser für Irland empfohlen und auch diese Anstellung verdankte er teilweise dem Einfluß von Hauptmann John Graunt; aber auch Edmund Wyld, Esq., damals Mitglied des Parlaments und ein unentwegter Förderer von begabten und guten Menschen, erwies ihm allein aufgrund seines Verdienstes (denn er kannte ihn vorher gar nicht) einen großen Dienst, was Sir William vielleicht gar nicht bekannt ist.

Nachdem das Parlament die Vermessung dieses Landes angeordnet hatte, wurden ihm verschiedene Offerten unterbreitet, eine für 4000 Pfund, eine für 5000 und eine für 6000 Pfund; aber Sir William (damals noch Dr. Petty) unterbot sie alle und erhielt den Zuschlag. Sir Jonas Moore hielt den Auftrag für zu gefährlich und zog es vor, mit heiler Haut davonzukommen; er fürchtete sich vor den Tories [Irischen Banditen].

Durch die Anstellung als Landvermesser erwarb sich Sir William in Irland ein Landgut von 18000 Pfund Ertragswert pro Jahr. Nach der Restauration von König Karl II. wurden die früheren Eigentümer jedoch für unschuldig erklärt, und er mußte ihnen den größten Teil davon zurückerstatten. Heute besitzt er noch ein Gut von 7 oder 8000 Pfund pro Jahr und kann vom Mount Mangorton in der Grafschaft Kerry 50000 acres eigenen Lands überblicken. In jeder der irischen Provinzen besitzt er Land.

Er hat das Königreich Irland mit großer Genauigkeit vermessen, und es gibt dort kein Gut von der Größe von sechzig Pfund pro Jahr, das er nicht auf seinen Plänen mitsamt dem Wert ausgewiesen hat. Für die geometrische Vermessung stellte er gewöhnliche Burschen an, manche davon waren (vielleicht) Fußsoldaten. Sie streiften mit ihren Magnetnadelbüchsen durchs Land, ohne zu wissen, was sie eigentlich taten; aber Sir William wußte ihre Angaben wohl zu verwenden.

Ich entsinne mich, daß es um 1660 zwischen ihm und Sir Hierome Sanchy, Knight, einem von Oliver Cromwells Kämpen, zu einer schweren Auseinandersetzung kam. Sie druckten verschiedene Pamphlete widereinander. Der Knigth pflegte damals in Dublin zu predigen, und da er ein ehemaliger Soldat war, forderte er Sir William zum Zweikampf. Nun ist Sir William äußerst kurzsichtig, und da er herausgefordert worden war, fiel ihm die Wahl des Ortes und der Waffe zu. So wählte er als Schauplatz einen dunklen Keller und als Waffe eine Zimmermannsaxt, was die Herausforderung derart ins Lächerliche zog, daß nichts daraus wurde.

Bevor er nach Irland ging, war er als Anwalt tätig, und ich zweifle nicht, daß er ein vortrefflicher Anwalt war. Einmal erklärte er mir, daß er als Anwalt mit demselben Aufwand mehrere Geschäfte gleichzeitig abwickeln könne, ja daß er sogar noch einen Gewinn daraus ziehe, insofern er sich durch die Unterhaltung mit verschiedenen Leuten größere Kenntnisse und mehr Einfluß verschaffe.

Zur Zeit des Krieges gegen die Holländer* beschloß man in London am Ratstisch, man bräuchte soundsoviele (ich glaube es waren 1500) Seeleute aus Irland, und schon wurde einer mit dem entsprechenden Auftrag nach Irland entsandt. Als er Sir William davon unterrichtete, erwiderte der: ›Die Zahl werden Sie hier niemals zusammenbringen.‹ ›Oh‹, sagte der andere, ›ich versichere Ihnen, daß ich mich nicht um einen Mann herunterhandeln lasse.‹ Sir William wußte jedoch von vornherein, daß diese Zahl illusorisch war, denn er kannte die Gesamttonnage der irischen Flotte und wußte, daß der Regel zufolge ein Seemann auf soundsoviele Ladetonnen kommt. Sodann befanden sich die Hälfte von diesen Schiffen auf See und von den Heimischen waren soundsoviele untauglich. Kurzum, der Gesandte konnte dort bei allem Eifer unmöglich mehr als 200 Matrosen auftreiben, woran man sieht, wie die Staatsleute sich täuschen können, wenn ihnen die nötige politische Arithmetik fehlt.

Ein ander Mal herrschte im Rat zu Dublin ein großes Geschrei nach einem Einfuhrverbot für englische und walisische Kohle. Man wollte die ausgedehnten Torffelder in der Umgebung von Dublin abbauen und damit auf einen Streich die Grundrente erhöhen, den armen Tagelöhnern Arbeit verschaffen und die Stadt mit billigerem Brennstoff versorgen. Sir William erkannte jedoch auf den ersten Blick, daß dieses Vorhaben zum Scheitern verurteilt war. Er sagte: ›Wenn ihr eine Bestimmung erlaßt, die den Import von Kohle auf fremdem Schiffsgut verbietet, um sie auf eigenen Schiffen einzuführen, so habt ihr meine volle Zustimmung. Was aber eure Annahme über den billigen Torf betrifft, so bedenkt folgendes: Gewiß ist der Torf an Ort und Stelle billig zu haben, aber rechnet den Transport dazu und bedenkt die Größe der Fläche, die gepachtet werden muß, um den Brennstoff für so viele Häuser zu liefern; wieviel wird euch der Torf dann kosten?‹ Also rechneten sie es nach und fanden heraus, daß sie der Torfabbau (alles berücksichtigt) viel teurer zu stehen käme als die Kohle von Wales herüberzuschiffen etc.

Sir William Petty war ein Mitglied des [republikanischen] Rota Clubs. Er verärgerte Mr. Harrington, weil er die Politik mit seinen arithmetischen Proportionen auf Zahlen reduziere.

Als er anno 1660 nach England kam, wurde er sogleich von seiner Majestät in Ehren empfangen, die sich mächtig an seinen Reden ergötzte. Er kann ein vortrefflicher Spaßvogel sein (wenn ihm der Sinn danach steht), und seine Stegreif-

Sir William Petty

predigten sind unübertroffen; er hält sie wahlweise nach Art der Presbyterianer, der Independenten, der Kapuzinermönche oder der Jesuiten.

Ich erinnere mich, wie ich an einem St. Andreastag (dem Tag, an dem die Royal Society alljährlich ihre Generalversammlung abhält) meine Bedenken darüber äußerte, daß wir uns ausgerechnet für den Tag des Schutzheiligen von Schottland entschieden hatten, anstatt den heiligen Georg [den Schutzpatron Englands] oder Isidor (einen kanonisierten Philosophen) auszuwählen. ›Nein,‹ entgegnete Sir William, ›ich für meinen Teil würde die Sitzung am liebsten auf den Tag des heiligen Thomas legen, denn der glaubte nichts, bis er nicht mit eigenen Augen gesehen und seine Finger auf die Wunden des Herrn gelegt hatte, ganz nach dem Motto: *Nullius in verba* [keinem Dogma Gehorsam zu schwören].‹

Anno Domini 1663 konstruierte er ein doppelbödiges Boot, das während der Neujahrsflut vom Stapel lief. Er hatte eigenhändig das Modell dazu angefertigt, das er der Royal Society schenkte und das in ihrem Instrumentenlager im Gresham College aufbewahrt wird. Es tat seinen Dienst sehr gut bis es in einem außergewöhnlich heftigen Sturm in der Irischen See verloren ging. Um 1665 trug er der Royal Society eine Abhandlung über den Schiffsbau vor, die als Manuskript in etwa einen Bogen Papier umfaßte. Lord Brouncker, der damals Präsident war, steckte sie danach ein und hält sie seither mit der Begründung unter Verschluß, die Abhandlung sei ein zu großes Staatsgeheimnis, als daß man sie der öffentlichen Verwendung anheimstellen dürfe. Aber Sir William hat mir erzählt, daß Robert Wood, Doktor der Medizin, eine Abschrift davon besitzt, während er selbst keine hat.

Er selbst ist ein recht ansehnlicher Mann, sechs Fuß in der Länge gemessen, einen vollen braunen Haarschopf, leicht nach oben stehend. Seine Augen sind irgendwie gänsegrau und sehr kurzsichtig, ihr Blick ist jedoch schön anzusehen und verspricht ein einnehmendes Wesen, worin man nicht getäuscht wird, denn er ist tatsächlich ein erstaunlich gutmütiger Mensch. Die Augenbrauen, dicht und dunkel, ziehen eine (waagrechte) Gerade.

Er ist ein Mensch von bewundernswert erfinderischem Geist und prakti, schem Talent. Er erzählte mir, er habe in seinem Leben nur wenig gelesen und überhaupt nicht mehr, seit er 25 Jahre alt geworden sei; und er teilt die Ansicht von Mr. Hobbes, er hätte nie so viel gelernt, noch wären ihm all seine Entdeckun, gen und Neuerungen gelungen, wenn er sich so lange hinter Büchern vergraben hätte wie mancher andere.

Er hatte eine Ernennung zum Grafen von Kilmore und Baron von Shel, brooke in der Tasche, behielt sie aber aus Furcht vor den Neidern für sich, so daß sein Sohn den Nutzen aus dieser Rangerhöhung ziehen wird. (Ich hatte erwartet, er müßte inzwischen als Lord oder Graf hervorgetreten sein; aber anscheinend besitzt er Feinde am Hof in Dublin, die aus Mißgunst die Bestätigung der Er, nennung behindern.)

Am Montag, den 20. März, wurde er von Mr. Vernon öffentlich beleidigt. Am darauffolgenden Dienstag überfielen Sir William und sein Schwager (Mr. Waller) Mr. Vernon und verprügelten ihn.

Während andere ihre Ehrungen durch eine zufällige Bekanntschaft im Wirtshaus erlangen oder sie auf der Straße auflesen oder wie auch immer man es anstellen mag, hat sich ihm nie eine solche Gelegenheit geboten, und er ist ganz allein seines Glückes Schmied gewesen, wie er mir sagte. Er ist, um es kurz zu machen, eine so verdienstvolle und gebildete Person und verfügt über einen so be, wundernswert arbeitenden Verstand, daß er nicht nur ein Gewinn, sondern auch eine Ehre für die höchsten Ämter wäre.

Sir William Petty hatte einen Diener, der unvergleichlich gut pfeifen konnte. Er nahm später eine Stellung bei einer vermögenden Lady an, einer Witwe, und mußte die Dame dort jede Nacht in den Schlaf pfeifen. Zuletzt hielt sie es nicht länger aus, befahl ihrer Zofe, das Zimmer zu verlassen, holte den Pfeifer ins Bett, ermunterte ihn, sich ans Werk zu machen und heiratete ihn tags drauf. So ist es wahrhaftig geschehen.

Sir William Petty starb am Freitag, dem 16. Tag des Dezember 1687, in sei, nem Haus an der Picadilly Street (fast gegenüber der Kirche von St. James). Er starb an einem durch gichtige Schwellungen ausgelösten Brand im Fuß und wurde im Grab seines Vaters und seiner Mutter in Rumsey, einer kleinen Hafen, stadt in Hampshire, beigesetzt.

Anmerkungen

Seite 13
Wer über Grundbesitz von einem bestimmten Ertragswert verfügte, war zum Ritterschlag quali-
fiziert und damit der Krone zum Kriegsdienst verpflichtet. Der persönliche Dienst konnte nach
Aufkommen der Söldnerheere durch eine Militärpflichtersatzsteuer abgegolten werden. Karl I.,
in notorischen Finanznöten, baute diese alte Feudalverpflichtung zu einer wichtigen Einnahme-
quelle der Krone aus.

Seite 14
BEN JONSON (1572–1637), Dramatiker. Besuchte kurz die höhere Schule, mußte sie jedoch aufgrund der gedrückten Lage seiner Familie schon bald wieder verlassen. Auf Baustellen
beschäftigt, Soldat in Flandern, danach Schauspieler und Stückeschreiber. Weil er das Pech
hatte, einen Schauspieler im Duell zu töten, saß er längere Zeit im Gefängnis. Sein erstes Stück,
›Every Man out of his humour‹ gelangte wahrscheinlich durch die Fürsprache Shakespeares 1598
zur Aufführung. Jonson schrieb Höflichkeitskomödien und Lustspiele, die das traditionelle
Schäferspiel mithilfe realistischer Einlagen zu erfolgreichen Volksstücken umwandelten (›Bar-
tholomew Fair‹). Unter den beiden Stuart-Königen Jakob I. und Karl I. avancierte Jonson zum
Hofpoeten.
WILLIAM CECIL, Lord Burghley (1520–1598), Staatssekretär und anglikanisches Mit-
glied des Kronrats unter Elisabeth I., später ihr erster Minister.

Seite 18
Middle Temple, Gray's Inn, Inner Temple und *Lincoln's Inn* waren die Namen der vier in London nie-
dergelassenen Advokateninnungen.

Seite 19
Den drei großen *Pestepidemien* von 1603, 1625 und 1665 fielen rund 33 000, 41 000 und 69 000
Menschen zum Opfer. Zum Vergleich: Die Agglomeration London umfaßte 1600 schätzungs-
weise 250 000 Einwohner, was ungefähr einem Zwanzigstel der Gesamtbevölkerung Englands
entsprach.

Seite 20
GEORGE VILLIERS (1592–1628), Herzog von Buckingham, Staatsmann. Er löste 1614
als Günstling und Kammerjunker des homosexuellen Königs Jakob I. den Grafen von Somerset
ab und war schon 1617 zum zweitreichsten Aristokraten des Königreichs und zum Grafen von
Buckingham avanciert. Nach der Thronfolge seines Intimus Karls I. wurde er zum Hauptver-
antwortlichen für eine von Mißerfolgen gezeichnete Außenpolitik. »Während seiner Reise durch
Frankreich hatte er die Unverschämtheit, mit der Königin von Frankreich ins Bett zu gehen«, notierte Aubrey. Sein halbherziges Eintreten für den Protestantismus – für Jakobs Schwiegersohn,
den Pfalzgrafen Friedrich, im Dreißigjährigen Krieg und für die Hugenotten in Frankreich – sowie seine Favoriten- und Vetternwirtschaft trugen erheblich zum Zerwürfnis zwischen der Krone
und den adligen Führungsschichten bei. Als das Parlament die Bestrafung des unfähigen Buk-
kingham verlangte, wurde es vom König aufgelöst, und der Minister wurde von der königstreuen
Sternkammer freigesprochen. Am 23. August 1628 wurde er von einem seiner Offiziere erdolcht.

Seite 21
RICHARD NAPIER (1559–1634), Astrologe und Arzt.

Seite 24
ELIAS ASHMOLE (1617–1692), Antiquar und Gründer des ersten Museums Englands
in Oxford, dem er seine Bibliothek und seine Sammlung von Altertümern vermachte.
Der Ehrwürdige BEDA (673–735), englischer Historiker, Theologe und Verfasser einer frühen angelsächsischen Kirchengeschichte.

WILLIAM OF MALMESBURY (ca. 1095–1143), Historiker und Theologe; Biblio‍thekar der Abtei von Malmesbury; Verfasser einer Geschichte Englands bis zum Jahre 1142; dokumentierte die ersten Kreuzzüge.

Seite 27

SIR WALTER RALEIGH, geboren 1552, Günstling der Königin Elisabeth I. und neben Francis Drake der berühmteste englische Seefahrer seiner Zeit. 1618 hingerichtet.

FRANCIS BACON (1561–1626), Philosoph und Staatsmann, Neffe von William Cecil (Lord Burghley). Er studierte in Gray's Inn die Rechte und setzte sich als Parlamentsmitglied un‍ter Elisabeth I. für die Hinrichtung von Maria Stuart und (später) seines Freundes und Gönners, des Grafen von Essex, ein. Unter Jakob I. sukzessive Generalstaatsanwalt, Kronrat, Großsiegel‍bewahrer und Lordkanzler. Nachdem er 1621 wegen Bestechlichkeit aller Ämter enthoben worden war, widmete er sich ganz seinen Studien und der Schriftstellerei. Er starb 1626 an den Folgen eines wissenschaftlichen Experiments: »Mr. Hobbes erzählte, die Ursache von seiner Lordschaft Tod sei die Beschäftigung mit einem Experiment gewesen; vid. als er einmal in einer Kutsche mit Dr. Witherborne eine Fahrt nach High‍gate machte, um sich Luft zu verschaffen, da lag Schnee auf der Erde, und Mylord kam der Gedanke, warum Fleisch nicht im Schnee sollte ebenso erhalten werden können wie in Salz. Sie faßten den Entschluß, das Experiment sogleich anzustellen. Sie entstiegen der Kutsche und betraten das Haus einer armen Frau ... kauften ihr eine Henne ab, ließen sie von der Frau ausnehmen und stopften den Körper dann mit Schnee aus, und Mylord legte selbst mit Hand an. Der Schnee machte ihn so sehr frösteln, daß er auf der Stelle schwer erkrankte und nicht in seine Wohnung zurückkehren konnte ... er fuhr vielmehr zum Haus des Grafen von Arundel in High‍gate, wo man ihn in ... ein feuchtes Bett legte, in dem seit ungefähr einem Jahr niemand mehr gelegen hatte; wodurch er sich eine solche Erkältung holte, daß er binnen zwei oder drei Tagen an Atemnot starb.« (J. A. Esq.)

Seite 29

BALDASSARE CASTIGLIONE (1478–1529), italienischer Diplomat und Schrift‍steller, zeichnete in seinem ›Cortegiano‹ das für die europäische Renaissance verbindliche Ideal‍bild des Höflings.

Seite 30

JOHN EVELYN (1620–1706), Tagebuchautor und Gartenarchitekt. Er umging eine Ver‍strickung in die Bürgerkriege durch eine ausgedehnte Reise auf den Kontinent und führte die Gartenbaukunst in England ein. Als Anhänger eines anglikanischen Königtums war er sowohl an der Restauration von 1660 wie an der Revolution von 1688 beteiligt. 1662 wurde er Vor‍standsmitglied der Royal Society und 1672 deren Sekretär. Gegen Ende seines Lebens verpach‍tete er seine Londoner Villa indirekt an Peter den Großen von Rußland. Der Zar verwüstete je‍doch die Gartenanlage völlig, indem er sich im Schubkarren quer über die Beete fahren ließ. Seine Tagebücher reichen von 1640 bis 1706 und umspannen die wichtigsten gesellschaftlichen Umwälzungen des Jahrhunderts.

Seite 31

SIR THOMAS BROWNE (1605–1682), Schriftsteller und Arzt, studierte in Oxford und Leiden und ließ sich als praktischer Arzt in Norwich nieder. Sein Buch *Religio Medici* (Der ärzt‍liche Eid) machte ihn rasch berühmt, und er verfaßte noch drei weitere Werke von hohem literari‍schem Rang.

Seite 32

SIR PHILIP SIDNEY (1554–1585), Soldat, Staatsmann und Dichter. Erlebte als 18jähri‍ger in Paris die Bartholomäusnacht und bereiste danach den östlichen Kontinent. Er verfaßte die Hirtenromanze *Arcadia*, die Sonette *Astrophel and Stella* und eine *Verteidigung der Poesie*, doch grün‍dete sich sein Ruhm zu Lebzeiten allein auf seine sprichwörtliche Ritterlichkeit. Er starb in den niederländischen Unabhängigkeitskriegen.

Seite 34

EDMUND GUNTER (1581–1626), wurde in Westminster und Christ Church College in Oxford erzogen, wurde 1615 Geistlicher und 1619 Professor für Astronomie am Gresham‍Col‍

lege; 1620 veröffentlichte er einen *Table of Artificial Sines and Tangents, to a Radius of 100.000 parts to each minute of the Quadrant;* er ergänzte die Erfindung der Logarithmen und entdeckte mithilfe von Experimenten die Abweichungen der Kompaßnadel; diese Entdeckung erschien ihm jedoch so seltsam, daß er sie für einen Irrtum hielt und die Experimente abbrach. Er erfand die sogenannte ›Gunter's Chain‹, die bei der Landvermessung verwendet wird, und sprach als erster von Cosi‚ nus und Cotangens.

Seite 35

JOHN WALLIS (1616–1703), Mathematiker und Linguist, studierte in Cambridge und erhielt 1643 eine Stelle als Pfarrer in London. Während der Republik Professor für Geometrie in Oxford, nach der Restauration königlicher Hofkaplan bei Karl II. Er widerlegte Thomas Hobbes' Quadratur des Kreises, was vielleicht zu John Aubreys ungünstigem Urteil noch beige‚ tragen hat, der ihn einen »außergewöhnlich bösartigen Gesellen, einen unerhörten Lügner und Verleumder und einen kriecherischen Schmeichler und Schleimer« schimpfte.

Seite 36

G. M. TREVELYAN, *English Social History,* London 1942, Neuauflage: Harmondsworth 1964; (dt.: Hamburg 1948). Alle weiteren Zitate Trevelyans aus dieser Sozialgeschichte.

Seite 37

WILLIAM OUGHTRED (1574–1660), Mathematiker. Erfand die trigonometrischen Abkürzungen und benutzte als erster die Multiplikations‚ und Divisionszeichen.

Seite 38

THOMAS MAY (1595–1650), Stückeschreiber und Historiker. Zunächst in der Gunst Karls I. schrieb er eine Geschichte der Regierungszeit der Könige Heinrich II. und Edward III. Während des Bürgerkriegs jedoch wurde er ein Parteigänger der Parlamentarier und schrieb nach Kriegsende die Geschichte des ›Long Parliament‹, dessen Sekretär er wurde.

HENRY MARTEN (1602–1680), Mitglied des ›Short‹ und des ›Long Parliament‹ (vgl. Zeittafel) und Anführer der antiroyalistischen Fraktion; er sagte:»Ich glaube, kein Mensch ist so klug, daß er über alle anderen herrschen könnte«. Karl I. versuchte, ihn des Hochverrats ankla‚ gen zu lassen. Stattdessen wurde Marten einer der Richter, die 1649 den König zum Tode verur‚ teilten. Bei der Restauration Karls II. stellte sich Marten, wurde jedoch vom Amnestiebeschluß ausgenommen und bis zu seinem Tode eingekerkert.

SIR JOHN DANVERS (1588–1653), von Jakob I. geadelt, war er Parlamentsabgeordne‚ ter für die Universität Oxford in den Jahren 1625, 1626, 1628 und 1639. Kämpfte im Bürger‚ krieg in der Armee der Parlamentarier, wurde 1645 Abgeordneter für Malmesbury. 1649 war er einer der Mitunterzeichner des Todesurteils für Karl I. und danach bis 1653 Mitglied in Crom‚ wells Staatsrat.

Seite 42

EDUARD VI. (1537–1553) wurde als einziger Sohn Heinrichs VIII. mit Jane Seymour neunjährig zum König proklamiert. Während seiner Regierungszeit führte der erste anglikani‚ sche Primas und Erzbischof von Canterbury Thomas Cranmer das protestantische *Common Prayer Book* ein.

Die Sternkammer *(Star Chamber)* bestand im 17. Jahrhundert hauptsächlich aus den Mitglie‚ dern des vom König berufenen Kronrats *(Privy Council)* und diente als höchste Gerichts‚ und Kontrollinstanz. Sie wurde vom König zur Durchsetzung seiner Prärogative und Privilegien eingesetzt und deshalb im Juli 1641 durch einen Parlamentsbeschluß abgeschafft.

Seite 44

WILLIAM DUGDALE (1605–1686), Altertumsforscher und Antiquar, war als Heral‚ diker am Hof beschäftigt und veröffentlichte unter anderem *Antiquities of Warwickshire* (1656), *The History of St. Paul's Cathedral* (1658) und das *Monasticon Anglicanum* (zusammen mit Sir Richard Dodsworth, 1655–73).

Seite 45

Die Stadt London hatte sich im Bürgerkrieg auf die Seite der Parlamentarier geschlagen, was Karl I. zur Verlegung des Hofes nach Oxford zwang.

Seite 49
JOHN GRAUNT (1620–1674), Kaufmann und Statistiker. Veröffentlichte 1662 *Natural and Political Observations made upon the Bills of Mortality by John Graunt, Citizen of London. With reference to the Government, Religion, Trade, Growth, Ayre, Deseases, and the several Changes of the said City.* Das Werk bildet die Grundlage der später von seinem Freund Sir William Petty ›Politische Arithmetik‹ getauften Wissenschaft. Graunt wurde von Karl II. persönlich als Mitglied der Royal Society empfohlen, mit dem Ratschlag, »wenn man mehr solcher Kaufleute aufspüren könnte, so sollten sie ohne weiteres zu Mitgliedern ernannt werden.« Graunt wurde, nachdem er seine aktive Kaufmannskarriere beendet hatte, in die Verwaltung der New River Company berufen. Er war Katholik, weshalb sich hartnäckig das Gerücht hielt, er habe in der Nacht vor dem Großen Feuer von 1666 in seiner Eigenschaft als Mitglied der New River Company absichtlich die Wasserversorgung sabotiert.

Als *gentry* bezeichnet man den niederen Adel, der formal-rechtlich den Gemeinen gleichgestellt war. Sie umfaßte die unteren Adelsränge wie *baronet, knight, esquire* und *gentleman,* stellte die Mehrzahl der Unterhausabgeordneten und der für die Lokalverwaltung bedeutsamen Friedensrichter.

Seite 55
WILLIAM LAUD (1573–1645), Erzbischof von Canterbury, setzte als Kanzler der Universität Oxford verschiedene Reformen durch. Er war ein entschiedener Antipuritaner und Verfechter der königlichen Prärogative gegen das Parlament und wurde deshalb vom Unterhaus wegen Hochverrats verurteilt und am 10. 1. 1645 enthauptet.

Seite 57
INIGO JONES (1573–1651), Architekt und Maskenbildner, begründete seinen Namen als Architekt im Stil Palladios in Venedig und gelangte über Anne von Dänemark an den Hof Karls I., wo er als Maskenbildner für die königlichen Kostümspiele und als Architekt wirkte. In seiner Untersuchung über die Ursprünge der Megalithanlage von Stonehenge kam er zu dem absurden Schluß, daß es sich dabei um Überreste eines römischen Tempels handle.

Seite 62
WENZESLAUS HOLLAR, geboren 1607 in Prag, lebte in ärmlichen Verhältnissen in Frankfurt, Köln und Antwerpen bis er von Thomas Howard, dem Earl of Arundel, nach England geholt wurde. Im Bürgerkrieg kämpfte er in der königlichen Armee und flüchtete nach der Niederlage nach Antwerpen, kehrte jedoch schon 1652 nach England zurück. 1660 wurde er zum ›Zeichner Seiner Majestät‹ ernannt und nahm fortan einen Stundenlohn von vier Pence. Von seinen Zeichnungen, Kupferstichen und Radierungen sind 2733 numerierte Exemplare bekannt. Neben Stadtansichten, Buchillustrationen und Gemäldekopien schuf er einen sorgfältigen Stadtplan von London nach dem Großen Feuer. Von seiner Hand stammen außerdem zahlreiche Entwürfe für Frauenkleider Hollar starb 1677 in London.

Seite 66
JOHN MILTON (1608–1674), Dichter und Staatsmann der puritanischen Revolution. Studierte in Cambridge und besuchte Grotius in Paris, Galilei bei Florenz und das calvinistische Genf. Während des Bürgerkriegs schrieb er mehrere anti-episkopale Pamphlete, u. a. seine berühmte Verteidigung der Scheidung ›zum Wohle beider Geschlechter‹, in der er das Sakrament der Ehe als kirchlichen Aberglauben brandmarkte. 1644 erschien seine *Rede für die Freiheit einer unzensierten Presse,* die ihn politisch in die Nähe der Independenten rückte. Als einer der ersten Außenstehenden bekannte er sich zur Hinrichtung des Königs und zur Republik und nahm die Stelle eines Staatssekretärs für Fremdsprachen an, die er auch unter Cromwells Militärherrschaft beibehielt, obwohl er für eine völlige Trennung von Kirche und Staat eintrat. Nach der Restauration auf ungeklärte Weise verschont geblieben, schrieb er sein berühmtestes Versgedicht *Paradise Lost,* das – ein Novum in der englischen Lyrik – ganz auf Endreime verzichtete.

Seite 67
Nach dem Tod von Lordprotektor Oliver Cromwell am 3. September 1658 spaltete sich die Armeeführung in Royalisten und Republikaner, während sich auf der politischen Ebene die Auflösungen und Wiedereinberufungen des Rumpfparlaments in rascher Folge abwechselten.

GENERAL GEORGE MONK (1608–1670), der Oberbefehlshaber der englischen Be-
satzungstruppen in Schottland, ergriff die Initiative und marschierte Anfang 1660 relativ unan-
gefochten auf London, wo er die anderen Heeresteile auflöste und das Rumpfparlament durch die
ausgeschlossenen Abgeordneten wieder zum Langen Parlament ergänzte. Dieses löste sich an-
schließend selbst auf und schrieb zum ersten Mal seit knapp fünfundzwanzig Jahren Neuwahlen
aus. Das neue Parlament trat am 25. April 1660 zusammen und leitete durch die Vermittlung
von George Monk die Restauration der Monarchie unter Karl II. ein.

Seite 68
Als Heilige *(Saints)* bezeichneten sich die Puritaner, die sich für von Gott auserwählt hielten
und einen religiösen (und bisweilen auch politischen) Führungsanspruch erhoben.
Seite 71
ISAAK WALTON (1593–1683), Eisenwarenhändler, Schriftsteller und Angler. Autor
eines gefeierten Buchs über die Freuden und Tücken des Angelns (*The Compleat Angler*, Erstaus-
gabe 1653) und mehrerer Biographien von Zeitgenossen.
EDMUND HALLEY (1656–1742), Astronom und Geograph. Mit 22 Mitglied der Royal
Society und von 1685–93 deren Assistenzsekretär. Stellvertretender Aufseher der königlichen
Münze und Entdeckungsreisender und Kartograph im Auftrag Wilhelms III. 1713 Sekretär der
Royal Society und 1721 Hofastronom. Halley machte verschiedene Beobachtungen zu den Ge-
zeiten, entwickelte eine zyklische Theorie der Winde und Monsune und entdeckte den Zusam-
menhang zwischen Luftdruck und Dichte in der Atmosphäre. Seine genaue Vorhersage einer
Sonnenfinsternis und der Wiederkehr des nach ihm benannten Kometen machte ihn zum popu-
lärsten Naturwissenschaftler seiner Zeit.
SIR CHRISTOPHER WREN (1632–1723), Architekt. Studium in Oxford und ab
1657 Professor für Astronomie. Das Feuer von London im Jahre 1666 verschaffte ihm einmalige
Entfaltungsmöglichkeiten als Architekt. Nach seinen Plänen wurde von 1675–1710 die Kathe-
drale von St. Pauls errichtet, und zwar ›in guter römischer Manier‹ und ›ohne die gotische Kunst-
losigkeit vergangener Tage‹. Wren entwarf noch weitere 50 Kirchen, die im Feuer zerstört
worden waren, sowie das Steueramt, die Königliche Börse, das Ärztekolleg und verschiedene
Collegegebäude in Oxford und Cambridge. Eine großräumige Restrukturierung der Stadt
London scheiterte an den Grundbesitzern. 1681 wurde er Präsident der Royal Society und 1685
Parlamentsmitglied.
SAMUEL BUTLER (1612–1680), Schriftsteller. Sohn eines Farmers. Page der Gräfin von
Kent, Schreiber mehrerer puritanischer Richter und nach der Restauration Sekretär des Lord
Richters von Wales. Um diese Zeit heiratete er eine reiche Witwe, scheint jedoch diesen unver-
hofften Reichtum schon nach kurzer Zeit verschleudert zu haben. 1663 erschien der erste Teil von
Hudibras, das bedeutendste Beispiel satirischer Literatur in England und Dokument für die Reak-
tion gegen den Puritanismus zum Zeitpunkt der Restauration. Das Buch erlangte große Populari-
tät, und Karl II. trug angeblich stets ein Exemplar bei sich. Butler starb trotzdem in großer Armut.
JOHN DRYDEN (1631–1700), Lyriker, Dramatiker und Übersetzer. Er stammte aus einer
puritanischen und antimonarchistischen Familie und wurde zuerst durch seine *Heroic Stanzas* auf
Cromwell berühmt. Nach der Restauration war er als Dramatiker am königlichen Theater unter
Vertrag, für das er 3 Dramen pro Jahr abzuliefern hatte. Seine Komödien wurden meist als zu def-
tig und unanständig empfunden, aber mit seinen Tragödien in Versen feierte er große Erfolge
(1664 *The Indian Queen*, 1678 *All for Love, or the World Well Lost*, 1690 *Don Sebastian*). 1685 konvertierte er zum Katholizismus und nach der Revolution von 1688 lebte er hauptsächlich von
Übersetzungen aus dem Lateinischen.
EDMUND WALLER (1606–1687), Dichter, wurde wegen eines royalistischen Kom-
plotts, bei dem er eine sehr unrühmliche Figur machte, 1643 aus dem Parlament und dem Land
verbannt. 1652 wurde ihm die Rückkehr nach England gestattet, und zum Dank verfaßte er eine
Lobeshymne an Oliver Cromwell. Als Karl II. sich darüber beklagte, daß die Willkommens-
verse für ihn der Ode an Cromwell nicht das Wasser reichen könnten, soll Waller geantwortet haben: ›Den Dichtern, Sire, gelingt Erfundenes besser als das Wahre.‹

FRANCIS GLISSON (1597–1677), Präsident des Kollegiums der Ärzte in London. Beschrieb (1650) zuerst die Rachitis (daher ›englische Krankheit‹ genannt). Mitbegründer der Lehre von der Faser als vitalem Grundelement des Körpers (die fibröse Kapsel, die Glissonsche Kapsel, ist nach ihm benannt). Außerdem erfand er die Glissonsche Schlinge, die, an Kopf und Nacken in Längsrichtung des Körpers ziehend, zur Behandlung von Brüchen und Verrenkungen, von Tuberkulose und auch von rheumatischen Leiden der Wirbelsäule verwendet wird.

Seite 73

JOHN WILKINS (1614–1672), Theologe und Geistlicher auf Seiten Cromwells. Spiritus Rector und ab 1662 erster Sekretär der Royal Society. 1668 Bischof von Chester.

Seite 84

JOHN HOSKYNS (1566–1638), Rechtsgelehrter, Fellow des New College in Oxford, Parlamentsabgeordneter für Hereford.

Seite 86

JOHN DEE (1527–1608), Mathematiker und Astrologe, Fellow des Trinity College in Cambridge. Die Bühneneffekte, die er für eine Aufführung von Aristophanes' ›Frieden‹ beisteuerte, trugen ihm für den Rest seines Lebens den Ruf eines Magiers ein. 1548 ging er zum Studium nach Leuven und 1550 hielt er in Paris Vorlesungen über Euklid. 1556 machte er der Königin Mary den Vorschlag einer Königlichen Bibliothek für antike Manuskripte. 1563 besuchte er Venedig, einige Jahre später reiste er nach St. Helena. Weitere Reisen nach Ungarn, Prag und Polen schlossen sich an. Er stand an der Spitze einer kleinen Bruderschaft, die nach dem Stein der Weisen suchte und angeblich mit Engeln kommunizierte. Sie wurde 1589 aufgelöst. John Dee bat König Jakob I., ihn formell vom Vorwurf der Zauberei freizusprechen, hatte aber mit dieser Petition keinen Erfolg. Er erfand den Begriff ›British Empire‹.

JOHN FLETCHER (1579–1625), Dramatiker. Schrieb insgesamt 52 Theaterstücke, davon 12 allein, 25 in Zusammenarbeit mit verschiedenen Autoren (darunter Ben Jonson und Shakespeare) und 15 mit seinem Freund Francis Beaumont (1584–1616), mit dem er Kleider, Bett und Frauen teilte.

EDMUND SPENSER (1552–1599), neben Shakespeare einer der wichtigsten Dichter der englischen Renaissance; sein Hauptwerk ist das unvollendete ArthurEpos.

Seite 91

SIR LEOLINE JENKINS (1623–1685). Politiker und Diplomat. Im Mai 1651 wurde er öffentlich getadelt, weil er ein Seminar über Rebellion und Meuterei abhielt. 1655 kam er einem Bann durch das Parlament zuvor, indem er – mit seinen Schülern – auf den Kontinent floh. Fellow am Jesus College, Oxford, Professor der Rechte, Parlamentsabgeordneter für Hythe und die Universität Oxford. Führte auf englischer Seite die Friedensverhandlungen von Nimwegen, mit denen der EnglischHolländische Seekrieg beendet wurde.

Seite 97

TITUS OATES (1649–1705) deckte 1678 eine angebliche papistische Verschwörung *(Popish Plot)* gegen das Leben Karls II. auf, was im Volk zu heftigen antikatholischen Reaktionen führte. Die oppositionelle Parlamentsfraktion nutzte die Gunst der Stunde und forderte den Ausschluß aller Katholiken von den Staatsämtern und vor allem den Ausschluß eines katholischen Thronfolgers (d. h. von Karls Bruder Jakob II.)

Seite 98

Karl I. wurde am 27. Januar 1649 im Namen des Volkes als Verräter am Gemeinwesen zum Tode verurteilt und drei Tage später enthauptet.

Im November 1688 wurde die katholische Dynastie der Stuarts in der unblutigen *Glorreichen Revolution* durch die militärische Intervention des protestantischen Wilhelm von Oranien und die Flucht Jakobs II. nach Frankreich an den Hof Ludwigs des XIV. beendet.

Die Fünf Häfen *(Cinque Ports)* waren ein Zusammenschluß von anfänglich fünf südenglischen Hafenstädten, die seit dem 11. Jahrhundert das Gros der königlichen Flotte und Marinesoldaten zu stellen hatten und dafür verschiedene Privilegien wie Steuerfreiheit und eine eigene Jurisdiktion genossen.

Seite 99
...zur Hebamme geschwind. Ein doppelsinniger Scherz, der darauf anspielte, daß Karl II. die englische Aristokratie um zahlreiche uneheliche Sprößlinge bereicherte, aber keinen legitimen Thron-
folger zeugte. Die Krone ging nach seinem Tod an seinen Bruder Jakob II.
Seite 100
JAMES SCOTT, Herzog von Monmouth (1649–1685), ein illegitimer Sohn von Karl II.,
versuchte im Juni 1685 erfolglos, mit Hilfe aufständischer Protestanten die Thronfolge seines katholischen Onkels Jakob II. anzufechten. Ihm thaumaturgische Fähigkeiten zuzugestehen, war
beinahe schon ein politisches Bekenntnis.
Seite 101
JOHN OGILBY (1600–1676), Tanzmeister, Schriftsteller und Verleger. Er veröffentlichte
Luxusausgaben in Folio, mit Stichen von Hollar und anderen zeitgenössischen Kupferste-
chern. In einem Erlaß verbot der König 1665 jegliche ›Nachahmung der Skulpturen‹ aus den
von Ogilby verlegten Büchern für einen Zeitraum von fünfzehn Jahren. Ogilby organisierte
unter königlicher Schirmherrschaft eine Lotterie, in der es nur Buchpreise aus dem Hause
Ogilby zu gewinnen gab. Samuel Pepys war einer der glücklichen Gewinner, während
Ogilby sich beklagte, daß die leer ausgegangenen Subskribenten nicht zahlen wollten.
Seite 112
Der *Temple* lag auf dem Nordufer der Themse, gehörte bis 1312 dem Templerorden und wurde
erst danach allmählich zum Sitz der beiden dort heute noch ansässigen Advokateninnungen
(Middle Temple und *Inner Temple)*. Von der ursprünglichen Anlage war jedoch schon zu Aubreys
Zeit nur noch die Kirche übrig.
Seite 115
SAMUEL PEPYS (1633–1703), Tagebuchautor, durchlief eine Beamtenlaufbahn vom
Proviantmeister der Marine bis zum Sekretär der Admiralität. Von 1660–1669 führte er ein um-
fassendes Tagebuch, das – von so schonungsloser wie erfrischender Offenheit – nicht zur Veröf-
fentlichung bestimmt war.
Seite 117
Als Nonkonformisten oder *Dissenter* wurden die Mitglieder protestantischer Sekten bezeichnet,
die sich von der anglikanischen Kirche losgesagt hatten.
WILLIAM PENN (1644–1718), Quäker und Gründer von Pennsylvania. Saß zwischen
1668 und 1671 mehrmals seiner religiösen Meinungen wegen im Gefängnis und schrieb dort *The
Great Cause of Liberty of Conscience,* eine Verteidigung religiöser Toleranz. 1681 erhielt er von Karl
II. das Territorium des heutigen Pennsylvania zugesprochen, wo Penn eine auf den Prinzipien
der Toleranz beruhende Gemeinschaft gründen wollte. Sein Projekt war jedoch nicht sehr erfolgreich, und Penn starb als finanziell ruinierter Mann.
Seite 122
JOHN MAITLAND, Herzog von Lauderdale (1616–1682), trotzte als schottischer Nonkonformist 1647 Karl I. die (allerdings rein taktisch motivierte) Zusicherung ab, den Presbyterianismus für drei Jahre zur Staatsreligion zu erheben, wozu es jedoch nie kam. Er setzte sich für
die Restauration der Monarchie unter Karl II. ein und war als dessen Außenminister maßgeblich
an der Angliederung Schottlands an die englische Krone beteiligt.
Seite 123
HENRY HYDE (1638–1709), 2. Graf von Clarendon. Staatsmann. Kehrte nach der Restauration 1660 mit seinen Eltern aus dem französischen Exil zurück und stieg unter Karl II. in
den Kronrat auf. 1684 Mitglied der Royal Society. 1686 königlicher Statthalter in Irland. Unterstützte gegen Jakob II. die anglikanische Kirche und wurde in den 90er Jahren wegen seiner In-
trigen gegen Wilhelm von Oranien mehrfach in den Tower geworfen.
Seite 124 Vgl. Anm. S. 97.
Seite 128
Die Hobbes-Biographie – die längste und vollständigste der Kurzbiographien – ist, von Henning
Ritter übersetzt und mit einem Vorwort versehen, im Verlag Friedenauer Presse in Berlin erschienen.

Seite 131

Hobbes machte die Universitäten dafür verantwortlich, daß im Bürgerkrieg der theologische Fanatismus über die staatsbürgerliche Klugheit triumphierte. Der König hingegen fühlte sich den Universitäten verpflichtet, die sich seit Karl I. um die royalistische Indoktrination der Jugend verdient gemacht hatten.

Seite 132

Behemoth, or the Long Parliament, erste Ausgabe hrsg. von F. Tönnies, London 1889

SILAS TAYLOR (1624–1678), Historiker und Antiquar, studierte in Oxford und diente während der Bürgerkriege als Hauptmann im Parlamentsheer. Er veröffentlichte eine Geschichte der mittelalterlichen Erbteilung und der Grafschaft Herefordshire.

Seite 140

SIR JONAS MOORE (1617–1679), Mathematiker und Generalaufseher der Artillerie, überwachte mit Edmund Wyld zusammen den Deichbau und die Drainage der Sümpfe von Norfolk und verfaßte *A New System of Mathematicks.*

Seite 142

SIR EDWARD HYDE (1609–1674), 1. Graf von Clarendon. Historiker und Staatsmann. Unterstützte als unentwegter Anhänger einer legalistischen Politik und eines konservativen Konstitutionalismus bis 1642 das Parlament und wechselte dann auf die Seite Karls I. Er begleitete Karl II. ins Pariser Exil und erlebte mit der Restauration des Königs 1660 seinen größten politischen Triumph. Schon im Exil zum Lordkanzler avanciert, wurde er zusätzlich zum Schatzkanzler und Grafen von Clarendon ernannt. Der starre Legalismus, der ihm seinen Erfolg eingetragen hatte, machte ihn jedoch bei allen politischen Fraktionen unbeliebt, und schließlich war er sogar für den König nicht länger opportun. Er wurde 1667 wegen Mißwirtschaft aller Ämter enthoben und des Landes verwiesen und starb 1674 in Rouen. Seine historischen Schriften über die Revolutionszeit sind zugleich bedeutende Dokumente. Vgl. Anm. S. 123.

Seite 149

In der Schlacht von *Dunbar* schlug das Parlamentsheer am 3. September 1650 die Schotten, die für eine Restauration der englischen Monarchie unter Karl II. und die Einführung des Presbyterianismus eintraten. Die Chancen Cromwells wurden anfänglich sehr schlecht eingeschätzt, und einige seiner Berater rieten zum Rückzug übers Meer.
In der Schlacht von *Naseby* wurden am 14. Juni 1645 die königlichen Truppen vom Parlamentsheer unter der Führung von Oliver Cromwell und Sir Thomas Fairfax vernichtet. Der 1. Bürgerkrieg war damit militärisch entschieden und als es Karl I. innerhalb eines Jahres nicht gelang, ein neues Heer aufzustellen, kapitulierte zuletzt auch das royalistische Oxford, und der König floh nach Schottland.

Seite 164

Das Unterhaus wurde während der Militärregierung von Oliver Cromwell alle 3 Jahre neu – wenn auch nicht frei – gewählt. Vgl. Anm. S. 67.

Seite 167

Die Schlacht von *Edge-Hill* am 23. Oktober 1642 war die erste militärische Auseinandersetzung der Revolution. Der König errang einen knappen Sieg, konnte das jedoch nicht für sich nutzen, und schon im November wurde der weitere Vormarsch auf London durch die Londoner Stadtmiliz aufgehalten. Der Hof wurde vorübergehend nach Oxford verlegt, bis die Parlamentspartei mit Unterstützung der Schotten am 14. Juni 1645 in der Schlacht von Naseby den entscheidenden Sieg errang und Oxford am 24. Juni 1646 kapitulierte.

Seite 172

SIR PETER LELY, Portrait- und Historienmaler, gebürtig aus Soest (Westfalen), kam 1641 in der Nachfolge van Dycks nach England und avancierte unter Karl II. zum Hofmaler.

Seite 178

Es handelt sich um einen der drei englisch-holländischen Seekriege (1652–54, 1665–67, 1672–74), die zur Protektion des Kolonialhandels geführt wurden.

Zeittafel

1600 Gründung der East-India-Company

1603 Elisabeth I. gestorben. Jakob I. aus dem Hause Stuart wird König von England und Schottland. Versucht, gegen den Widerstand des Parlaments ein absolutistisches Staats- und Regierungsmodell durchzusetzen

1604 Den Puritanern werden ihre kirchlichen Freiheiten verweigert

1618 Prager Fenstersturz und Ausbruch des Dreißigjährigen Krieges

1625 John Aubrey geboren. Karl I. wird Nachfolger seines Vaters auf dem Thron. Absolutist. Begünstigt offen den Katholizismus. Im Verlauf seiner Regierungszeit wandern viele Puritaner nach
Amerika aus

1628 *Petition of Rights:* Steuerauflagen ohne Parlamentsbewilligung sowie jegliche Form willkür-
licher Verhaftung werden für gesetzwidrig erklärt

1629 Wiederholte Parlamentsauflösung durch den König; schließlich Abschaffung des Parlaments; für die nächsten elf Jahre regiert Karl I. ohne Parlament; Rechtsprechung durch königliche
Gerichtshöfe, eigenmächtige Steuerbewilligungen

1638 Schottischer Aufstand gegen gewaltsame Einführung englischer kirchlicher Einrichtungen
in Schottland

1640 Zur Bewilligung weiterer Kriegsgelder gegen die aufständischen Schotten Einberufung des
Parlaments (›Kurzes Parlament‹ April–Mai 1640), das unter Führung von John Pym Wiederherstellung seiner alten Rechte fordert. Das Parlament muß im November erneut einberufen werden.
(›Langes Parlament‹ 1640–1653). Das Parlament erhebt Anklage gegen den Earl of Strafford, den
engsten politischen Vertrauten des Königs. Karl I. unterschreibt unter dem Druck des Parlaments
und der Londoner Bevölkerung das Todesurteil

1641 Strafford wird im Mai hingerichtet. Im Parlament bilden sich zwei Parteien: Die ›Rund-
köpfe‹ (Whigs), die Vertreter des Überseehandels und der Wirtschaft, und die ›Kavaliere‹ (Tories),
die Vertreter der Grundbesitzeraristokratie

1642 Der König versucht, fünf führende Abgeordnete der Opposition im Unterhaus gewaltsam
verhaften zu lassen, die aber vorher bereits untergetaucht sind. Aufruhr in London. Am 10. Januar
flieht der König aus der Stadt

1642–1646 Bürgerkrieg: Adel, Bischofsstädte und alle Katholiken auf Seiten des Königs. Die meisten Handelsstädte und London auf Seiten der Parlamentarier, die einen streng kirchlich-synodalen,
presbyterianischen Puritanismus verwirklichen wollen; der König will die alte Bischofskirche wie-
derherstellen, deren exponiertester Vertreter William Laud, der Erzbischof von Canterbury ist.
Stärkste Partei werden die ›Independenten‹, Anhänger der von den Kirchen unabhängigen Ge-
meindeorganisationen. Ihr Führer ist Oliver Cromwell

1644 Niederlage der Royalisten bei Marston Moor

1645 Hinrichtung von Erzbischof Laud; Niederlage der Royalisten bei Naseby

1646 Der König flieht nach Enthüllungen über eine bestellte Intervention des Auslands zu den
Schotten

1647/1648 Auslieferung des Königs an das Parlament. Offener Konflikt zwischen Parlamentarier-heer und Parlament. Das Heer unter Cromwell marschiert auf London, wo Cromwell das Parla-ment auflöst; das ›Rumpfparlament‹ macht dem König den Prozeß
Mit dem Westfälischen Frieden von Münster endet der Dreißigjährige Krieg

1649 Karl I. wird hingerichtet (30. Januar). Im Februar wird das Oberhaus aufgelöst, die Monar-chie abgeschafft und der Freistaat ausgerufen

1649–1660 England ist Republik (*Commonwealth and Free State*). Die Regierung bildet ein 41 köp-figer Staatsrat mit Cromwell als Vorsitzendem und Milton als Cromwells Sekretär

1649–1650 Blutiger Vergeltungsfeldzug Cromwells gegen Irland für den katholischen Aufstand vom Oktober 1641

1650 Gründung eines › Volkswirtschaftsrats‹, der die Innen- und Außenwirtschaft unter Beibehal-tung der Handelsfreiheit überwachen soll

1651 Das Parlament beschließt die *Navigationsakte,* mit der das Importmonopol für englische Schiffe erklärt wird (vor allem gegen die holländische Konkurrenz). Thomas Hobbes' ›Leviathan‹ veröffentlicht

1652–1654 Erster Englisch-Holländischer Seekrieg

1653 Staatsstreich Cromwells: Das Rumpfparlament wird aufgelöst; sein eigenes ›Parlament der Heiligen‹ bestückt Cromwell mit strenggläubig protestantischen Vertrauensmännern

1653–1658 Nach Auflösung des ergebenen, aber unfähigen Parlaments (Dezember) läßt sich Cromwell zum Lordprotektor von England, Schottland und Irland ernennen. Herrscht unter weit-gehender religiöser Duldung, aber wachsendem Druck gegenüber politischen Gegnern

1658 Tod Cromwells; sein Sohn wird Nachfolger

1660 Nach Abdankung von Cromwells Sohn wird durch Parlamentsbeschluß der Sohn des hin-gerichteten Königs als Karl II. auf den Thron berufen. Wiederherstellung der Bischofskirche, die Presbyterianer verlieren ihre Pfarreien; die verkauften Ländereien der Krone und der Kirche werden wieder eingezogen

1662 Gründung der *Royal Society*

1664–1667 Zweiter Englisch-Holländischer Seekrieg. Eine Expedition unter dem Herzog von York (dem späteren Jakob II.) erobert Nieuw Amsterdam, das in New York umbenannt wird

1666 Großes Feuer von London

1672 Aufgrund der wachsenden Abhängigkeit von französischen Subsidien, Teilnahme Eng-lands am Krieg Frankreichs gegen die Niederlande

1673 ›Testakte‹: Wer ein politisches oder militärisches Amt bekleiden will, muß den König als Oberhaupt der Kirche anerkennen und sich gegen die katholische Abendmahlslehre erklären

1674 Unter dem wachsenden Druck der Bevölkerung und des Parlaments muß der König einen vorzeitigen Frieden mit den Holländern unterzeichnen

1679 ›Habeas corpus Akte‹: Schutz der persönlichen Freiheit und Sicherheit gegen willkürliche Verhaftung, vom Parlament durchgesetzt
Thomas Hobbes gestorben

1685 Jakob II. (Bruder von Karl II.) wird König. Plant absolutistisch-katholische Restauration. Versucht, Katholiken und Dissenters den Zugang zu öffentlichen Ämtern zu ermöglichen

1688 Sturz des Königs. Das Parlament ruft dessen holländischen Schwiegersohn, Wilhelm von Oranien, nach England. Jakob II. flieht (*Glorious Revolution*)

1688–1702 Wilhelm III.; *Bill of Rights* – Erklärung der Rechte des Parlaments: Wahl- und Redefreiheit, Steuerbewilligungsrecht

1694 Gründung der Bank of England

1697 John Aubrey gestorben